基于续论的外语学习者
互动协同应用研究

张秀芹◎著

燕山大学出版社
·秦皇岛·

图书在版编目（CIP）数据

基于续论的外语学习者互动协同应用研究/张秀芹著.—秦皇岛：燕山大学出版社，2022.7
ISBN 978-7-5761-0119-5

Ⅰ．①基… Ⅱ．①张… Ⅲ．①外语－语言学习－研究 Ⅳ．①H09

中国版本图书馆 CIP 数据核字（2022）第 064701 号

基于续论的外语学习者互动协同应用研究
张秀芹 著

出 版 人：陈 玉	
责任编辑：孙志强	策划编辑：孙志强
责任印制：吴 波	封面设计：刘韦希
出版发行：燕山大学出版社 YANSHAN UNIVERSITY PRESS	地 址：河北省秦皇岛市河北大街西段 438 号
邮政编码：066004	电 话：0335-8387555
印 刷：英格拉姆印刷(固安)有限公司	经 销：全国新华书店
尺 寸：170mm×240mm 16 开	印 张：18.25
版 次：2022 年 7 月第 1 版	印 次：2022 年 7 月第 1 次印刷
书 号：ISBN 978-7-5761-0119-5	字 数：278 千字
定 价：73.00 元	

版权所有 侵权必究
如发生印刷、装订质量问题，读者可与出版社联系调换
联系电话：0335-8387718

前　言

　　大多数外语学习者的输入量即听和读远高于他们的输出量即写和说，输入和输出呈明显的不平衡状态，导致学生的写作和口语表达能力相对偏弱。目前外语教学面临的最大挑战是学生缺乏互动交流的环境，学生在课内外都缺少用英语交流的机会。续论就是在这样的背景下应运而生的，它关注的是如何促进外语输入和输出之间的平衡。续论是一种便于学生进行互动和模仿的练习方式，其主要形式是人与文本的互动。续论研究较多的是读后续写。在读后续写任务中，学习者阅读一篇删掉结尾的故事，读完之后完成故事的结尾，并要尽可能地使故事连贯。读后续写具有理解与产出紧密结合的特点，使学习者很容易注意到自身语言与目标语之间的差距，这种对自我语言缺失的注意就是语言发展的潜在动力。

　　续论是一种语言习得观，认为语言是通过"续"学会的，语言习得高效率是通过"续"实现的。续论能够高效习得语言在于它利用了对话过程中的不完整语段，学习者在理解这样不完整语段的同时，需要对其进行创造性的补全和拓展，在体验语言使用的过程中提高语言的运用能力。续论使理解和产出产生交集，理解的是他人的表达，"续"的是理解之后的自主创造，两者的高低不同，交互中会产生拉平效应，这种拉平效应能够提升重复使用上文语言结构（结构启动）的概率，在产出与理解能力不断拉平的过程中语言能力得到不断发展。

　　"续"可以有效缓解学生语言产出的压力，唤起他们表达思想的内生动力，有效提高外语学习的效率，促进大学外语教学质量的提高。它可以使学生在缺少与本族语者交流的条件下与文本互动，弥补大学外语课堂互动的不足,在模仿与创造中学习地道的外语语言。"续"同时还可以为学习者提供自主创造思想内容的机会,激发表达意愿,实现语言输入与语言输出的相对平衡。更重要的是,通过为外语水平参差不齐的学生提供难度不同的读物进行续写训练,可以有效缓解外语学习两极分化的困境,一定程度上实现个性化输入和输出并举。

基于续论开发出来的各种续作活动极大地丰富了大学外语教学手段,但这些续作的教学环境均是传统的外语课堂。网络环境具有方便、快捷等优势,学习者在网络上的相互学习和互动反馈也更加放松自在。计算机及信息技术的飞速发展和普及正好为这样的以学生为主体的互动学习提供了便利条件,它改变了外语学习环境,为外语教学提供了一个新的舞台。大学生中使用普及度较高的聊天工具如QQ可提供实时或非实时续作活动,并可实现实名互评。将续作任务延伸到网络上进行既与时俱进又符合大学生的互动交流习惯,目前已经成为互动研究的一个热点和新方向。因此作者将网络环境下的续作应用研究成果一并收入本书中,以期为网络辅助外语教学的课程设计、教学模式及教学方法等方面的改革提供理论和实践依据,促进大学外语教学模式和学习方式的变革。

为了在实践中进一步探索不同的续作活动对外语学习者语言习得的影响,我和我的研究生团队迄今为止已进行了8年的研究,其间开展了一系列的外语教学实证研究实验,探索不同输入模式和互动模式对不同语言水平的学习者词汇习得、口语表达能力、写作能力以及翻译能力等方面的影响,既弥补了大学外语课内外互动不足的缺陷,同时也为大学外语学习者语言能力的提高,特别是输出技能的培养提供了可靠的实践依据。本书包含了大学英语学习过程中最重要也是较难的一项技能在续论指导下的训练,即输出技能,具体训练方法是续写、续说和续译。本书的研究内容包括线上以及线下的教学实证研究,研究内容丰富,研究视角新颖,进一步拓展了续论的实践方法,对相关研究具有较强的现实意义和指导作用。

本书第1章为记叙文和议论文读后续写对协同影响的差异研究。该研究通过教学实验探讨两种体裁对外语专业学生读后续写协同的差异性影响。本实验持续8周,被试为河北省某重点大学52名英语专业的大一学生。他们被分为两组，第一组进行基于记叙文的读后续写任务，另一组是基于议论文的读后续写任务。研究结果显示，在记叙文和议论文的续写任务中，在词汇和搭配方面存在协同差异，词汇协同层面没有太大差异，在搭配协同层面存在更多差异，议论文续写产生的词汇和搭配协同比记叙文续写更加强一些。在记叙文和议论文的续写任务中，语言错误类型和错误频率产生差异，议论文错误较少，频率低于记叙文。此研究对大学外语续写任务教学有一定的启示，教师在选择续写任务的阅读材料时，需要考虑两种体裁的优缺点，以便学习者能充分提高不同层次的语言能力。

第 2 章为 4/3/2 视角下读后续说对语言流利性和准确性的影响研究。该研究以互动假设、行为主义学习理论、输入假设和输出假设理论为指导，通过实验探究 4/3/2 活动中读后续说对口语流利性和准确性产生的影响。被试为河北省某重点大学英语专业的 56 名大二学生，实验结束后通过访谈进一步了解被试对该实验的评价和体会。研究表明 4/3/2 重复练习法可以加快说话者语速，减少停顿，是促进口语流利性和准确性行之有效的方法，此外，4/3/2 重复练习法可以提高学习者学习和使用英语的自信心。本研究对二语教学有一定的启示，可以把 4/3/2 重复练习法和读后续说相结合，并将其运用在二语口语课堂上，训练学生的口语流利性和准确性。另外，教师可以根据学生的语言水平对 4/3/2 活动进行时间上的调节，如可调节成 3/2/1 或 2/2/2。

第 3 章为读后续说任务中语言水平对学习者协同效果的影响研究。该研究将读后续说任务引入续论研究中，探讨在读后续说任务中语言产出的协同现象，在此基础上，探究学习者的语言水平对输出以及协同效果的作用和影响。研究的对象是来自河北省某普通高校的两个自然班 40 名非英语专业学生，根据前测成绩把被试分为同等水平组和不同水平组。研究结果显示，在读后续说任务中，被试续说的文本均与原文材料存在词汇与短语的协同，说明在读后续说任务中，存在着语言协同现象。而且词汇协同数量远多于短语的协同数量。此外，同伴间的互动也存在着协同效应。从输出的词汇量上看，同等语言水平组略低于不同语言水平组。但是同等语言水平组中的高－高组和低－低组存在显著性差异。同等语言水平组每分钟词汇、短语的协同率均低于不同语言水平组。该结果可以为教师在课堂上的同伴互动分组提供借鉴和参考，同时进一步拓宽续论的研究视角。

第 4 章为续写任务中输入模式和语言水平对英语词汇习得影响研究。词汇作为语言学习的基础与核心，对外语学习的影响至关重要。该研究旨在对比同一续写任务下不同输入模式对词汇习得的影响及同一输入模式下不同语言水平对词汇习得的影响。该实验以河北某大学二年级两组英语专业学生为被试对象，年龄在 19～22 岁之间。每组 26 人，实验历时 4 周。研究表明：听后续写不仅可以促进词汇习得，而且在促进词汇习得方面能够产生与读后续写相当甚至略好的效果；听后续写任务中不同语言水平学习者词汇习得效果存在显著差异，但读后续写词汇习得效果受语言水平的影响较小。该研究结果有助于二语教师在今后教学中通过听后续写任务充分发挥听力对词汇习得的重要作用，同时为今后的续论研究提供借鉴与启示。

第 5 章为网络环境下不同输入模态的同伴反馈对续写修改质量影响研究。本章以 62 名英语专业二年级学生为研究对象，旨在探索网络续写任务中不同输入模态和同伴反馈对续作修改质量的作用，同时研究语言水平对接受同伴反馈评语采纳与否的影响。研究表明：（1）同伴反馈与提高续写修改质量显著相关；（2）文本输入、音频输入和视频输入三种输入模式中音频输入下的同伴反馈对续写文本的修改提高效果最好；（3）混合语言水平组的学习者对续写任务中同伴反馈的采纳高于同等语言水平组。该研究结果有助于外语教师在今后的教学中选择合适的输入模式和同伴反馈互动模式，充分发挥"续"对二语学习的促进作用，并为今后相关的续论研究提供借鉴与启示。

第 6 章为网络环境下不同互动组合和语言水平对协同及续写质量影响研究。本章以非英语专业大二学生为研究对象，设计了结对模式和个人模式并将其应用于学生进行教学实验，其中结对模式中包括三组：高高组合、高低组合和低低组合，个人模式包括高水平学生和低水平学生。研究采用实验和访谈相结合的方法，对不同互动形式及不同水平组合的学生的词汇协同和作文质量进行对比分析。研究表明：首先，不同互动形式下，对子组合的单词词组协同量均值均高于个人组，且两组呈现显著差异；作文质量方面，个人组相比对子组作文质量更好但两组续作未呈现显著性差异。其次，不同语言水平组的单词词汇协同量及作文得分均高于相同语言水平组，两组在单词词组协同量方面呈现显著差异，但作文得分方面未呈现显著差异。这一研究结果对二语教师在今后网络环境中的教学互动形式及分组具有借鉴和参考作用。

第 7 章为读后续译的篇章强化及互动引导任务对协同效应影响研究。本章是读后续译的一个探索性实证研究，旨在探讨翻译教学中有效提升读后续译协同效应的方法。研究以两组英语专业二年级学生为被试，探究了篇章强化及互动引导两种任务指令及顺序对特殊句型与词汇翻译协同效应的影响。实验结果表明，在特殊句型翻译层面，两种任务指令下被试习得效果呈现显著差异：与篇章强化相比，互动引导任务更能促使被试加强回读，引发较强的协同效应；但在词汇翻译层面，二者协同效应差异不显著。从整体上看，两项任务指令的顺序也会对协同效应及习得效果产生影响：先完成互动引导任务再进行篇章强化时特殊句型翻译的协同效应更强。本章探究了篇章强化与互动引导两种任务指令对读后续译中协同效应及促学效果的影响，以期为后续读后续译教学与研究提供参考。

第 8 章为情绪对读后续写任务中的语言协同和写作质量的影响研究。该研究尝试将情绪与续论研究相结合，探讨学习者作为任务主体时所产生的情绪对续写任务中语言协同和整体写作质量的影响。研究对象是来自河北省某普通高校的三个自然班 156 名非英语专业学生，经短影片分别诱发三组被试积极情绪和消极情绪，对照组无任何形式的情绪诱发，之后阅读相同输入文本，旨在探讨被试在不同情绪状态下的读后续写任务中语言协同效果和写作质量的差异。结果显示，积极情绪对语言协同和写作质量具有促进作用，在语言协同数量和写作成绩两方面均显著高于对照组，且存在显著差异；消极情绪对语言协同效果和写作质量具有抑制作用，表现为语言协同数量和写作分数与对照组相比均较弱，但无显著差异产生。该研究结果强调了积极情绪对读后续写促学效果的重要作用，为今后 续论研究提供借鉴与启示。

第 9 章为不同类型图式对读后续写协同及产出质量的影响差异研究。图式理论被广泛地应用于外语教学且对学生学习成绩的提高具有显著的促进作用，对不同类型图式的激活可能会产生不同的促学效果。本研究将图式理论与读后续写相结合，旨在探讨不同类型图式即语言图式、内容图式及形式图式对读后续写协同及产出质量的差异影响。研究以河北省某高校非英语专业三个班为被试，共164人。第一组被试（A组）为语言图式读后续写，第二组被试（B组）为内容图式读后续写，第三组被试（C组）为形式图式读后续写。三组被试续写的协同数量及产出质量统计结果表明：虽然在句法协同中，形式图式读后续写要优于其他两组，但三组在词汇协同上整体无显著性差异。在产出质量上，内容图式读后续写的质量远远高于语言图式和形式图式，且呈显著性差异。研究结果可以帮助外语教师和研究者明确不同类型图式的读后续写对学习者二语产出质量的影响，为读后续写教学及研究提供借鉴和启示。

第10章为网络多模态输入的续写任务对学习者同伴支架影响研究。研究对象为河北省某高校英语专业二年级50名学生。本研究将文本、音频和视频三种输入模态的续写任务与网络环境下的同伴互动相结合，通过同伴互动文本研究同伴支架的情况以及学习者个体差异对同伴支架的影响。研究结果发现，提供观点类型的支架总数量最多，且音频输入小组的互动支架数量高于文本输入小组和视频输入小组，同时音频组和文本组、音频组和视频组之间的同伴支架数量情况均存在显著差异，但文本组和视频组的同伴支架情况并无显著差异，说明输入模态影响语篇理解，进而影响同伴互动；高语言水平学生提供的支架数量远多于低语言水平学生提供的支架数量，即学习者语言水平会影响网络同伴互动。网络同伴的互动支架有助于降低学习者的焦虑情绪，可以有效地推动小组讨论的顺利进行，提高语言产出的质量和学习自信心。

本书能够顺利出版，得益于许多人的无私帮助。我要特别感谢燕山大学外国语学院对本书出版的大力支持，同时还要感谢我的研究生团队全体成员，他们在研究生三年学习期间，基于对续论理论及教学研究的兴趣，以极大的热情参与了对续论的理论研究及实践探索，以认真、严谨、科学的态度完成了相关教学实验，使本书得以较完美地呈现给读者。本书第1章至第10章分别由张倩、张红娟、王迎丽、武丽芳、仲娇娇、朱雪飞、韩雅琪、杨博、赵悦和王美文在导师的指导下完成。此外，由于研究者的能力和学术水平有限，错误和不足之处在所难免，欢迎从事外语教学研究的学者、教师以及研究生批评指正。

目　录

第1章　记叙文和议论文读后续写对协同影响的差异研究 ……… 1
　1.1　引言 …………………………………………………………… 1
　1.2　文献综述 ……………………………………………………… 5
　1.3　理论基础与研究设计 ………………………………………… 15
　1.4　数据分析 ……………………………………………………… 25
　1.5　讨论 …………………………………………………………… 33
　1.6　结论 …………………………………………………………… 40

第2章　4/3/2视角下读后续说对语言流利性和准确性的影响研究 …………………………………………………………………… 44
　2.1　引言 …………………………………………………………… 44
　2.2　文献综述 ……………………………………………………… 46
　2.3　理论基础与研究设计 ………………………………………… 53
　2.4　数据分析与讨论 ……………………………………………… 59
　2.5　结论 …………………………………………………………… 69

第3章　读后续说任务中语言水平对学习者协同效果的影响研究 …………………………………………………………………… 71
　3.1　引言 …………………………………………………………… 71
　3.2　文献综述 ……………………………………………………… 75
　3.3　理论基础与研究设计 ………………………………………… 85

3.4 数据分析与讨论 ………………………………………… 90
3.5 结论 ……………………………………………………… 95

第4章 续写任务中输入模式和语言水平对英语词汇习得的影响研究 …………………………………………………… 99

4.1 引言 ……………………………………………………… 99
4.2 文献综述 ………………………………………………… 103
4.3 理论基础与研究设计 …………………………………… 114
4.4 数据分析与讨论 ………………………………………… 123
4.5 结语 ……………………………………………………… 131

第5章 网络环境下不同输入模态的同伴反馈对续写修改质量影响研究 …………………………………………………… 134

5.1 引言 ……………………………………………………… 134
5.2 文献综述 ………………………………………………… 138
5.3 理论基础与研究设计 …………………………………… 144
5.4 数据分析与讨论 ………………………………………… 152
5.5 结论 ……………………………………………………… 159

第6章 网络环境下不同互动组合和语言水平对协同及续写质量影响研究 …………………………………………………… 163

6.1 引言 ……………………………………………………… 163
6.2 文献综述 ………………………………………………… 168
6.3 理论基础 ………………………………………………… 178
6.4 研究设计 ………………………………………………… 181
6.5 数据分析 ………………………………………………… 185
6.6 讨论 ……………………………………………………… 188
6.7 结论 ……………………………………………………… 192

第7章 读后续译的篇章强化及互动引导任务对协同效应影响研究 ········· 196

7.1 引言 ·········· 196
7.2 文献综述 ·········· 196
7.3 研究设计 ·········· 199
7.4 数据分析与讨论 ·········· 201
7.5 结论 ·········· 204

第8章 情绪对读后续写任务中的语言协同和写作质量的影响研究 ········· 206

8.1 引言 ·········· 206
8.2 文献综述 ·········· 206
8.3 研究设计 ·········· 209
8.4 数据分析与讨论 ·········· 211
8.5 结论 ·········· 217

第9章 不同类型图式对读后续写协同及产出质量的影响差异研究 ········· 218

9.1 引言 ·········· 218
9.2 文献综述 ·········· 219
9.3 研究设计 ·········· 221
9.4 数据分析与讨论 ·········· 223
9.5 结论 ·········· 231

第10章 网络多模态输入的续写任务对学习者同伴支架影响研究 ········· 233

10.1 引言 ·········· 233
10.2 文献综述 ·········· 233
10.3 研究方法 ·········· 236

10.4 数据分析与讨论 ·· 238

10.5 结论 ·· 244

参考文献 ·· 246

第1章 记叙文和议论文读后续写对协同影响的差异研究

1.1 引言

本小节是该研究的第一部分,具体包括研究背景、研究方向和理论基础、研究意义、研究目标和研究概述。本小节的最后部分是本研究的整体框架和结构。

1.1.1 研究背景

互动和学习是密不可分的,互动可以促学(Ekildsen,2012),互动对外语学习具有重要意义。在大学外语课堂上,学生与教师、学生与学生之间互动的机会不多,其局限性影响了学习的效率和质量。在这种情况下,有必要找到一种有效的互动方式。作为人与文本互动的一种新的实践方法,读后续写一经提出立即引起了研究者的极大关注和兴趣。它将语言模仿和内容创造结合起来,既能强调语言输入,又能优化语言输出,因此,它是提高外语教学效率的可靠途径(王初明,2012;姜琳、陈锦,2015)。一些研究者(庞颖欣,2014;Wang & Wang,2014;杨媚,2015;王启、王凤兰,2016)对读后续写进行了深入的研究,证实了其对外语学习的积极影响和促学作用。

协同指的是一个社会认知过程,在这个过程中,说话者有在对话过程中重复句法结构的倾向(Pickering & Garrod,2004),心理语言学家和第二语言(L2)研究者对这一现象给予了广泛的关注。近几年来,大多数研究都与对话中的协同效应有关,而影响第二语言学习中协同效应的因素却很少被提及。本章将讨论不同体裁的阅读材料在续写任务中是否具有不同的协同效果,要求被试在阅读两组与记叙和议论有关但没有结尾的文章后,通过续写将结尾补全,研究者将其续写的文章与原始阅读材料仔细比较,探究两者是否存在协同差异,这些差异体现在词汇和搭配、语言错误及频率等方面,以确认两种体裁的续写任务对学习者语言流利性和准确性等方面的影响。

记叙文和议论文是否以及在何种程度上影响写作产出,这对续写材料中体裁的选择具有非常重要的现实意义。体裁研究在写作教学中起着重要作用,它为学生更好地理解不同文体的文章结构和写作方法提供了明确的指导(秦秀白,1997,2000;Hyland,2007;叶云屏、闫鹏飞,2010)。体裁的变化不仅带来了文体的变化,也带来了续写任务中语境的变化。然而,以往研究续写任务中的阅读材料体裁都是叙述性的,很少有研究将阅读材料与其他类型文本如论证、描述性写作、电影独白等联系起来。本研究探讨记叙文与议论文的比较对续写任务中的协同效果的影响,旨在为进一步扩大读后续写的研究视角并为续写体裁的选择提供一些启示和指导。

1.1.2 研究方向和理论基础

互动协同模式认为协同是流利对话进行的基础(Pickering & Garrod,2006)。王初明(2015)认为续写任务是文本与人的互动,它能有效地促进语言学习,不同的体裁可能对语言的协同产生不同的影响。因此,本研究旨在探讨体裁是否以及在多大程度上会影响协同效果。具体地说,本研究以记叙文与议论文为比较对象,探讨记叙文与议论文在续写过程中产生的协同效应、错误数量和错误频率上的差异。

自20世纪80年代以来,语言学家和第二语言研究者对语言的协同产生了极大的兴趣。它不仅是一个交流的过程,要求参与者自觉地注意之前产生或听到的话语形式,而且是一个复杂的认知过程,参与者通过这个过程与其他人以及环境、语境、工具等进行互动(Pickering & Garrod,2004;Atkinson, Nishino, Churchill & Okada,2007)。在过去这几年时间里,有关协同的研究已经陆续开始,多数研究结果认为它对外语学习的促学作用是乐观且积极的。

IAM 和以往国外关于协同的研究主要集中在面对面对话上。王初明（2009）是最早提出人与文本互动的续写任务的学者。近几年来，对续写任务的研究表明，续写任务是提高外语学习和教学质量的有效途径，对词汇教学（姜琳、涂孟玮，2016）和写作教学（姜琳、陈锦，2015）具有积极的作用。此外，它还引起了人们对影响协同效果因素的兴趣，例如阅读材料的趣味性（薛慧航，2013）、同伴互动（庞颖欣，2014）和英语水平（杨媚，2015）都会对协同强度产生影响。研究表明，在续写任务中存在着协同效应，它可能受到多种因素的影响，体裁可能就是其中之一。续写任务的动态特征不如对话那么清楚，但阅读材料可以不同，从而改变语境和风格（王初明，2014）。然而，以往的研究并没有涉及体裁差异对续写任务中协同的影响。目前，对体裁的研究主要集中在课堂写作教学上，旨在指导学习者写不同体裁的文章（秦秀白，1997，2000；Hyland，2007；叶云屏、闫鹏飞，2010），很少有研究将体裁与续写任务结合起来，因此探索哪种体裁更适合作为续写任务的阅读材料值得投入更多的关注。

1.1.3 研究意义

外语学习过程是一个学习如何用他人刚刚使用的语言表达思想的过程（Swain & Lapkin，1998），这个过程不能与模仿分开（王初明，2012）。外语教学中有许多练习可以帮助学习者模仿，如背诵单词、句子、短文及听后模仿等（姜琳、陈锦，2015），但结果并不理想，传统的模仿练习对学习者的语言能力没有明显的提高，如何有效、快速地学习外语需要更多的教学研究。使用语言的目的是表达思想和交流思想，语言形式是为了表达内容。语言形式的变化取决于内容的发展，语言学习与使用语言也是如此（王初明，2014）。因此，外语教学的第一步是激发学习者创造内容的意愿，使学习者在表达自己的强烈意愿驱动下，努力模仿和使用能够帮助他们表达内容的语言形式，输入输出紧密结合，从而有效促进外语应用能力的发展。

在目前的外语教学中，只有两种外语练习能够将内容创造和语言模仿结合起来，一个是与母语者交谈，另一个就是读后续写（王初明，2013）。当学习者与母语者互动时，语言模仿发生在人际交往中，他们能够在丰富多彩、动态的语境中创造内容，从而使模仿与创造紧密结合，有效地促进外语学习，并能迅速提高他们的语言能力。然而，在中国外语教学环境下，外语学习者与母语者的互动机会不多，在外语课堂上，师生之间、学生之间的互动机会亦有限，因此，寻找另一种替代面对面互动的方式迫在眉睫。读后续写是一种新的练习，它把理解和产出紧密地结合起来，很好地适应了中国外语教学的特点，即中国外语学习者很少有听和说的机会，但有很多读和写的机会，它能激活表达动机，强调语境功能，并在互动的帮助下促进学习。

读后续写的研究取得了巨大的进展，证明了它是促进外语学习的有效途径。读后续写很适合中国学习者的一个重要原因是完成续写任务可以产生很强的协同效果。虽然阅读材料的趣味性等诸多因素会影响协同效果的强度，但其他如体裁对续写协同效应的影响也不容小觑。

体裁分析是写作教学的重要组成部分，培养学生产出不同体裁的文章，可以帮助学生更好地了解不同体裁的特点和写作方法。本研究将体裁与读后续写相结合，以记叙文与议论文为例，探讨体裁差异会在多大程度上影响续写任务中的协同效果。本书的研究结果对外语教师在续写任务和协同方面的研究具有一定的启发意义，有助于外语研究者明确不同类型的续写任务对学习者语言学习的影响，尤其是对协同的影响，为续写任务的教学和研究提供一定的启示和指导。

1.1.4 研究目标

本研究旨在将体裁因素与续写任务相结合，并通过续写记叙文与议论文，探讨各自在协同及语言错误等方面的差异，旨在帮助外语教师和研究者更好地理解不同体裁对语言学习的影响，尤其是协同效果，从而找到更适合的外语学习方法。

1.1.5 研究概述

本章共分六节。本节是对本研究的概述。第二节是文献综述，介绍前期的一些相关研究。第三节提出本研究的理论基础，同时给出实证研究方法，描述设计方案，包括参与者、输入材料使用方法和步骤、数据收集及统计工具。第四节是数据分析，详细介绍实验结果。第五节从叙事和论证的不同特点与写作方法两个方面探讨这些结果产生的潜在原因。第六节为外语教师提供一些教学启示，并对研究的局限性进行探讨，为进一步的研究提供一些建议。

1.2 文献综述

近年来，协同已成为语言使用中的一种常见现象，引起了心理语言学家和第二语言研究者的兴趣（Atkinson et al, 2007；Branigan, Pickering & Cleland, 2000；Pickering & Garrod, 2004, 2006；Wang & Wang, 2014）。在心理语言学中，Pickering 和 Garrod（2004）首先提出了协同的概念，解释了母语者对话的语言处理机制。当人们互相交流时，不仅存在信息编码和解码，说话人也会把自己的状态协同。也就是说，说话者也把使用语言看作是一种与他们的精神状态相协调的方式，这样他们就可以对所谈论的话题有类似的看法。在第二语言习得领域，协同也起着至关重要的作用（Atkinson et al, 2007）。

1.2.1 协同

这一部分将介绍协同及其效果，包括它的定义和协同互动模式，以及它与第二语言学习之间的关系。

1.2.1.1 协同的定义

协同不是一个新的术语，但它在不同的研究领域有不同的定义。在语言学领域，许多研究者从不同的角度探讨协同。在这些研究中，协同指的是说话者相互交流时的相互调整。Pickering 和 Garrod（2004）从心理语言学的角度定义协同。它被称为机械心理学。研究人员认为，当对话者在某种程度上具有相同的心理表征时，就会在 Pickering 和 Garrod（2004）的协同概念中具有隐含的共同背景，在这个概念下，一些自动机制（如启动）将激活协同。因此 Pickering 和 Garrod（2004）高度重视协同中的自动成分。也就是说，协同是一种心理表现，是对相同词汇、短语和句子结构的选择。

在语言层面,对话者在对话中也可能有趋同行为(Branigan,Pickering, Pearson,Mclean & Brown,2011)。这种趋同更多地集中在形式而不是意义上。例如,演讲者倾向于使用与他们的搭档相似的口音(Giles & Coupland, 1991),它们可能在同一单词的发音上相同(Pardo,2006)。此外,说话人对词汇和句法结构的选择更支持这种调整(Branigan et al,2011)。对话者想用类似的方式在与对方的交流中表达自己的意图,有研究者给出了许多定义,比如,"适应"(Street & Brady,1982);Garrod 和 Anderson(1987)称之为"夹带";Brennan 和 Clark(1996)称之为"趋同";Bell(2003)称之为"适应"。在非语言层面,人们倾向于模仿面部表情(Bavelas,Black,Lemery & Mullett,1988)、彼此的情感状态(Hatfield,Elaine,Caciopo,John,Rapson & Richard,1994)和身体行为(Chartrand & Bargh,1999)。在过去的几十年里,研究人员(Pickering & Garrod,2004)将这种模仿称为"协同"。

随着对协同定义的研究的逐渐积累和深入,协同已成为协调行为的证据,引起了心理语言学家和第二语言研究者的极大兴趣。在心理语言学领域,研究人员将协同定义为对话者使用他们刚刚听到的相同语言结构的倾向(Pickering & Garrod,2004;Branigan & Pearson,2006;Branigan et al, 2011)。在第二语言学习领域,不仅语言表征被认为是协同,非语言因素也被认为是协同。研究人员将协同称为社会认知过程,在这个过程中,人类可以影响人际互动。为了保持互动的顺利进行,它们需要动态地相互适应。也就是说,在语言和非语言层面上都存在协同,这两种协同对于人际交往都是非常重要的。

然而,协同不仅发生在人与人之间,也发生在人与"情境、工具和供给"之间(Atkinson et al,2007)。研究人员认为,人类及其社会和物理环境也能产生一致性。这一发现给了我们更多的研究方向,拓宽了我们的视野。由于语言和人际交往层面中都存在协同,人类和文本也可能产生语篇的协同效应(Wang & Wang,2014),因此本研究探讨人与文本的互动的读后续写任务的协同问题。

1.2.1.2 协同互动模式

对话是一项完整的联合活动,是人类最基本、最自然的语言运用方式。

对话之所以能够顺利进行，其中一个原因是语言使用的机制存储对话，即互动协同模式（IAM）。Pickering 和 Garrod（2004）提出了互动协同模式。根据该模式，人际交往中的协同源于互动，是人际对话顺利进行的关键因素。在对话过程中，对话者之间是相互合作的，他们动态地相互适应，从而具有相似的心理表征或协同，这种协同出现在语言层面（包括语音、词汇、句法等）和情境模型层面上。情境模式是指人类为了理解文本而构建的表征，它包含五个关键维度：主体、时间、空间、因果关系和意向性（Zwann & Radvansky，1998）。对话者在互动中相互调整情境，从而在语言层面上产生协同，并形成对沟通信息的理解。这表明，当对话者在情境模式上保持一致时，他们会产生成功和顺利的对话。情境模式与语言表征相互作用、相互协调，使对话中的语言理解与语言产出之间发生密切的联系，从而使交流顺利、成功。Pickering 和 Garrod（2004）认为，理解和产出具有相同的代表性，这一结论成为深入研究语言生产和语言理解之间的协同的基础。

IAM 的另一个重要观点是，语言层面的协同机制是结构启动。结构启动是指人们倾向于重复以前使用过或发生过的语言结构（Bock，1986）。例如，如果一个说话者使用或听到他的搭档使用双宾语结构（The man is handling the woman a brush），那么演讲者在表达传递事件时更可能使用双宾语结构（The boy is passing the girl an apple）。相反，如果他使用或听到介宾结构（The man is handling a brush to the woman），那么在随后的作品中他很有可能也使用介宾结构（The boy is passing an apple to the girl）。Pickering 和 Ferreira（2008）认为，结构启动是一种内隐学习，它可以促进语言的发展。王初明（2009）的实证研究证明，结构启动有助于学习者掌握第二语言句法结构，因此从这个角度来看，协同效应本质上是一种学习效应，可以用来学习第二语言。

1.2.1.3 协同与第二语言学习

在对话中首先发现的就是协同。在对话中，说话者动态地相互适应，使对话顺利而成功地进行（Clark，1996）。随着时间的推移，研究人员对非语言水平的协同很感兴趣，比如人类互动中的协同一致性。Pickering 和 Garrod（2004）甚至声称在对话中，协同是使对话成功的基本要素。然而，在语言层面上的协同，如语言结构，仍然是这种协同的标志。

如前所述，说话者选择的单词是最明显的协同支持（Branigan, Pickering, Pearson & McLean, 2010; Branigan et al, 2011），人们更容易重复刚刚在谈话中使用或听到的单词。在 Brennam 和 Clark（1996）进行的一项实验研究中，一个人被要求代表一组卡片作为搭档，卡片描述了一些常见的物体。这个人倾向于使用次级术语，如"penny-loafer"，而不是像"shoe"这样的基本术语来描述物体。在随后的实验中，每种类型只有一个对象，基本水平术语"shoe"可以充分描述对象，但被试也倾向于使用次级水平术语"penny-loafer"。

在这个问题上，我们的对话者也倾向于使用他们曾经听到或使用过的完整表述。Clells 和 Pckering（2003）做了一个实验，发现当一个南方人把一张图片称为"the door that's red"时，另一个本地人更有可能把另一张图片描述为"the sheep that's red"。但是，如果南方人把那张图片称为"red door"时，那结果就是另一个人也会和他趋同。

协同在第二语言学习中也起着至关重要的作用，但它可能与只包含母语者的对话不同。与对话者都是母语相比，母语与第二语言习得者的对话中的协同更少（Costa, Pickering & Sorace, 2008），一些因素可能导致这个结果。首先，当母语者与二语习得者在谈论同一件事时，他们的思维表现是不同的，因此他们可以使用相似的表达，而不是相同的表达。此外，第二语言使用者可能对母语使用者使用的单词或结构不太确定，因此他可能无法重复使用或重复该表达式。另一个因素可能是语速，如果母语使用者说得太快，第二语言使用者可能无法捕捉到确切的表达。但是，除这些因素外，有些第二语言使用者在某些情况下可以与母语使用者紧密结合，因此，通过不断重复母语使用者所产生的地道、规范的表达，可以促进第二语言使用者的语言习得。

与 IAM 相反，Atkinson 等人（2007）指出，协同不仅发生在人类之间，也发生在人类和社会环境之间，他们把协同称为一个社会认知过程。在这个过程中，人类在精神和身体上都适应不断变化的环境。从这个角度来看，第二语言学习者可以在学习第二语言的过程中完成任务，使自己与社会认知保持一致，然后将他们的语言体验转化为心理表征。基于 IAM，王初明（2010，2011）指出，学习者的理解能力和产出能力不平衡，他们的理解能力比他们的产出能力要强，这种不对称会导致语言水平的均衡效应，是促进语言水平发展的潜在激活因素。因此，王初明（2010，2011）提出了一种有效的外语学习途径：互动—理解—协同—产出—习得。在拉平效应过程中，理解与产出的互动可以激活协同效应，通过与理解能力的协同可以提高较弱的产出能力。

王初明（2011）还注意到，Zwann 和 Radvansk（1998）提出的情境模式最初用于解释阅读理解，但却被 Pickering 和 Garrod 应用于对话理解，这意味着情境模式的构建和呈现是不相关的。例如，无论是报纸报道还是广播报道，人们对某一事件的理解都是相同的，因此王初明（2011）认为，这种协同不仅发生在人与人之间的对话过程中，也发生在学习者与阅读材料之间的互动过程中。

1.2.2 读后续写

本部分将详细介绍读后续写，包括其起源、与协同效果之间的关系以及影响读后续写中协同效果强度的变量。

1.2.2.1 读后续写和协同效应

读后续写已经存在多年，很难找出是谁发明了这种实践。在中国外语界，读后续写源于 20 世纪 90 年代末发生的写长法（王初明，2000）。写长法的提出是基于写作有助于学习的信念，旨在解决我国高校外语学习者写作能力不足的问题（张秀芹等，2015）。王初明（2005）认为，写作在英语学习中起着至关重要的作用，中国学生不能很好地表达自己的一个重要原因是他们没有较好的写作能力。王初明（2005）认为，通过写作促进学习者与中国外语学习环境相适应，写作实践有助于提高学习者的语言能力，因为普通的外语学习者对口语交际的需求不是很大。因此，外语教师鼓励学生在使用写长法时延长写作时间，学习者可以通过反复的写作和练习来加速外语知识的内化和习得过程。这种观点引起了研究者的极大兴趣，他们进行了大量的写长法教学实验（吴斐，2005；郭燕，2011）。所有的研究都证明了这种方法是非常成功的。它可以帮助学习者克服情感障碍，减少情感焦虑，增强外语学习的成就感和自信心，激发自我提高的意愿。有了这些优势，学习者可以充分释放自己的学习潜力。因此，写作时间越长，接受知识转化为表达知识的过程越快，自动表达能力越强，思维的敏感性和逻辑性越高（王初明，2005）。

之后出现了"学用在相伴"的原则，研究者们认识到了读后续写的理论价值。遵循这一原则，重新挖掘了读后续写的应用价值，并对其进行了认真的研究。研究认为，它强调语境的功能，能激活表达动机，在互动的帮助下促进学习，是促进外语学习最有效的方法之一（王初明，2012，2013，2015）。

如上所述，理解和产出的紧密结合是促进第二语言能力发展和提高学习效率的重要组成部分。理解力和制作力越强越好（王初明，2012，2013）。在此基础上，读后续写是加强第二语言学习的理想途径。在读后续写中，要求学习者完成一个不完整的英语故事，学习者先阅读材料，然后尽可能连贯、合乎逻辑地写出故事的其余部分。为了完成任务，学习者需要对原材料有很好的理解来构建情境模式，然后再根据情境模式创建内容，完成结尾部分。在创作过程中，学习者始终需要与原始材料的情境模式保持一致，使创作部分的内容和语言与原始材料保持一致。

根据 Garrod 和 Pickering（2007）的观点，在对话中，协同是自动和无意识的，但是在某种程度上，读后续写中的协同却是必然的结果。IAM 强调，读后续写中的协同将直接影响创造性部分的语言使用，并提高语言使用的准确性。阅读材料为学习者提供了语境、模仿模式和创作基础，因此他们有很强的意愿仔细阅读材料，将创作与模仿结合起来，使文章更加连贯（王初明，2012）。近年来，一些实证研究已经证明，读后续写可以促进学习。

姜琳和陈锦（2015）报告了一项实证研究，以验证续写任务对写作准确性、复杂性和流利性的影响。他们进行了22周的实验，干预持续了12周。有两组被试，一组完成6项读后续写任务，另一组完成6篇指定主题的作文。结果表明，读后续写能有效地提高被试的准确性和复杂性，其效果优于特定主题的写作，符合语言使用和学习规律，是内容创造和语言模仿的完美结合。一方面，它突出了语言输入，增强了学习者的注意形式，从而提高了语言的产出质量。另一方面，它优化了语言输出，加速了学习者的语言吸收，促进了他们有效使用语言能力的提高。

除了对写作的影响外,词汇的积极作用也得到了证实。姜琳和涂孟玮(2016)进行了一项实验,探讨读后续写是否能促进第二语言词汇学习。他们以新词为目标词,从词汇形式、意义和用法等方面考察了被试的学习效果。结果表明,读后续写能有效地提高第二语言的词汇学习,特别在词汇意义和使用方面促学效果明显。读后续写是一种将输入和输出紧密结合的活动,因此学习者倾向于使用阅读材料中的单词和结构来完成创造性部分。一旦学习者自动使用新词,他们就能有更深的记忆,学习效果会更显著(王初明,2014)。

这两项研究都证明了读后续写是促进第二语言学习的可靠途径,它将理解和产出紧密地联系在一起,符合第二语言学习的规律。事实上,它是人与阅读材料相互作用的结果,因此读后续写中的协同效果也引起了研究者的兴趣。王敏和王初明(2014)报告了一项实证研究,以探讨在读后续写中是否存在协同效应。结果表明,读后续写中存在着协同效应,不同类型的语言形式对协同的敏感程度不同。然而,在读后续写中,有许多因素会影响协同效果,许多研究者试图找出获得更多协同效果的影响因素。

1.2.2.2 影响续写任务中协同效果的因素

学习者在参与续写任务时与原文材料进行互动,模仿阅读材料中的单词和结构完成故事,因此续写任务中存在着协同效应(Wang & Wang, 2014)。在过去的几年里,许多研究人员给出了一些能够产生更强的协同效果的因素。

肖婷(2013)开始讨论回读材料对续写任务的影响。实验中,一组被试在阅读完原材料后,将阅读材料作为参考,另一组被试在阅读材料后,将阅读材料带走。Xiao(2013)得出的结论是,保有阅读材料的被试比没有阅读材料的被试犯的错误更少,写的文章也更长。也就是说,在续写任务中,回读是影响协同效果的一个因素,而回读可以产生更强的协同效果。

薛慧航(2013)发现,阅读材料的趣味性也会影响续写任务中的协同效果。王初明(2010)是第一个提出协同效应与阅读材料吸引力相关的研究者。薛慧航(2013)的实证研究得出结论,写有趣故事的被试比写无聊故事的被试犯的错误更少,并且产生更强的协同效果,阅读材料越有趣,其产生的协同效果就越强。因此，有趣且吸引人的阅读材料适合于续写任务。

不同于人际面对面互动，续写任务是人与文本的互动，所以是单向互动。王初明（2010）指出，协同效果的程度取决于互动作用的强度，互动作用越强，协同效果越好，因此为了加强互动作用，庞颖欣（2014）在一个连续的任务中进行了包括学习者—学习者和文本—学习者交互的实验。结果表明，学习者之间的互动对提高学习效率和协同效果具有积极作用。

杨媚（2015）将更多的因素考虑在内，旨在寻找更多的证据来证明第二语言写作中的协同效果。此外，她还想了解阅读材料的语言、第二语言能力和任务类型是否相关，以及它们如何影响第二语言写作的产出。结果表明，这三个因素有着密切的关系。具体来说，阅读材料的不同语言带来了不同类型的写作协同，它们可能对第二语言写作产生积极或消极的影响。第二语言的熟练程度会影响语言产出中特定形式的协同效果。最后，任务类型的特点会影响到任务的自我协调类型，对后续任务中的第二语言写作有不同的影响。

除了英语学习外，母语为韩语的汉语学习者的续读任务也会产生连读效应。王启和王凤兰（2016）选择了56名汉语学习者作为研究对象，他们的母语是韩语。每个主题被要求完成两个续写任务，一个是中文故事，另一个是韩文故事，他们被要求用中文完成这两个故事。实验结果表明，汉语续写任务中存在着协同效应，在语言、词汇块和句法结构层次上都存在着协同效应。此外，阅读中文材料后用中文写作可以显著降低难句的错误率。本实验验证了续写任务在中韩文学习中的适用性，为进一步研究提供了启示。

以上研究对续写工作具有重要意义，它们提供了产生更强的协同效果的影响因素。同时进行续写任务研究的外语教师需要让被试保留阅读材料作为参考，并需要选择有趣的阅读材料。此外，他们还需要为学习者提供更多的相互交流的机会，提供更原汁原味、真实阅读材料让学生模仿和创造。所有这些因素都会导致更强的协同效果，提高学习效率。然而，尽管这些研究已经证明了续写任务中的拉平效应及其对外语学习的积极影响，但它们都选择叙事作为阅读材料，很少提及电影中的论证、说明文、描述性写作或独白等体裁。因此，本研究尝试探讨体裁差异对续写任务中的协同差异的影响。记叙文和议论文是大学生最为熟悉的体裁，本研究就以记叙文和议论文两种体裁为例进行实证教学研究。

1.2.3 体裁研究

体裁是指一些具有鲜明特征的话语范畴，是作者对社会语境的回应（Johns，2002）。从广义上讲，体裁包括描述性写作、叙事、说明文写作和论证（Paltridge，2002）。目前，对体裁的研究主要集中在体裁分析（Bhatia，1993；Zhang，1997；秦秀白，1997，2000；韩金龙、秦秀白，2000）和体裁教学方法（Wang，1998；秦秀白，2000；韩金龙，2001）上。

1.2.3.1 体裁分析

体裁分析既与文体分析有关，又与语篇分析有关，其目的是研究语篇的人际目的和语言使用策略。近五十年来，应用语篇分析在语域分析、语法修辞分析、互动分析、体裁分析等方面取得了长足的发展（Bhatia，1993）。前三种分析模式是从表面分析发展到深层分析，但基本上处于话语表面描述的阶段，不能回答以下问题：为什么人们在创造特定的话语时倾向于使用某种特殊的结构而不是其他的结构？但体裁分析可以回答这个问题。它不仅是对语篇语言特征的描述，而且旨在解释语篇建构的证据，探讨语篇背后的社会文化因素和心理认知因素，其最显著的特点是解释性，可以揭示实现交际目的特殊方法和话语结构的标准。

1.2.3.2 基于体裁的教学方法

体裁教学法是指教师自觉地将体裁和体裁分析理论运用到课堂教学中，围绕语篇的图式结构组织教学活动。有三个目的：(1) 让学生理解属于不同类型的话语有不同的交际目的和结构。(2) 让学生认识到话语不仅是一种语言结构，也是一种社会意义结构。(3) 让学生掌握话语的图式结构和构建过程，以便理解或创建属于特定类型的话语（Kay & Dudley-Evans，1998）。澳大利亚学派和斯瓦莱西亚学派是将这些理论付诸实践的两个学派。

澳大利亚学派提出了指导中小学教学的课程模式，通过这种方法，教师需要将学生未来可能遇到的各种体裁介绍给学生，并通过体裁分析提高他们的能力。实践中，师生共同参与一系列的教学活动，帮助学生掌握特定文体的话语图式结构，并以此结构指导写作实践。教学活动主要有三个步骤：

（1）示范论文分析：在这一阶段，教师以范文的形式介绍一种文体，然后分析其图式结构，以明确话语的社会目的。

（2）模仿写作：经过体裁分析，教师与学生共同创作这一体裁的散文，包括阅读、研究、检索、收集材料和写作。

（3）独立写作：让学生选择一个主题，并自己创作这类体裁的文章。

与澳大利亚学派不同的是，斯瓦莱西亚学派采用基于体裁的教学方法来指导高等教育，特别是学术论文写作，然后将这些方法应用到专业写作领域，这与特殊目的英语和专业交际英语密切相关。斯瓦莱西亚学派提出了阅读课的教学模式，并将体裁分析应用于阅读理解活动中，以提高阅读速度和效率。主要有六个步骤：

（1）体裁分析：用例子分析流派的模式结构。

（2）模拟分析：让学生根据步骤1分析相同类型的新话语。

（3）小组讨论：根据图式结构，将一些话语的结构弄乱，通过讨论，让学生按照文体的规则重新组织成一个新的话语。

（4）独立分析：让学生找到一些相同类型的话语，并对它们进行分析和回顾。

（5）深入分析：分析流派的语言和风格。

（6）仿写：让学生通过写作更好地了解特定文体的结构特征和语言风格。

虽然这两个学派的教学重点不同，但它们都将体裁教学法应用于写作和阅读课的教学活动中，特别是写作课的教学。除了这两所学校外，其他学者（Littlefair，1991；Lewis & Wray，1995；Wray & Lewis，1997）也将这些方法应用到了写作和阅读课程中。Nunan（1991）甚至把这些方法应用于听力和口语教学中，所有的研究都取得了巨大的成就。然而，体裁教学法也存在不足，其一是可能导致以文本为中心的课堂教学，教师只注重对话语的描述和模仿，忽视了对学生的创造性训练。续写任务可以解决这个问题，它是模仿与创造的结合，将体裁教学法与续写任务相结合，可以提高学生的学习效率。

1.2.4 小结

协同在第二语言学习中起着至关重要的作用，协同效果是一种学习效果，协同越强，学习效果越好。本节介绍协同的定义及其与第二语言学习的关系。根据协同互动模式，互动可以促进协同，从而促进第二语言学习。然而目前在中国，外语教学受到诸多因素的限制，外语学习者很少有机会与母语者交流。在大学外语课堂上，师生之间、学生之间的互动机会不多，缺乏互动会降低外语学习的效率和质量。续写任务是促进互动的理想方式，实践证明，它对外语学习有积极的促进作用。Wang 和 Wang（2014）已经证实，续写任务中存在协同效应。但是，续写任务中的一些因素会影响协同的强度，如阅读材料的趣味性、被试语言运用的熟练程度以及多维度的互动作用都会影响续写任务中的协同效果。

1.3 理论基础与研究设计

本节将介绍该研究的理论基础与研究设计。

1.3.1 理论基础

本部分将介绍有关本研究的相关理论，包括 Long 的互动假设、Swain 的输出假设和注意假设。本研究选取每个假设的一些观点来解释本实验的结果。

1.3.1.1 Long 的互动假设

互动作用假设来源于 Krashen 的输入假设，由 Long 提出（1981）。输入假设认为语言输入是获取语言的唯一途径，而互动假设强调了交互的重要性，即语言习得中意义的协商，意义的协商在语言习得中起着决定性的作用。意义协商是为了克服交际双方在通过协议和一系列澄清请求进行交流时遇到的困难和障碍，从而实现成功的沟通。Long（1981）认为对话和互动在语言习得中具有重要意义，而克拉申（1982）认为可理解性的输入是语言习得的根源。他们的分歧是找出哪一个更重要：互动或输入。虽然输入假设和互动假设存在分歧，但大多数研究都强调两者，并提出可理解的输入有助于语言解码和意义协商。自 20 世纪 70 年代以来，有关互动与第二语言习得关系的研究一直都在不断地进行中。

受 16 个母语者（母语者—母语者）的话语分析和 16 个母语者与非母语

者（母语者—非母语者—母语者）的对话启发，Long（1981）提出了互动假设。他发现，母语者与非母语者在对话中的交互作用大于母语者与母语者之间的交互作用。他认为，对话者的误解可能导致互动的增加，对话和意义协商的调整可以解决问题。换言之，在互动对话中，通过理解和自我修复、反复请求等沟通方式进行检查、确认，使沟通更容易、流畅。一旦在交际过程中出现障碍，语言调节对意义交际的作用就会十分明显（Long，1981）。

对话者会调整他们的语言来找出问题所在。Long（1981）认为，以下三个步骤可以促进语言习得中意义的协商。第一步是纠正语法和对话，有助于提高对语言输入的理解。第二步是可理解性的输入，可以促进语言习得。最后一步是从正确的语法和对话中进行推断，以促进语言习得。

在互动假设中，综合输入仍然是一个不可或缺的因素，但并不是克拉申所说的唯一条件。Long强调双向互动的功能，因为它能使学习者认识到他们的语言和目标语言之间的差距，实现双向互动的最佳方式是与母语者交谈。但在中国，学习者听和说的机会较少，但他们有大量的阅读和写作练习。在这种情况下，续写任务更适合汉语学习者（王初明，2013）。模仿与创造相结合，使学习者与阅读材料互动，从而提高外语学习效率（江琳、陈锦，2015）。

1.3.1.2 Swain 的输出假设

1985年，Swain提出了输出假设，她认为单靠语言输入是不够的。学习者应该有机会使用语言，输出对语言习得具有积极的影响。当假设开始形成时，Swain（1985）认为，语言输出至少有三个功能：第一个功能是输出可以提供具有上下文语境意义的语言使用的机会。第二个功能是它可以检验学习者对目标语言的假设。第三个功能是使学习者从简单的语义处理转化为基于形式的语法处理，简单的语义处理是第二语言习得的早期特征。Swain（1995）指出输出不仅能促进语言流利性的发展，而且对语言的准确性和习得有三个作用：第一个是注意/触发，即目标语言的输出可以使学习者认识到其语言存在的问题。第二个是假设检验，即学习者可以尝试使用适当的词汇或形式来表达自己，以验证该使用方法正确与否。第三个是元语言反射，这意味着学习者可以反映他们的语言输出（徐玲、杜淑虹，2011）。

虽然输出方法不同于输入方法，但输出可以增强输入对第二语言的影响

（Li，2002）。续写任务将输入和输出紧密地结合在一起，鼓励学习者使用和模仿阅读材料中的表达，从而优化语言输出。根据 Swain 的输出假设，续写任务可以提高语言的准确性，促进第二语言的习得。

1.3.1.3 注意假设

从心理学角度看，语言可以看作是一个信息处理过程。信息处理有三个阶段：输入、中央处理和输出。然而，以往的研究表明，并非所有的信息都能在处理过程中获得。人们无意识地忽略了一些因素，只注意到其中的一部分。因此，如何激发学习者注意语言形式成为一个热门话题。

Schmidt（1990）提出了注意假设的概念，他认为只有给定足够的条件将输入转化为吸收，他们才能无意识地学习语言。注意是语言习得的一个关键点，但单独注意并不能使学习者掌握语言。语言发展为语言注意奠定了基础，如果学习者的英语水平相对较高，他们在与他人交流时往往会注意到自己的语言错误。Schmidt（1990）指出注意有三个层次：感知、注意和理解。感知在某种程度上是一种心理活动，是人们对外界的内在反应。第二层次是注意，处于第二语言习得的中心位置。Bowers（1984）指出，可感知信息和注意信息之间存在显著差异，例如，当学习者做家庭作业时，他们注意到的是家庭作业而不是无关的事情。理解是感知和注意的结果，它是最后一个层次。注意之后，学习者比较信息并将其转化为吸收。

根据注意假设，注意有助于学习者更加注意目标语言的语言特征。续写任务为学习者提供足够的语言输入，让他们首先注意语言输入的内容和语言结构，然后模仿或使用它们。不同的文体提供不同的模仿模式，使他们能够准确、真实地掌握不同的写作风格和方法。

1.3.2 研究设计

本部分将详细介绍实验过程和研究方法。它从研究问题和假设开始，之后是参与者、实验材料、实验过程和数据分析。

1.3.2.1 问题和假设

本研究的重点是探讨读后续写文本中阅读材料的体裁不同是否会使得其协同效果、错误类型和频率也有所不同，并试图回答以下两个问题：

（1）记叙文续作与议论文续作所产生的词汇及搭配协同是否存在差异？

假设：这个问题是为了弄清记叙文续作和议论文续作是否会产生不同的协同效果，预测的答案是它们会有所不同。由于议论文的写作风格比记叙文更稳定，假设续写议论文会产生更强的协同效果，即产生比记叙文续作更一致的词语和搭配。

（2）记叙文续作和议论文续作在错误类型和频率上有哪些差异？

假设：这个问题是为了弄清记叙文续作和议论文续作是否会产生不同的学习效果。本研究通过比较两种体裁的续写错误的数量和频率来回答这个问题。预测的答案是会产生不同数量和频率的错误。从第一个问题的预测来看，议论文续作比记叙文续作会产生更强的协同效果，因此研究者预测议论文续作比记叙文续作会产生更少的错误和更低的错误频率。

1.3.2.2 参与者

有52名学生参加了本次教学实验，他们是来自河北省某重点高校英语专业的一年级学生，实验时间是第一学年的第二学期。两组被试是两个平行的自然班，每个班有26名学生（这两个班分别称为A组和B组）。

被试年龄为18～21岁，实验前学习英语的平均时间为10年。参加实验时，没有人有国外生活或学习经历。在实验开始前，这些被试已经接受了一个学期的大学英语学习。在实验开始前，研究者对他们最近的英语成绩做了一个独立样本T检验，结果见表1.1。从表中可以看出，$Sig.$值为0.574，大于0.05，所以他们的英语水平没有显著性差异。实验在英语泛读课上进行，两组教师相同、输入相同。虽然他们是英语专业的学生，在调查时已经学了10年的英语，但在写作过程中仍然存在一些错误，这一事实对作者的研究有一定的帮助。

表1.1 两组被试英语水平测试独立样本 T 检验结果

	平均数	人数	标准差	$Sig.$
组A	75.88	26	7.88	.574
组B	76.20	26	10.38	

1.3.2.3 实验材料

实验材料包括16份没有结尾的阅读材料（8篇记叙文和8篇议论文）以及1份调查问卷。考虑到被试是新生，阅读材料并不长，每种材料大约有350

个单词。根据Applebee（1982）和Freeman（1983）的研究，被试对该主题的熟悉程度和趣味性会极大地影响写作质量，因此本研究中阅读材料的所有主题都与被试的日常生活和学习密切相关。8个记叙文都是原创的英语故事，其中5个是关于家庭、亲情的，2个是关于爱情的，1个则是关于兼职的。

  第一篇文章是学生做兼职时遇到的困难，这个学生有机会为外国客户服务，但由于英语不好，他没有信心，担心被同事嘲笑。通过这次经历，他决心学好英语，特别是口语。第二篇文章是关于一对年轻夫妇的爱情故事。妻子想出了一个维护婚姻的好方法，那就是写一份清单，列出他们觉得对方令他（她）有点恼火的事情，然后讨论让彼此更开心相处的方法，使他们的生活更幸福。结果，妻子写了三页关于丈夫令她烦心的事情，而丈夫什么也没有写，因为他相信他的妻子是完美的，不希望她为他改变。在第三篇文章中，洪水淹没了一个小村庄，但教会的一位牧师拒绝救生员、警察快艇和直升机的帮助，认为上帝会拯救他，最后，牧师在洪水中丧生。在第四篇文章中，一个大学生离家多年寻找孤独，但在圣诞节这样的节日里，她发现没有人陪伴，感到很孤独。在街上的一个教堂前，她意识到，虽然她是一个人，但她已经变得独立、受过教育、健康、富有冒险精神，她的生活充满了无限可能，这是圣诞节最好的礼物。第五篇文章中一个叫珍妮的5岁女孩让她妈妈买一条漂亮的塑料项链，但她必须做很多家务来支付。父亲向珍妮索要那条项链，但她拒绝了，因为她太爱它了。但是，父亲每晚都要，女孩也爱她父亲，所以她把项链给了父亲。之后，父亲拿出一条真正的珍珠项链给了她。第六篇文章关于父子之间的爱。父亲是个渔夫，他每天带儿子去学校，给他一个道别的吻。然而，有一天，儿子说他已经长大了，不再需要这个道别的吻了，因此拒绝了父亲的再见之吻，之后他的父亲去了海边，再也没有回来。第七篇文章是关于纯爱的。一个女人通过电子邮件认识了一个男人，但他们从未见过面。在他们约会的那天，这位女士说她会在外套上戴一朵玫瑰。在等待的时候，男人看到了一位年轻漂亮的女士，但就在他想靠近她的时候，一位戴着玫瑰的女人来到了他身边，而这个女人已经40多岁了。男人请女人吃饭，然后女人说一个年轻的女士求她戴上玫瑰花，如果他请女人吃饭，年轻女士就在餐馆等男人。最后一篇文章是关于一个男孩和他的母亲之间的爱的。两个人都感染了艾滋病毒，当他们在医院的时候，男孩经常穿红色的衣服，这样当他在操场上玩耍时，他的母亲能立刻认出他来。当他病得很重快要死的时候，他请作者给他穿上红色的衣服，这样也要死去的母亲就能在天堂找到他。

8个议论文均选自英语原著，其中4个关于大学生活、2个有关社会生活、1个关于兼职、1个关于就业。8个话题均与学生的前期知识储备和认知能力相关；8篇阅读材料的主题分别是：住在大学宿舍或社区公寓；如何度过大学生活？我们应该和别人比较吗？如何防止剽窃？就业或继续教育？在网上寻找朋友是明智的吗？上大学值得吗？最后是有关食品安全。记叙文和议论文中的阅读材料与被试的日常生活和学习密切相关。

表1.2和1.3详细介绍了这两组阅读材料，表1.4是对这两组阅读材料的字数进行独立抽样T检验的结果。

表1.2 记叙文阅读材料的字数

话题	词数
Hard time of part-time job	499
Smart way to keep marriage longer	306
God helps who helps himself	235
A gift of possibility on Christmas	334
A real pearl necklace	417
Never old enough to get a goodbye kiss	413
Pure love does not relate to appearance	304
Dress me in red so that mom can find me in heaven	328

表1.3 议论文阅读材料的词数

话题	词数
Living in university dormitories or apartments in the community	214
How to Survive College Life?	353
Should we compare ourselves with others?	326
How to prevent plagiarism?	367
Employment or further education?	291
Is it advisable to look for friends online?	279
Is it worth going to college?	329
On food security	277

表 1.4　两组阅读材料的词数独立样本 T 检验结果显示

	平均数	数量	标准差	Sig.
记叙文	354.5000	8	83.25005	0.598
议论文	329.5000	8	101.06575	

从表中可以看出，两组阅读材料的平均字数相似，没有显著差异，因此两组阅读材料在长度上是平衡的。

由于两组阅读材料的主题不完全相同，所以每次被试完成续写任务时，他们都要回答一份关于两组阅读材料主题熟悉程度、长度和难度水平的问卷。本问卷旨在证明两组阅读材料除了体裁差异外，在阅读难度方面不存在显著差异。调查问卷包括以下三个问题：

我熟悉阅读材料中提到的主题。

阅读材料的长度适合我的阅读能力。

不熟悉的单词和困难的结构数量适中，不影响我的阅读理解。

问卷采用 Likert 五级量表（1= 我强烈反对，2= 我不同意，3= 我既不同意也不反对，4= 我同意，5= 我强烈同意）。每次实验后在收齐续写作文后，研究者立即将调查问卷发给被试并要求其当堂对所读的阅读材料进行评分，研究者收集和统计每个评分，以提供每次阅读材料（记叙文和议论文）的评分。表 1.5～1.7 显示了调查结果的详细信息。根据独立样本 T 检验，两种体裁熟悉度的 Sig. 值为 0.125，长度的 Sig. 值为 0.388，难度等级的 Sig. 值为 0.430。所有数字均大于 0.05，除体裁差异外，这两组阅读材料在主题、长度和难度上均不存在显著差异。

表 1.5　主题熟悉度测试独立样本 T 检验

	平均数	数量	标准差	Sig.
话题 N	4.2300	8	0.18777	0.125
话题 A	4.1075	8	0.09939	

表 1.6　长度独立样本 T 检验结果

	平均数	数量	标准差	Sig.
长度 N	4.2013	8	0.20413	0.388
长度 A	4.1025	8	0.23777	

表 1.7 难易度独立样本 T 检验结果

	平均数	数量	标准差	Sig.
困难度 N	4.2063	8	0.16604	0.430
困难度 A	4.1488	8	0.11141	

1.3.2.4 实验过程

整个实验持续了 8 周，被试必须每周完成一个续写任务。A 组是记叙文续作，B 组是议论文续作。

所有的续作任务都是在英语泛读课上完成的，两组被试有相同的老师，所以他们有相同的语言输入。在实验前研究者鼓励被试尽可能地使用和模仿原始阅读材料中的单词和语法结构，并为每个阅读材料给出合理和连贯的结尾。

每个续写任务的时间为 30 分钟。老师先分发阅读材料，然后要求被试在规定的时间内完成续写任务。在这段时间内，他们可以根据需要反复阅读所给的阅读材料。根据肖婷（2013）的结论，在续写任务中阅读材料有助于增强拉平效果、减少语言错误，因此本研究鼓励被试反复回读原始的阅读材料。

30 分钟后被试被要求停止阅读和写作，老师收集被试续写的作文，然后分发调查问卷。被试被要求为问卷中的三个问题选择最合适的答案，以比较两种体裁阅读材料的难易度。回答问卷的时间控制在 5 分钟内。

这一过程持续了 8 周，在此期间，老师分别收集了 416 篇续写作文和 416 份问卷。

1.3.2.5 数据分析

本研究共收集续写作文 416 篇（记叙文 208 篇，议论文 208 篇）。研究者把所有主题的文章输入计算机，并对所有的文章进行编号。构建了两个小型语料库，一个用于记叙文，另一个用于议论文，每个语料库中有 208 个文本。

为了回答第一个研究问题（记叙文续作和议论文续作是否会对协同效果产生影响），两位研究人员手动计算协同词和搭配的数量。这两位研究者都是外国语言学和应用语言学专业的研究生，他们对协同已经进行了一年的学习和研究。首先，两位研究者手动统计逐字排列的单词和搭配，然后仔细比较逐字排列的单词和搭配与原始阅读材料中的单词和搭配，以确保它们具有相同的上下文。只有上下文相同，它们才是协同的词汇和搭配。协同词汇和搭配的示例如下：

协同搭配：

例 1. 原文材料：Maybe they were hungry, or they had no choice.

　　　学生写作：I had no choice but tried my best to explain to them.

例 2. 原文材料：She took out her list.

　　　学生写作：However, her husband only took out one piece of paper, with just one sentence on it.

例 3. 原文材料：I read in a magazine, a while ago, about how we can strengthen our marriage.

　　　学生写作：As expected, the list strengthened their marriage.

两项研究都仔细比较了学生的写作与原始阅读材料，确保了研究结果的可靠性。他们计算了两次协同的单词和搭配的数量，并用SPSS17.0中的皮尔逊相关性来衡量其可靠性。当出现不同意见时，两名研究生通过协商解决分歧，如果协商不成，则请学校外教帮助，确保计算结果可靠。两名研究者的信度为0.9，显著性水平为0.05。

为了回答第二个问题，两名研究者计算了被试写作中不同类型错误的数量。本研究采用 Wang & Wang（2014）的错误分类法。在计算之前，研究者认真研究了每种类型的错误。中国英语学习者在写作时最常犯的错误有六种，即数一致错误、冠词使用不当、系词使用不当、非限定动词使用不当、时态错误和中式英语。前五种类型涉及的语言形式主要在形态层面上运作，本研究将其视为基于形式的错误。每种类型的错误示例如下：

例4. Finally, many months later, there is several foreigners coming again today.（数一致错误）

例5. The next day, when I was doing my work as usual, one of foreigners got to the restaurant.（冠词使用不当）

例6. Hope that I'm do better in the future.（系词使用不当）

例 7. My first chance speak with foreigners come unexpectedly and made me a little disappointed.（非限定动词使用不当）

例 8 . And they are so grateful that all forgot time.（时态错误）

在本研究中，中式英语被定义为英语中不真实甚至尴尬的表达，但其形式与一些汉语表达形式有一一对应关系，其意义在使用语境中非常吻合。本研究将中式英语视为基于意义的错误。根据 Wang & Wang（2014）的研究，中式英语可分为两种类型：语法错误的中式英语和语法正确的中式英语。例如，例 9 的意思是说，在校园外生活可以真正带来更多的自由，但是使用更自由在汉语中有同等的含义，英语语法错误。在例 10 中，作者想说餐馆只收现金，real bill 在英语中不表达此意。在例 11 中，作者想表达其工作的餐馆的价格是不合理的，但是"合适"这个词在中文中更容易被接受，而在英语中，"正确"这个词是真实的，所以尽管句子中没有语法错误，但却是中式英语。

例 9. Living off campus indeed more free.

例 10. No，sir，I'm sorry about that，but we restaurant only receive the real bill.

例 11. The price at this restaurant is not suitable for customers.

例 12. My English is very poor.

每种错误的数量由两名外国语言学和应用语言学专业的研究生手工计算。他们阅读被试的文章，找出所有的错误，然后计算出属于这六种类型错误的数量。当出现分歧时，他们通过协商、向母语者或外教寻求帮助来解决问题。其可靠性为 0.85，用 SPSS 17.0 中的皮尔逊相关法测定。

本研究除考虑错误数目外，还考虑了错误频率。在计算了上述六种类型的错误数量后，研究者计算了两组被试论文中每种类型错误的发生频率，看在记叙文续作和议论文续作中产生的错误类型和频率上是否存在差异。考虑到各被试的写作长度不同，研究者以 Wang & Wang（2014）的计算方法为参考，即将错误的原始频率按比例转换，使两组写作的统计数据具有可比性。研究者将每种类型的错误数除以文字的总字数，然后将结果数乘以 100，得到百分比分数和比例。研究者最终得到的分数是每 100 个单词中不同类型错误的平均频率，因此结果更可靠、更具可比性。所有统计分析均采用 SPSS 17.0 进行，显著性水平设为 0.05。计算公式如下：频率 =（每种类型的错误发生次数/写入字总数）×100%。

1.3.3 小结

本节以 Long 的互动假设、Swain 的输出假设和注意假设为基础，提供了研究设计的详细信息，包括研究问题、参与者、研究材料、研究过程、数据收集及统计工具。所有协同的单词、搭配和错误的数量都由两名经过培训且具有较高可靠性的研究生手工计算。原始频率被转换成更可靠和可比的百分比分数。所有的数据分析都是在 SPSS 17.0 的帮助下进行的，整个设计的目的是探讨续写记叙文和议论文所产生的词汇和搭配协同是否存在差异，以及续写记叙文和议论文所产生的错误的频率和类别是否存在差异。

1.4 数据分析

前一节详细介绍了理论基础和研究设计。为了回答两个研究问题，研究者从以下几个方面分析了被试的续写文本：一个是计算两组续写中协同单词数量和搭配的数量，另一个是计算 1.3.2.5（数据分析）中提到的六个类别的错误数量和频率。最后，将原始数据转换为百分比分数，以查看记叙文和议论文产生的错误类型和频率的差异。所有数据经过 SPSS17.0 分析，其结果如下所示。

1.4.1 长度差异的结果

由于所有被试续写都被输入计算机，因此计算机可以很容易地计算每篇续写的单词数。根据前面的介绍，每个被试必须完成八个续写任务，所以共有 208 篇记叙文和 208 篇议论文。作者将这些数据分为两个小型语料库，第一语料库标记为记叙文，第二语料库标记为议论文。在 SPSS 17.0 的帮助下，研究人员对两组文章的平均单词数进行了分析。将两组中每篇论文的单词数输入 SPSS，并进行了独立样本 T 检验。表 1.8 显示了独立样本 T 检验的结果。据统计，208 个记叙文的平均单词数为 126.85，标准差为 45.99，208 个议论文的平均单词数为 108.51，标准差为 26.57。*Sig.* 值小于 0.05，因此两组续写之间的平均字数存在显著差异。

表1.8 长度差异

	平均数	数量	标准差	*Sig.*
长度 N	126.8544	208	45.98789	0.000**
长度 A	108.5097	208	26.57043	

注：** *Sig.* < 0.01

对于每个续写任务，教师对续写的字数没有特定要求，被试的续写内容要尽可能地与前文内容融洽且连贯。研究结果表明，A组续写字数比B组续写字数多很多，两组之间存在显著差异，表明体裁差异会影响输出词的数量，说明记叙文的续写有益于增加文章的长度，即提高语言输出量。续写较长是提高书面流利程度的基本要求，因此这一结果可能为续写任务的研究提供一些启发。如果想要提高学生的书面流利程度，选择记叙文作为阅读材料进行续写比较合适。

1.4.2 协同效果差异的结果

如前一节所述，研究人员及其合作伙伴分别计算了议论文和记叙文中单词和搭配的协同数量，这部分将显示两组的详细结果。

1.4.2.1 协同单词的差异结果

如上所述，两名研究生已经学习了近一年的协同，他们手动计算协同单词的数量，并仔细比较续写的单词与原始阅读材料的单词，以确保被试正确使用它们。通过 SPSS 17.0 中的 Pearson Correlation 测量，两名研究生之间的可靠性为0.89，表1.9～1.10显示了记叙文和议论文产生的协同词的数量，表1.11是独立样本 T 检验的结果，以查看两组续写之间的协同词是否存在显著差异。表中数据显示，续写记叙文总共产生了189个协同的单词，续写议论文产生的协同单词的数量是215个，因此两组之间的协同单词的数量没有太大差异。独立样本 T 检验中的显著性水平设定为0.05。根据测试结果，续写记叙文产生的协同单词的平均数量为23.63个，续写议论文产生的协同单词的平均数量是26.88个。独立样本 T 检验表明，*Sig.* 值为0.348，大于0.05，虽然在续写记叙文时被试产生的协同词数不如续写议论文，但两组续写词汇协同之间没有显著性差异。结果表明，两组被试倾向于使用原始阅读材料中的单词，并且记叙文和议论文阅读材料为被试提供了可使用或模仿的单词。因此，用记叙文和议论文作为续写任务的阅读材料均有助于学生习得新词。

表 1.9 记叙文中协同词的数量

数值	记叙文								
	1	2	3	4	5	6	7	8	NT
NW	23	15	30	20	25	23	25	28	189

注：NW= 协同词的数量；NT= 总协同量，下同

表 1.10 议论文中协同词的数量

数值	议论文								
	1	2	3	4	5	6	7	8	NT
NW	43	19	23	24	23	28	20	35	215

表 1.11 两组续写中协同词的独立样本 T 检验

	平均数	数量	标准差	Sig
长度 N	23.6250	8	4.66	0.348
长度 A	26.8750	8	8.24	

1.4.2.2 协同搭配的差异结果

正如前一节所述，两位研究生已经学习了协同接近一年，他们具有很高的可靠性。他们还手动计算了在记叙文和议论文续写任务中被试产生的搭配协同的数量。他们反复阅读被试的续写并标记与原始阅读材料相似的搭配协同，然后分别计算两组的搭配协同数量。在统计过程中出现分歧时通过协商解决，当协商无法解决时，他们会请教师或外教帮助以确保数据更可靠。通过 SPSS 17.0 中的 Pearson Correlation 测量，其可靠性为 0.87。

表 1.12 ～ 1.13 显示了被试在续写记叙文和议论文时产生的词组搭配协同的数量，表 1.14 是独立样本 T 检验的结果，以确定两组续写之间的搭配协同是否存在显著差异。根据表 1.12 和 1.13，在续写记叙文时，被试共产生了 63 个搭配协同，而通过续写议论文产生了 90 个搭配协同，远远超过了通过续写记叙文产生的搭配协同。表 1.14 显示 208 篇记叙文续写作文中的词组搭配协

同的平均数量是 7.88 个，而 208 篇议论文续写作文中的词组搭配协同的平均数量是 11.25 个，因此很明显，在续写议论文时，被试产生更多的词组搭配协同。表 1.14 还显示 $Sig.$ 值为 0.09。由于显著性水平设定为 0.05，并且 $Sig.$ 值大于 0.05，因此两组之间的词组搭配协同上没有显著差异。

在续写记叙文和议论文时，似乎主体产生词和词组搭配的协同没有显著差异，但续写议论文确实产生了更多的词和词组搭配的协同，尤其是词组搭配协同。所以体裁差异可以导致不同的协同效果，而且续写议论文比续写记叙文产生更强的协同效果。因此，对于正在研究续写任务和协同效果的外语教师来说，如果希望学生产生更强的协同效果，那么选择议论文作为阅读材料更为合适。

表 1.12　记叙文中的词组搭配协同数量

数值	记叙文								
	1	2	3	4	5	6	7	8	NT
NP	7	11	10	9	4	4	8	10	63

表 1.13　议论文中的词组搭配协同数量

数值	议论文								
	1	2	3	4	5	6	7	8	NT
NP	14	8	8	8	10	12	9	21	90

表 1.14　两组续写中词组搭配协同的独立样本 T 检验

	平均数	数量	标准差	$Sig.$
搭配 N	7.8750	8	2.69590	0.090
搭配 A	11.2500	8	4.49603	

1.4.3　错误差异的结果

为了回答第二个研究问题，研究人员将错误率考虑在内。在本研究中，错误分为六类，包括数一致错误、冠词误用、系动词错误、非谓语动词滥用、时态错误和中式英语。前五个类别是基于形式的错误，最后一个类别是基于意义的错误。本研究旨在探讨记叙文和议论文续写中产生的错误是否存在显著差异，研究者分别从错误类型、错误数量和错误率方面进行统计和分析。

1.4.3.1 错误类型差异

本研究中总共统计了六种错误类型。表 1.15 收集了记叙文和议论文中产生的每种错误类型的平均数。从表 1.15 中可见，两组被试都犯了六种体裁的错误，但每种体裁的错误数量不同。在记叙文的续写任务中，最常出现的两种错误类型是时态问题和中式英语，分别为 37.88 和 22.63；较少出现的错误类型是冠词滥用，为 5.5。而在议论文续写中，最常出现的错误类型是数一致错误，为 14，最少出现的是系动词的滥用，数量为 2.75。该表显示，记叙文和议论文在续写任务中都无法避免出错，并且所有六种类型的错误都出现在两组续写文本中。然而，最常发生的和最少发生的错误类型在两组续写文本中存在差异，被试在续写记叙文时产生时态错误较为常见，而在续写议论文时产生数一致错误最多。

表 1.15　每种错误类型的平均数

	数一致	冠词	系动词	非谓语动词	时态	中式英语
记叙文	8.63	5.5	6	6.88	37.88	22.63
议论文	14	3.25	2.75	8	4.5	13.75

1.4.3.2 错误数量的差异

每个错误类型的数量由两名研究生仔细计算，表 1.16～1.17 显示了通过续写记叙文和议论文产生的错误数量的结果。表中结果显示，记叙文续写任务中产生的六种类型的错误总数是 700，议论文续写任务中产生的六种类型的错误总数是 370。显然，被试在续写议论文任务中产生的错误数量要少于续写记叙文。具体而言，通过续写议论文产生的某些类型的错误数量远远少于通过续写记叙文产生的错误数量。例如，记叙文中产生时态错误和中式英语的数量是 303 和 181，而续写议论文产生的时态错误和中式英语的数量是 36 和 110，与记叙文产生的差异很大。

然而，并非议论文中所有类型的错误数量均少于记叙文，如在续写记叙文时，被试产生了 69 个数一致错误，而在议论文中则产生了 112 个数一致错误，议论文续写产生的错误数量大于记叙文续写所产生的错误数量。此外，记叙文续写产生的冠词和系动词滥用的错误数量分别为 44 和 48，而被试在议论文中分别产生了 26 次和 22 次滥用冠词和滥用系动词的错误，两者差异不是很大。

为了检查两组续写之间的错误数量是否存在显著差异，研究者对续写任务中记叙文和议论文产生的每种错误的数量进行了独立样本 T 检验，表1.18显示了每种错误类型的 $Sig.$ 值。显著性水平设定为0.05。根据统计，前四种错误的 $Sig.$ 值均大于0.05，因此数一致、冠词的滥用、系动词的滥用和非谓语动词滥用方面两种体裁没有显著性差异。而两组续写之间的时态错误和中式英语错误的 $Sig.$ 值分别为0.001和0.049，均小于0.05，因此记叙文和议论文时态误差和中式英语错误的数量存在显著差异。被试在议论文的续写任务中产生较少的时态错误和中式英语错误。因此，体裁差异可能导致错误数量的差异，议论文续写产生的错误数量更少。

表1.16 记叙文产生的错误数量

数值	数一致	冠词滥用	系动词滥用	非谓语动词滥用	时态错误	中式英语	总值
1	7	5	7	5	5	27	101
2	10	5	6	6	39	21	87
3	15	2	3	5	27	18	70
4	11	3	6	7	17	24	68
5	2	14	4	2	26	40	88
6	10	4	5	8	70	28	125
7	7	6	7	10	44	18	92
8	7	5	10	12	30	5	69
总值	69	44	48	55	303	181	700

表1.17 议论文产生的错误数量

数值	数一致	冠词滥用	系动词滥用	非谓语动词滥用	时态错误	中式英语	总值
1	16	0	1	6	0	9	32
2	23	0	0	6	1	2	32
3	31	1	0	10	8	12	62
4	14	3	6	9	2	26	60
5	4	6	8	16	2	19	55
6	11	3	4	7	8	14	47
7	9	6	0	4	10	17	46
8	4	7	3	6	5	11	36
总值	112	26	22	64	36	110	370

表 1.18 每种错误类型数量的独立样本 T 检验

	平均数	数值	标准差	Sig.
type1N	8.6250	8	3.81491	0.153
type1A	14.0000	8	9.31972	
type2N	5.5000	8	3.66450	0.190
type2A	3.2500	8	2.81577	
type3N	6.0000	8	2.13809	0.061
type3A	2.7500	8	3.05894	
type4N	6.88	8	3.14	0.525
type4A	8.00	8	3.74	
type5N	37.8750	8	16.79658	0.001**
type5A	4.5000	8	3.77964	
type6N	22.6250	8	10.05609	0.049*
type6A	13.7500	8	7.16639	

注：**$Sig.$<0.01，*$Sig.$<0.05

1.4.3.3 错误率的差异

根据前面的介绍，研究人员根据以下公式将错误的原始频率转换为百分比：频率=（每种错误的出现次数/写入的总数）×100%，以便计算每 100 个单词中不同类型的平均错误频率，其结果更具可比性。表 1.19～1.20 显示了两组的错误频率结果。根据统计，A 组产生的最高错误频率是时态错误，而 B 组产生的最高错误频率是中式英语，但总体而言，B 组产生的错误频率要低得多。

表 1.21 收集每种体裁的错误频率的 $Sig.$ 值。如表所示，每种类型的错误频率通常与其错误数量相一致，但它们并不完全相同。A 组最高的错误数量是时态错误，B 组最高的错误数量是数一致错误，而 A 组产生的最高错误频率是时态错误，B 组产生的最高错误频率是中式英语。此外，两组续写之间的时态错误和中式英语错误的数量存在显著差异，根据独立样本 T 检验的结果，时态错误的频率存在显著性差异。

表1.19 记叙文中的错误频率

序列	数一致	冠词滥用	系词滥用	非谓语动词滥用	时态错误	中式英语
1	0.21	0.15	0.21	0.15	1.52	0.81
2	0.30	0.15	0.18	0.18	1.17	0.63
3	0.51	0.07	0.10	0.17	0.92	0.61
4	0.56	0.15	0.30	0.35	0.86	1.22
5	0.06	0.40	0.11	0.06	0.74	1.2
6	0.27	0.11	0.13	0.21	1.86	0.76
7	0.16	0.14	0.16	0.23	1.00	0.41
8	0.24	0.17	0.34	0.41	1.02	0.17

表1.20 议论文中的错误频率

序列	数一致	冠词滥用	系词滥用	非谓语动词滥用	时态错误	中式英语
1	0.51	0	0.03	0.19	0	0.29
2	0.80	0	0	0.21	0.03	0.07
3	1.07	0.03	0	0.34	0.28	0.41
4	0.58	0.12	0.25	0.37	0.08	1.08
5	0.14	0.21	0.28	0.55	0.07	0.67
6	0.42	0.12	0.15	0.27	0.31	0.53
7	0.31	0.21	0	0.14	0.34	0.59
8	0.15	0.27	0.12	0.23	0.19	0.41

表1.21 每种错误类型频率的独立样本 T 检验表

	平均数	数值	标准差	Sig.
f1N	0.2888	8	0.16924	0.125
f1A	0.4975	8	0.31981	
f2N	0.1675	8	0.09896	0.365
f2A	0.1200	8	0.10392	
f3N	0.1913	8	0.08790	0.109
f3A	0.1038	8	0.11501	
f4N	0.2200	8	0.11199	0.310
f4A	0.2800	8	0.13395	
f5N	1.1363	8	0.37500	0.000**
f5A	0.1625	8	0.13477	
f6N	0.7263	8	0.36028	0.204
f6A	0.5063	8	0.29741	

注：**$Sig.$<0.01

1.4.4 小结

本节描述了实验的详细结果，根据统计和表格，可以很容易地回答这两个研究问题。单词和词组搭配确实存在协同的差异，在两组的续写中也确实存在错误类型和体裁的差异。一般来说，在议论文中，被试产生更强的协同效果、更少的错误和更低的错误率。但在续写记叙文时，被试会产生更长的文章，这有助于被试提高他们的书面流利程度，所以研究续写任务和协同效果的外语教师可以根据不同的目的为学生选择适合的阅读材料。

1.5 讨论

第四节详细汇报了实验结果并且回答了两个研究问题。一般来说，在记叙文续写中，被试的续写文本更长，因此记叙文续写有助于提高书面流畅性。但在议论文续写中，他们会产生更多单词和词组搭配的协同，特别是词组搭配，所以续写议论文有助于产生更强的协同效果。更重要的是，议论文的续写任务中的错误数量和频率均低于记叙文，并且两组续写之间的时态错误和中式英语存在显著差异，因此续写议论文对书面准确性有积极影响。

1.5.1 协同效果的差异

研究者计算了在记叙文和议论文的续写任务中产生的平均单词数量，发现续写记叙文的小组产生的单词数量多于续写议论文的小组，并且两组续写之间存在显著差异。姜琳和陈锦（2015）认为，如果被试没有表达的意愿，他们学习和使用语言的动机自然会降低。在本研究中，记叙文和议论文续写中选取的阅读材料都是被试所熟悉的，并且调查问卷的结果也表明材料主题与他们的学习和日常生活密切相关，因此两组阅读材料都可以激活被试表达和续写的意愿。从这个角度来看，两组被试在记叙文和议论文续写中都应该且可能续写得较长。

但是真实的结果却不尽相同。被试续写记叙文比续写议论文要长得多，并且存在显著差异。这个结果可能与记叙文和议论文的不同体裁有关，记叙文中的情节更加丰富多彩和复杂，有时即使只剩下两到三个段落去续写，读者也无法猜测确切的结局。所以这为被试留下了很多想象空间，并且可以有许多不同版本的结局，这些都可以使整篇文章连贯且合乎逻辑。因此，他们的续写兴趣被激活，他们的想象力被完全释放，续写的字数也相对要多。此外，该实验对于被试续写单词的数量没有限制，鼓励他们写更长的文章，以便他们能够充分表达自己的意愿。

与记叙文不同，议论文没有复杂的情节。在每个议论文的第一段中明确地引入了立场和支持论点，因此被试必须基于这个论点来完成续作，被试没有足够的想象空间。此外，议论文的目的是说服人们相信论文的论点，所以被试只需要提供事实并使论文更加合理（安弘毅、展素贤，2015）。因此，被试不需要过多关注情节和语言形式。此外，议论文比记叙文的趣味性低，根据薛慧航（2013）的结论，当阅读材料更有趣时，被试写得更长，本研究的结果验证了她的观点。更重要的是，每个支持论点和结论的单词数量是相似的，所以即使对单词数量没有限制，被试也不能写得和记叙文一样长甚至更长。

这一结果可能为正在研究续写任务和协同效果的外语教师提供一些启发。记叙文阅读材料有助于提高书面流利程度，因此如果想要被试写得更长，可以选择记叙文作为阅读输入材料。然而，尽管续写较长对提高书面流畅性有积极作用，但并不意味着记叙文中协同效果也更强。如表1.12～1.13所示，虽然协同词和搭配的数量没有显著差异，但在议论文的续写任务中会出现更多单词和词组搭配的协同，尤其是词组搭配的协同，因此议论文续写任务会产生更强的协同效果。这可能与记叙文和议论文的不同特征有关。

在词汇层面，两组被试均能产生词汇协同，并且没有显著差异。被试在记叙文的续写任务中产生189个协同的单词；在议论文的续写任务中产生215个协同的单词。统计数据表明两组被试在续写记叙文和议论文时都倾向于使用原始阅读材料中出现的词汇。在续写任务中被试需要一遍又一遍地阅读原始材料，以便能够使整篇文章合乎逻辑和连贯。在这个过程中，被试可以注意到语言形式，并且可以激活他们的认知比较，这样他们就可以意识到自己当前外语水平与阅读材料之间的差距（Ellis，1994），然后有意识地通过续写任务来模仿学习目标语言形式。通过这种方式，他们实际上有机会通过阅读文本与具有较高水平的母语人士互动，最终提高自己的语言水平（王初明，2010）。

事实上，大多数学生在续写时都会关注语言质量，他们希望在续写中能够产出与阅读材料中的语言同样地道、流畅的效果。他们试图使用原始阅读材料提供的语言资源，同时会努力模仿和吸收能够帮助他们表达自己的想法和提高自己的水平的语言形式（姜琳、陈锦，2015）。信息处理理论认为，人们大脑的信息处理能力是有限的（McLaughlin，1990），模仿和使用原始阅读材料中出现的词语可以解决信息处理能力不足的问题。通过模仿和使用阅读材料中出现的单词，被试在续写时可以更多地注意续写内容而不是语言形式，从而可以使内容的表达更加流畅（王初明，2015）。

王初明（2016）提出语言是通过"续"来学习的，只要语言学习有了扩展即续作，就可以实现理解与产出之间的互动以促进更好的学习效果。两组被试续写中倾向于使用原始阅读材料中出现的单词结果也验证了姜琳和涂孟玮（2016）研究中的结论，该研究声称续写任务对二语词汇学习有积极作用，而且学生在续写任务中更容易记住新单词。一旦学习者自动使用语言形式，其相关记忆就可以加深（Nation，1990），他们的学习可以更加稳定和有效。由于两组被试都在进行续写任务，他们可能会使用原始阅读材料中出现的词语，因此他们可以更好地理解这些词语，并深入而有效地记忆它们。

在词组搭配层面结果却不一样。通过记叙文和议论文续写任务中产生的词组搭配协同存在较大的差异。根据表 1.12～1.13，在续写记叙文和议论文时，被试产生的词组搭配协同数量没有显著差异，但协同数量差异要大于单词的协同数量差异。在记叙文续写中，被试产生 63 个词组搭配协同，而在议论文的续写任务中，他们产生 90 个词组搭配协同。这个结果可能与不同体裁和续写目的有关。

在记叙文中，前面部分的故事情节可以导致不同版本的结尾，而且多种描述方法可以使整篇记叙文合乎逻辑和连贯，因此被试可以使用尽可能多的续写风格。模仿原始阅读材料中的词组搭配是提高被试信息处理能力和减少认知负荷的好方法，因此续写任务相当于对话中的结构性启动或人际交往中的互动。然而，记叙文中有许多对话，重复和错误的发生并不罕见。记叙文中的语境是丰富多彩的，但句子结构并没有太大变化。有时，只用一个词可以清楚地表达自己的想法。因此，被试没有太多机会模仿原始阅读材料中的搭配，导致他们产生较少的搭配协同。另外，记叙文中的情节是复杂的，所以被试在写记叙文时必须要非常注意情节，他们必须设法使结局更为合理，这在一定程度上限制了他们对语言形式的关注。当人们特别注意内容含义时，对语言形式的关注会自动降低，因为注意力在分配的过程中会产生竞争效应（Skehan & Foster，2001）。在某种程度上，记叙文的续写任务削弱了被试对语言形式的关注，因此他们对语言形式的协同关注较少，尤其是受故事情节影响的搭配协同。

1.5.2 错误类型和频率的差异

根据研究结果，记叙文和议论文的续写任务中均出现了所有六种类型的错误，但是错误的数量和频率存在差异。一般来说，续写议论文比续写记叙文产生的错误更少，错误频率更低，这意味着通过续写议论文所产生的语言准确性比续写记叙文要好得多。王敏和王初明（2014）认为协同效应源于续写任务中理解和产出的紧密结合，并且在语言层面和情境模型层面同时存在协同效应。通过理解和产出相结合，学习者可以从原始阅读材料中获得完成任务所需的语言结构。为了完成任务，被试必须首先理解原始阅读材料，语言使用总是发生在语境中（Tomasello，2003；Tyler，2010），因此要理解原始阅读材料，被试需要根据原始阅读材料构建情境模型。这种情境模型是基于不完整的故事，因此它一方面可以帮助学习者思考故事的新情节，另一方面可以激发学习者形成与原始阅读材料内容和语言特征相一致的特点。因此，原始阅读材料增加了结构启动的发生频率，这可以帮助学习者重复使用原始阅读材料中正确的表达，同时可以减少产生错误的空间。

在记叙文中，尽管被试试图构建与原始阅读材料类似的情境模型，但结尾部分的不同可能决定了原始阅读材料中为每个被试提供模仿和使用的单词和搭配不能满足学习者使用的数量，因此他们构建的情境模型与原始阅读材料中的情境模型不可能完全相同。如上所述，记叙文阅读材料为每个被试所提供的语言结构发生协同是有限的，因此在续写中，被试必须利用存储在他们大脑中的更多语言特征。因此，进行记叙文的续写任务时，由于没有充分参考，被试在续写中有更多犯错的可能。

在议论文中，每篇文章第一段的最后一句提供了明显的立场和支持论点，因此在续写结尾部分时，每个被试都必须使用原始阅读材料提供的立场和支持论点。因此，几乎所有的被试都构建了与原始阅读材料相同的情境模型，并且他们不需要过多提取存储在他们大脑中语言结构，因为有足够的单词和搭配来协同。他们可以通过结构启动来模仿原始阅读材料中出现的英语表达，因此续写议论文时所犯的错误明显减少。此外，与记叙文相比，续写风格和方法没有太多的想象空间，并且有原始阅读材料提供的足够的语言特征与之协同，被试在续写议论文时所犯的错误明显减少。

然而，需要注意的是，续写任务中错误数量的减少并不意味着阅读八篇文章能够明显提高被试的语言能力。与续写记叙文相比，在续写议论文时，被试产生的错误更少、错误频率更低，而这只能证明中介语系统是动态的、充满变化的。在许多情况下，学习者犯错误不是因为缺乏必要的语言知识，而是因为语言知识随着第二语言语境的变化而波动（Tarone & Liu, 1995）。这证实了心理学研究的结果，即人的大脑特征不是静态的，相反，当环境和处理任务不同时，它们可以改变（Spivey, 2007）。在本研究中，在续写议论文时，被试产出的语言错误比续写记叙文少、错误频率更低，结果只能证明阅读议论文材料和续写议论文有助于被试获得更正确的表达，但并不意味着他们因为阅读了八篇议论文和完成八篇议论文的续写任务而语言能力就可以得到明显的提高。在记叙文和议论文续写中，处理任务不同，信息处理也不同，因此被试的大脑特征发生变化，第二语言知识也发生变化。所以并非所有通过议论文续写产生的六种类型的错误和错误频率都会迅速下降。

协同效果对不同语言形式的影响是不平衡的，并非所有通过议论文续写任务产生的六种错误类型均少于续写记叙文。其中在续写记叙文和议论文中冠词滥用和系动词滥用的错误数量没有显著差异。根据前面的统计数据，两组之间系动词的滥用并不多，也没有显著差异。这个结果可能与天花板效应有关（王敏、王初明，2014）。本研究是在大学第一年的第二学期，对象是英语专业学生，在调查时已经学习了十年英语，所以他们确实有一定的英语水平，已经掌握了系动词的使用。从某种意义上来说，当执行续写任务时，他们不需要与原始阅读材料中的系动词的正确使用发生协同，他们只需提取存储在大脑中的系动词并将其用于他们的续作中，系动词的使用对他们来说很简单。从统计数据还可发现，通过记叙文和议论文续写产生的系动词滥用次数很少。所以虽然存在协同效应，但是协同效果对提高语言准确性的影响是有限的。

该结果也符合结构启动中的反向偏好的特征。反向偏好为在低频率下发生的结构起动效应强于在较高频率下发生的结构起动效应。根据对母语习得的研究表明，儿童在使用尚未完全获得的结构时，更容易受到启动的影响（Huttenlovher, Vasilyeva & Shimpi, 2004），因此可以推断出协同效应与第二语言学习者掌握知识的程度有关。当学习者没有完全获得一些结构，例如时态标记时，他们对它更敏感。在本研究中，被试对系动词的使用过于熟悉，并且他们知道如何使用它，因此使用系动词对他们来说不成问题，他们无论是在记叙文还是议论文续写中的不需要回读原始阅读材料作为参考。因此，他们在续写两种文体的任务中犯错误较少，并且他们对系动词的使用不敏感。然而，之前关于启动的研究已经提出，当某些结构的特征太弱时，启动不会发生（Savage, Lieven, Theakson & Tomasello, 2006），也没有协同效果，所以未来研究中，可以试图找出协同效应与第二语言学习者当前知识状态之间的关系，为协同效果和续写任务提供更多启发。

与系动词不同，冠词是中国英语学习者掌握最困难的部分之一（王初明，2009），学习者无法完全掌握冠词的使用，因此如上所述，未完全掌握的结构对于协同是敏感的，冠词的使用应该对协同效果更敏感。但研究结果表明，两组被试都产生了滥用冠词的情况，并且两者之间没有显著差异，即在续写议论文时，冠词的滥用次数变化不大，并且与续写记叙文相比没有明显减少，因此被试未完全掌握的结构——冠词的使用受协同效果的影响较小。该结果可能与以下原因有关。

首先，中文中没有冠词，所以没有从中文到英文的语言转换，学习者必须学习一种全新的用法。但是，冠词的用法太多了。这可能与冠词本身的特征有关。基于使用的语言习得理论认为，形式与意义之间的相关性是影响语言学习的重要因素（Larsen-Freeman，2011），因此当语言形式与意义之间存在一对一的匹配关系时，会有更强的协同。但是冠词是一种经典的语法范畴，一种形式具有多种意义，冠词的形式和意义不是一对一的匹配，所以即使它经常出现在原始的阅读材料中，对于被试来说仍然很难弄清楚它的具体用法（Bley-Vromn，2002）。虽然被试一遍又一遍地遇到冠词，但是他们要么漏掉它们要么把它们放在句子中不必要的位置，所以协同效果变弱，提高语言准确性的功能也受到限制。

其次，可能与冠词后面的名词特征有关（Wang，2009）。冠词不能与名词分开，但并非所有名词在任何情况下都需要冠词。使用冠词有四种情况。第一，一个名词是否需要冠词取决于具体的语境。第二，将冠词放在名词之前并不重要。第三，名词必须在它之前需要一个冠词。第四，在名词之前不能有冠词。第一种情况是最复杂的，学习者最容易犯错误。在可数名词之前添加冠词的使用属于这种情况，但用法很复杂。以可数名词"苹果"为例，它可以产生四类形式：an apple，apples，the apple，the apples。什么时候使用哪种搭配会让很多学习者感到困惑，即使是拥有博士学位的英语专业的学生也会犯错误，因此本研究中即使它在原始阅读材料中多次出现，被试对其使用仍然感到困惑。对于第二种情况，似乎很容易，因为无论是否在名词之前使用冠词都是正确的，但是哪种名词属于这种情况很难列出，因此太多种用法会使被试混淆。他们甚至不知道如何将其与原始阅读材料中的冠词协同。因此，虽然议论文续写能产生更强的协同效果，但通过议论文续写产生的冠词滥用的数量并没有明显减少，而且冠词方面的协同功能也是有限的。

根据实验数据，记叙文和议论文续写中产生的时态错误存在显著差异，被试在议论文的续写任务中产生的时态错误少于续写记叙文。如上所述，当形式和意义之间存在一对一的匹配关系时，会有更强的协同效果和更少的错误。时态在形式和意义之间具有一对一的匹配关系，因此在续写记叙文和议论文时应该有更少的时态错误。然而，真正的结果并不令人满意。在进行记叙文的续写任务时，被试产生303个时态错误，而在进行议论文的续写任务时，他们只产生36个时态错误。这是一个巨大的差异。该结果可能涉及两种体裁的不同特征。记叙文中的时态更加复杂，甚至需要不同时态的转换，所以即使被试可以模仿原始的阅读材料，也不可避免地会出错。与记叙文相比，议论文时态更加简单，在大多数情况下都是简单的现在时态，因此很少需要时态的转变。只要被试与原始阅读材料使用相同的时态，他们犯错误的可能性就很小，从而产生更强的协同效果，并且犯错频率大大降低。

如上所述，六种错误类型中，前五种类型（数一致、冠词、系动词、非谓语动词和时态）属于形式错误，而中式英语属于意义错误。根据前文所述，记叙文和议论文续写中产生的意义错误存在显著差异，并且被试在续写议论文时产生的错误少于续写记叙文。该结果可能与两组产生的不同情境模型有关。为被试提供的阅读材料的体裁不同自然导致两组会构建不同的情境模型。情境模型提供的语境知识会影响第二语言续写中的意义表达（Yu, 2013），因此当情境模型不同时，错误频率会有所不同。议论文为被试提供了更多的搭配协同，由于被试和原始阅读材料构建的情境模型是相似的，因此当被试续写议论文时，意义错误较少。这一结果也证明了 Wang 和 Wang（2014）的推测，他们认为不同层次的协同会影响语言使用的不同方面。具体而言，情境模型的协同主要影响意义表达，语言层次的协同主要影响语言形式的使用。

1.5.3 小结

本节分析了该实验结果产生的原因。总体来说，实验结果符合语言学理论，即更强的协同效果可以带来更好的学习效果。议论文续写会产生更多单词和搭配的协同，因此其比记叙文续写能产生更强的协同效果。从理论上讲，续写议论文对于语言准确性具有明显的优势，但并非所有六种类型的错误都可以通过议论文续写显著减少，而且被试在续写记叙文时会写更长，因此受两种体裁的不同特点和被试当前英语水平的影响，学习结果可能不那么理想。记叙文和议论文阅读材料各有优缺点，对提高学习者的语言能力有不同的影响。

1.6 结论

本研究比较了记叙文与议论文续写任务中的协同影响。研究结果表明，由于在续写任务中理解与产出的紧密结合，记叙文和议论文的续写都可以产生协同效果，但是通过续写记叙文和续写议论文产生的协同效果的程度存在差异，这两种体裁对语言发展具有不同的功能。一般来说，续写议论文比续写记叙文能产生更强的协同效果，语言错误也更少，更有利于促进语言准确性的发展。然而续写记叙文对语言产出的数量有积极的影响，因此能够更好地提高被试的语言流利性。关于错误频率方面，两组之间的时态误差上存在显著差异。该结果可能为正在研究续写任务和协同效果的外语教师提供一些启发。

1.6.1 研究结果

本研究有以下两个主要发现：

在记叙文和议论文的续写任务中，单词和词组搭配中的协同存在差异，而议论文续写产生的单词和搭配协同比记叙文续写更强。在词汇协同层面，记叙文续写和议论文续写之间并没有太大差异，两组均产生了许多协同的单词；但在搭配协同层面则存在更多的差异，议论文续写产生的协同效果要强于记叙文续写。

在记叙文和议论文的续写任务中，语言错误类型和错误频率存在差异，议论文续写产生的语言错误较少，错误频率低于记叙文。两组都产生第三节中提到的六种语言错误，但错误数量和频率不同。A组产生更多的时态错误，而B组更频繁地产生数一致错误，并且他们在时态错误的数量和频率上存在显著差异。

1.6.2 教学启示

首先，体裁确实是影响协同效应和学习效果的潜在因素，因此教师在续写任务研究时需要注意体裁的差异。在续写任务中，上下文语境的动态特征不像面对面对话那样明显，但阅读材料的选择是多样的。阅读材料如故事、议论文甚至对话（例如电影剧本）都可以应用于续写任务，以便丰富学生学习语篇上下文语境和写作风格，这样学习者可以学习不同的英语技能，如书面语，甚至英语口语（Wang，2014）。在本研究中，研究者比较了通过续写记叙文和续写议论文产生的不同协同效应和学习效果，希望给出一些教学建议。

记叙文阅读材料是提高书面流利性的更好选择。在完成记叙文的续写任务时，主体产出的文章要比续写议论文长得多。长度方法已经证明，通过较长时间的续写有助于学习者克服情感障碍，减少他们的情感焦虑，增强他们的成功感和外语学习的自信心，并激活他们提高自己能力的意愿（Zhang et al, 2015）。凭借这些优势，学习者可以充分释放他们的学习潜力。因此，较长续写可以将接受性知识转化为表达性知识，促进表达能力的提高，同时提高思维的敏感性和逻辑性（Wang, 2005）。因此，续写篇幅越长对外语学习可以产生越积极的影响，尤其是书面流利性，如果教师希望通过续写任务来提高学生的书面流利程度，那么记叙文阅读材料是较好的选择。

然而，文章的长度与协同效果没有直接关系。续写记叙文并没有比续写议论文有明显优势，相反，续写议论文会产生更多的单词和搭配协同，即更强的协同效果。根据 Wang 和 Wang（2014）的研究结果，当产出前有可理解性输入时，所有语言特征都会产生协同效果。协同效应源于互动，理解和产出的结合可以激活协同。将理解与产出紧密结合有很多方法，如阅读后的概述、重复、多重听写和人际对话，但这些任务的协同效果不同（王初明，2013）。其中，人际对话中理解与产出的结合程度最强。但在中国，学习者几乎没有机会与二语为母语的人士交流，因此续写任务是取代面对面交流的好方法。人文互动可以激活表达动机，强调语境功能，并在互动的帮助下促进学习。协同效果确实发生在续写任务中，但是一些因素会影响协同效果的强度。根据本研究的结果，体裁差异是潜在因素之一。续写议论文产生的词语和搭配的协同比续写记叙文更多，因此以议论文为续写材料比记叙文更能帮助被试产生更强的协同。教师可以在续写任务中提供更多议论文的阅读材料，以加强协同效果，提高学生的语言表达能力。

协同效应即学习效应。理论上来讲，如果被试完成议论文续写产生较强的协同效果，他们应该会产生更好的文章，但结果并非如此。根据研究结果，续写议论文确实比续写记叙文产生更少的错误数量和更低的错误频率，并且两组被试在时态错误和中式英语的表达上存在显著差异，但是续写记叙文产生的数一致错误的数量少于续写议论文所产生的错误数量。因此，较强的协同并不能确保百分之百准确的续写。外语教学中教师需要考虑学习者当前的语言水平，并为不同语言能力的学习者提供不同的续写任务。此外，尽管更强的协同并不能确保更准确的续写，但是协同仍然在外语学习中起着至关重要的作用，而互动是确保更强协同的关键因素，尤其是人际交往式的互动。因此教师需要为学习者提供尽可能多的机会以弥补面对面对话机会较少的缺陷。续写任务是加强协同的好方法，本研究的结果表明，续写议论文比续写记叙文能产生更强的协同效果和更高的准确率，所以如果教师希望提高学习者语言的准确性，可以在进行续写任务时选择议论文体裁的阅读材料。总之，教师在选择续写任务的阅读材料时，需要考虑两种体裁的优缺点，以便学习者能够充分提高不同维度的语言能力。

1.6.3 局限性

本研究还存在一些局限性。首先，只比较了两种体裁的不同协同效果和错误数量，其他体裁如说明文续写或电影中的独白仍需要进一步研究。未来研究可以尝试更多体裁的续写任务，为外语学习和教学提供更可靠、更有效的实践数据。其次，本研究中的错误类型不充足，六种错误显然不能包含中国学习者经常犯的错误类型，因此本研究的结果缺乏普遍性。进一步的研究可以包含更多错误类型，以便为续写任务提供更多实践依据。最后，本研究的实验仅持续八周，不足以回答协同效果是否具有可持续性，因此进一步研究可以进行更长时间的实验来验证结论，并注意更多的语言形式和结构。研究人员可以找出更多可能影响协同效果的潜在因素，并探索在第二语言中可能出现协同效应的条件。此外，整个实验需要动态监控，包括学习者的学习动机、学习策略、续写技巧和语言能力的变化，为外语教学中续写任务的开展提供更多更可靠的依据。

第 2 章　4/3/2 视角下读后续说对语言流利性和准确性的影响研究

2.1 引言

作为本研究的第一部分，该部分主要对研究进行简要的介绍，包括研究背景、研究意义、研究目标以及研究概述。

2.1.1 研究背景

在二语习得领域，英语口语的研究已经引起了广泛的注意。口语的流利性和准确性是衡量学习者口语水平的重要标志（潘琪，2013）。在我国，学生虽然从小学就开始学习英语，但大部分学生都无法准确、流利地用英语进行交际，"哑巴英语"现象极其严重。为了解决这一问题，很多学者都试图寻找有效的训练口语表达的方法，比如 4/3/2 重复练习法。Maurice（1983）第一次提出了 4/3/2 重复练习法。在 4/3/2 活动中，学习者需要在时间不断缩短的条件下重复讲述三次内容相同的事情，时间限制分别为 4 分钟、3 分钟和 2 分钟。4/3/2 重复练习法有三个明显的特征：不断变化的听众、同一内容的三次重复以及不断缩短的时间。不断变化的听众确保讲话者的注意力保持在相同的信息上；而重复讲述相同的内容可以提高语言的流利性，因为讲话者对内容信息越来越熟悉；不断缩短的时间不仅能提高说话者的语速，也可以限制说话者在第二次和第三次讲述的过程中增加新内容，减少在线构思的机会。

2.1.2 研究方向和理论基础

"续"是促进语言习得行之有效的方法，其主要依据是王初明（2005）提出的"写长法"。但是它与写长法的不同之处在于写作之前需要阅读，即在读后续写任务中，学习者是基于不完全的阅读材料进行续写的，在续写前有语言输入。王初明（2010）首次提出了"读后续写"。在读后续写任务中，学习者需要阅读没有结尾的材料，然后进行续写补全文本。读后续写任务所产生的协同效应可以促进语言产出。很多研究者探讨影响协同效应的因素，例如：阅读材料的趣味性（薛慧航，2013）、阅读材料的难度（彭晋芳，2015）、阅读材料的体裁（张秀芹、张倩，2017）等。然而，大多数的研究都将"续"运用在写作方面，鲜有学者将"续"运用在口语表达方面，作为两种不同的输出方式，写和说在语言习得方面产生的影响也不完全一样。此外，读后续说任务中，不同体裁的阅读材料也会影响协同。因此本研究将4/3/2重复练习法和读后续说结合起来，探讨议论文续说和记叙文续说对口语流利性、准确性以及协同的影响。

2.1.3 研究意义

4/3/2重复练习法的促学效果已得到了广泛认同，但也有其缺陷，在4/3/2活动中，学习者在讲述前并没有文本输入，所以缺乏学习者和文本之间的互动。此外，没有互动、单纯地运用4/3/2重复练习法进行讲述也不利于学习者创造新内容，最终不利于语言的交际使用，所以如何更有效地运用4/3/2重复练习法需要投入更多的关注。

读后续写可以促进语言产出，在读后续写任务中，学习者有文本输入，可以和文本进行互动、创造新的语言内容，所以"续"可以弥补4/3/2活动中没有语言输入、缺乏互动的缺点。所以有必要将"续"和4/3/2重复练习法结合起来，探讨二者的结合对语言流利性和准确性的影响。此外，体裁会影响协同，所以也需要探讨在读后续说任务中不同体裁对协同的影响。

2.1.4 研究目标

本研究将4/3/2重复练习法和读后续说结合起来，旨在探讨4/3/2重复练习法下读后续说对语言流利性和准确性的影响,以及读后续说任务中体裁差异即记叙文续说和议论文续说对协同效应的影响。

2.1.5 研究概述

本研究由五部分组成,本节总体介绍研究的主要内容,包括研究背景、研究目的和研究意义。第二节为文献综述,主要综述口语流利性、准确性、4/3/2重复练习法、读后续写、体裁方面的国内外相关研究。第三节为理论基础与研究设计,包括被试、实验材料、实验步骤以及数据收集方法。第四节为数据分析与讨论,用图表的方式具体呈现实验结果,并且探究出现此类结果的潜在原因。第五节为本研究的结论部分,总结本次研究的主要结果、对二语教学的启示、局限性以及对未来研究的建议。

2.2 文献综述

本节为文献综述,主要对国内外关于口语流利性、准确性、4/3/2重复练习法、读后续写、体裁等方面的研究进行梳理。

2.2.1 口语流利性

国外对口语流利性和准确性的研究历时很长。针对口语流利性,很多学者从定义、发展模式、影响因素等方面对其进行研究。

2.2.1.1 口语流利性的定义

很多学者都认为口语流利性是一种能力,Leeson(1975)认为在接受一定量的语言输入后,流利的说话者必须具备产出包括语音、句法、语义规则在内的语言的能力。Brumfit(1984)也将流利性视为说话者高效使用给定语言形式的能力。Lennon(1990)将流利性等同于一种综合能力,他从宏观和微观的层面定义流利性。宏观意义上,流利性等同于整体的语言水平。微观意义上,流利性主要是指语速,而它与准确性相对。在他的研究中,语言流利性和准确性存在着对立关系,语法和句法上准确并不代表说话者的流利性更高,同样,说话流利的人并不一定准确性高。此外,Fillmore(1979)的定义中总结出了口语流利性的三个基本特点：第一个是说话过程中较少停顿的能力；第二个是用流畅、富有逻辑、语义密集的句子说话的能力；第三个是在广泛的语境下说话的能力。在上述定义中，流利性均被视为可通过训练获得的能力。

2.2.1.2 口语流利性发展模式

口语流利性的发展模式有四种，即加速模式、重组模式、范例模式和输入—练习模式。Anderson（1983）是加速模式的代表，他认为所有的语言刚开始都是陈述性知识，为了生成语言，陈述性知识必须被转化成自动化知识，而自动化的知识使人脑更快速地提取信息，因此口语流利性得到提高。自动化知识形成需要较少的注意力资源，且语言的生成是无意识的。McLaughlin（1990）是坚持重组模式的代表，他认为语言的形成是大脑对语言系统进行计算和重组的结果，大脑重组越好，语言产出的流利性程度越高。重组过程和自动化过程均存在于二语习得过程中。Logan（1988）是范例模式的代表，他认为语言流利性的获得既不是运用语言规则的结果，也不是组织语言规则的结果，而是在语境中对范例进行编码，并且将范例作为整体单位运用的结果。因此，学习就是创造范例，而语言产出及流利性的获得就是使用范例的结果。我国学者张文忠（1999）第一个提出了输入—练习模式，他定义了语言输入的外在表现形式。在二语环境中，语言输入是以能被学习者注意并接收的语音或文字的形式存在的，第二语言输入可以通过认知学习系统转化为陈述性知识，而陈述性知识通过重复可以转化为自动化的知识，而自动化的知识可以影响语言产出系统。

这四种模式从不同的方面解释了口语流利性的形成和发展，但它们均强调通过重复相同的内容，陈述性知识可以转化为自动化的语言知识，这符合Schmidt的观点，Schmidt（1992）将口语流利性视为程序性的技巧。此外，Faerch和Phillipson（1984）也提出口语流利性取决于自动化知识。如果学习者拥有自动化的知识，口语流利性就能提高。

2.2.1.3 影响口语流利性的因素

很多研究都探讨影响口语流利性的因素，包括内部因素和外部因素。在国外，Foster和Skehan（1996）发现测试的话题、准备时长、话题的熟悉度会影响口语流利性，他们认为当学习者对话题熟悉的时候口语流利性会提高，当对话题不熟悉的时候，口语流利性会受到阻碍。此外，Nattinger 和 Decarrico（1992）证明语块会影响口语表达。当说话者记忆了大量词组，口语流利性会提高。此外，任务类型也会影响口语流利性。Foster 和 Skehan（1996）曾经探讨了任务类型对语言流利性、准确性和复杂性的影响，他们指出，任务难度和复杂度越高，说话者处理信息的难度越高，因此，流利性增加的难度越大。此外，很多学者（Mackey，1965；Lynch & Maclean，2000；Gatbonton & Segalowitz，1988）证明了任务重复对语言流利性有积极影响。在内部影响因素方面，Faerch 和 Phillipson（1984）认为一些心理因素如说话者的性格和自信程度会影响口语流利性。Krashen（1982）提出获得口语流利性的能力关键在于说话者对自身产出语言的监测程度，过度监测会导致语言产出速度减慢，进而导致语言的缺失。

总之，国外学者针对语言流利性做了大量的研究，在国内，语言流利性的研究起步较晚，且主要集中在三方面：介绍和评价国外口语流利性理论；针对口语流利性的发展做定性和定量研究；分析影响口语流利性的因素。张文忠（1999）第一次对口语流利性进行了定性和定量研究。他将流利性定义为一种使用第二语言变体流利、连贯地说出能被听话者所理解的语言的能力。在影响流利性的因素方面，徐宏亮（2015）探讨了准备条件和任务类型对口语产出的影响。结果表明准备条件和任务结构会影响口语表达。戚焱和夏珺（2016）探讨了词块背诵对口语流利性的影响，结果表明，背诵词块能够促进口语表达，特别是口语流利性的发展。

2.2.2 口语准确性

本节主要介绍了口语准确性，包括准确性的定义以及影响口语准确性的因素。

2.2.2.1 口语准确性的定义

跟口语流利性相比，准确性的定义相对简单。准确性主要指产出的语言和目标语言相一致的程度。Foster 和 Skehan（1996）认为准确性指句子中无错误，无错误主要指没有语法、句法、用词不当错误。

2.2.2.2 影响口语准确性的因素

国内外针对准确性的研究主要是基于书面语料，基于口语语料的研究相对较少，且实证研究主要是基于语言准确性的获得途径。何莲珍、王敏（2003）证实任务复杂度会影响口语流利性，而学生的英语水平影响语言准确性。谭晓晨、董荣月（2017）认为学习者的语言水平会显著影响准确性。徐琴芳（2005）认为任务难度会影响语言的准确性，任务越难，准确性越低。徐宏亮（2015）探究了准备条件对语言准确性的影响，如果说话者有足够的准备条件，语言准确性就会提高。

2.2.3 任务重复和 4/3/2 重复练习法

本节详细地呈现了任务重复和 4/3/2 重复练习法，包括它们的定义、起源以及国内外相关的实证研究。

2.2.3.1 任务重复

任务重复指"相同或略微变化的任务的重复"。根据行为主义学习理论，刺激和反应之间的联系可通过重复得到强化，语言习得的过程就是加强语言表征之间联系的过程，而任务重复在这一过程中发挥着重要作用。任务重复的功能已经得到了广泛证实，很多学者探讨了它对语言习得的作用。Bygate（1996）曾经在实验中让一名被试观看视频剪辑，然后复述这个故事；三天之后再次重复这一任务，结果表明，重复使语言的流利性和准确性有所提高。Gass 等（1999）探讨了在西班牙语学习的过程中任务重复的作用。他认为重复使得说话者对内容的熟悉度增加，因此口语表达得到改善。他也提出口语表达的改善会迁移到其他任务中。国内学者周丹丹（2004）通过让一位学习者在三天之内重复复述六遍相同的内容，探讨任务重复对口语表达的影响。结果表明，任务重复释放了大量的注意力资源，最终提高了语言的流利性和准确性。周丹丹（2006）扩大了样本数量，探讨了输入和输出频次对口语表达的影响。在她的研究中，第一组被试被要求在听完一次故事后复述四次，探讨输出频次对语言表达的影响；而第二、三、四组被试分别被要求听两遍、三遍、四遍故事，而只复述一次。结果显示被试的口语流利性均有所提高，而输出频次对口语流利性和准确性的提高更明显。

2.2.3.2 4/3/2 重复练习法

在所有关于任务重复的实验中，学习者被要求在没有时间压力的情况下重复讲述相同的内容，所以学习者在讲述的过程中不会感到有压力或者焦虑。基于重复讲述的促学效果，Maurice（1983）设计了一种特殊类型的任务重复，即 4/3/2 重复练习法。在 4/3/2 活动中，学习者被要求在时间不断缩短的条件下重复三次相同的内容，这减少了学习者在线构思的机会，使语言流利性得到提高。在实证研究方面，Arevart 和 Nation（1991）通过对来自 16 个国家的被试进行测试，表明了大多数被试的语速得到了提高，而重复两次的效果要好于重复一次。Jong 和 Perfetti（2011）证明了 4/3/2 重复练习法对语言流利性的影响是长期的，他们也提出重复使用过的单词和短语会更容易出现在接下来的讲话中，即使话题不一样。此外，也有学者探讨简单的任务重复和 4/3/2 技巧对语言表达的影响。Jong（2012）探讨了在有时间压力和没有时间压力的条件下，任务重复对口语复杂性的影响。结果显示两种重复对复杂性均没有影响。Boers（2014）比较了在两种情况下学习者的口语表达，结果显示，在 4/3/2 条件下，流利性的提高更明显；而准确性在无时间压力的条件下有所提高，在 4/3/2 条件下没有提高，复杂性在两种条件下均无明显变化。

Thai 和 Boers（2015）将 4/3/2 方法替代为 3/2/1，让 20 名学生分别在 3/2/1 和 2/2/2 条件下基于一个话题进行讲述，以此来探讨不同类型的重复对语言表达的影响。结果表明，在 3/2/1 条件下，语言流利性得到明显的提高，而准确性无明显提高；而在 2/2/2 条件下，准确性有明显提高，流利性无明显提高。在国内，张文忠（2002）第一个对 4/3/2 重复练习法进行了介绍，认为 4/3/2 技巧可以促进口语表达，但也有其缺陷。首先，重复讲述是一种独白，缺乏交流互动，因此学习者在讲述的过程中得不到外界的反馈，会在一定程度上影响准确性。其次，由于学习者性格的多样性以及英语口语水平的不同，给课堂上监测 4/3/2 活动的进行增加了难度。国内实证研究方面，周爱洁（2002）和孟凡韶（2009）均证明 4/3/2 重复练习法可以提高口语流利性和准确性。在周爱洁的研究中，20 名被试被分为两组，分别作为说话者和听众基于给定话题进行讲述，结果显示跟前一次讲述相比，流利性和准确性都有所提高。而第三次跟第一次讲述相比流利性和准确性提高更明显。在孟凡韶的研究中，6名被试被要求对语篇用4/3/2的顺序进行复述，结果显示，流利性有明显提高，准确性也有所提高。

然而，在上述研究中，学习者主要是基于话题进行讲述，在讲述之间并没有语言输入，而语言输入是语言习得的首要条件（Krashen，1982），语言输入会显著影响语言产出的质量。所以有必要探讨学习者在有语言输入的条件下运用4/3/2技巧讲述的促学效果。因此在本研究中，4/3/2重复练习法被运用在"续"的活动中，学习者在讲述前有未完成的材料作为输入。他们首先需要阅读材料，再运用4/3/2方法续说补全材料。

2.2.4 读后续写

本节主要介绍读后续写的相关内容，包括它的起源、读后续写和协同效应之间的关系、读后续写对二语习得其他领域的影响，以及影响协同效应的主要因素。

2.2.4.1 读后续写和协同效应

"续"存在了很多年，具体由谁提出很难查证。在国内，"续"起源于王初明于2000年提出的"写长法"。"写长法"是基于写作能够促进外语学习，学习者要尽可能地将文章写长的理论提出来的。读后续写区别于写长法，在于学习者在写作之前有未完成的文本作为语言输入，学习者需要展开想象力来补全文本。学习者和文本之间存在互动，宫力（2010）认为在交流中互动双方会进行调整以促进交流。在读后续写任务中，学习者会被文本所影响，会使用文本中出现的语言来表达想法。王初明（2012）认为读后续写将语言输入和输出相结合，对写作产生积极影响。在他的研究中，他提出外语学习和语言输入输出相结合的程度以及由此产生的协同效应密切相关。在实证研究方面，王敏和王初明（2014）做了一项实验探究读后续写的协同效应及其对语言使用的影响。在他们的研究中，两组学生分别被要求阅读同一篇不完整文本的中英两个版本，然后用英语续写补全文本，结果显示在两种续写中都存在协同效应，然而学习者在续写英文版本时会更频繁地使用原文中的词语。此外，续写英文版本时所犯的语言错误要少于中文版的续写。王初明（2015）提出协同效应会影响外语学习效率，随后很多学者探讨读后续写任务对外语学习的影响。姜琳和陈锦（2015）做了一项实证研究，旨在探讨读后续写对语言流利性、准确性和复杂性的影响，结果表明在续写任务中语言准确性和复杂性均有所提高。

2.2.4.2 读后续写中影响协同的因素

很多学者探讨影响协同效应的因素。薛慧航（2013）探讨了阅读材料的趣味性对协同的影响，结果表明趣味性会影响协同，在外语学习中应该给学习者提供富有趣味性的学习材料。庞颖欣（2014）探讨了多元互动对协同的影响，结果表明学习者—文本和学习者—学习者之间互动整合可以促进协同效应，且多元互动在读后续写任务中对协同效应有积极影响。彭晋芳（2015）探讨了语言难度对协同的影响。在这项研究中，两组学生被要求阅读同一篇文本的两个不同版本，其中一个版本是原文语言，另外一个版本是简化后的语言，读完之后进行续写以补全文本。结果表明续写简化后版本的学生的得分高于续写原版的学生，但是语言难度对协同效应无明显影响。张秀芹和张倩（2017）探讨了读后续写任务中阅读材料的体裁对协同的影响。在她们的研究中，两组学生被要求完成8篇议论文续写和8篇记叙文续写，结果表明议论文续写产生的协同效应要高于记叙文续写，且续写议论文产生的语言错误少于记叙文续写；而记叙文续写的产出词汇量要大于议论文续写。

2.2.4.3 读后续写对二语习得其他领域的影响

读后续写可以被运用在二语习得的很多领域，比如词汇习得、语法习得以及翻译。姜琳和涂孟玮（2016）证实了读后续写可以促进二语词汇习得，在他们的研究中，两组被试被分成续写组和总结组，在阅读完文本之后用12个给定单词（8个目标词，4个干扰词）进行续写，之后进行词汇测试，结果表明两种方式的续写都可以促进词汇习得，而续写组的效果要好于总结组。此外辛声（2017）将续写运用在语法习得方面，结果表明读后续写可以有效促进语法习得。除了读后续写之外，许琪（2016）将"续"运用在翻译方面，结果表明在读后续译的过程中也存在协同效应。

在上述大多数研究中，"续"被运用在写作和翻译两个方面，然而，语言的输出方式还有口头表达，作为不同的输出方式，写和说对语言习得产生的效果也不一样。许琪等（2016）将"续"运用在口语表达方面，他们将读后续说引入微信领域。学习者被要求观看3分钟的美剧视频剪辑，用续说的方式补全文本，续说在微信平台上进行，随后教师用微信给予反馈，结果表明学习者进行口语表达的自信心得到了增强，但是该研究的重点在于教师运用微信对学生的口语表达进行反馈。尚未有学者探讨读后续说对口语流利性和准确性的影响。此外，4/3/2重复练习法被广泛证明可以促进语言流利性和准确性，所以本研究将4/3/2重复练习法运用在读后续说的活动上，探讨二者的结合对口语流利性和准确性的影响。

2.2.5 体裁研究

从广义上来看，体裁包括说明文、记叙文和议论文（Paltridge，1996）。目前，体裁的研究主要集中在课堂写作教学中，旨在指导学生掌握不同体裁的写作结构和写作方法（秦秀白，2000）。此外，也有学者将体裁研究运用在读后续写活动中。张秀芹和张倩（2017）探讨了在读后续写任务中阅读材料的体裁对协同的影响，结果表明体裁可以影响学习者和文本之间的互动，进而影响协同。然而，尚未有人将体裁和读后续说结合起来，因此本研究尝试在读后续说任务中考察议论文续说和记叙文续说对协同效应的影响。

2.2.6 小结

4/3/2重复练习法被广泛证实可以提高语言流利性和准确性，但也有其缺陷；而"续"是促进语言习得行之有效的方法。读后续说可以弥补4/3/2活动中学习者缺乏输入、没有互动的缺点，因此本研究将4/3/2重复练习法和读后续说结合起来。此外，体裁会对协同效应产生影响，因此本研究主要探讨在4/3/2条件下议论文续说和记叙文续说对语言流利性和准确性的影响。

2.3 理论基础与研究设计

2.3.1 理论基础

本节综述了本研究的一些相关研究，所有关于口语流利性、准确性、重复、4/3/2 重复练习法、读后续写的研究都为本研究打下了基础。本小节主要呈现理论基础，包括 Long 的互动假设、行为主义学习理论、输入假设以及输出假设。本研究选取了各理论的主要观点来解释本次实验的结果。

2.3.1.1 互动假设

互动的概念可以追溯到社会心理学领域，如今已被广泛运用在外语教学领域。Long（1981）首次提出了互动假设理论，他的理论是基于 Krashen（1983）的输入假设产生的。互动假设强调意义协商在二语习得的过程中起着重要作用，互动双方促进互相协商，彼此调整以促进交流。意义协商出现在会话参与者通过确认或请求、澄清等方式来克服交流中出现的问题的情境中。互动假设整合了可理解性输入、调整性输出、会话功能三个概念。核心观点就是互动可以促进语言习得。在读后续说任务中，学习者在阅读文本的基础上通过补全文本的方式与文本进行互动。

2.3.1.2 行为主义学习理论

行为主义理论起源于 20 世纪早期，该理论解释了动物的行为可通过重复条件反射得到强化。该理论也被用于解释儿童由于外在环境影响而引起语言变化的原因。在某种程度上，条件反射也为行为主义理论奠定了基础。而行为主义理论和结构主义语言学也是行为主义学习理论的重要组成部分。行为主义学习理论的主要观点是语言是一种习惯，是人类活动的基本组成部分（Ellis，1985）。一旦习惯形成，语言现象就会被掌握（Brown，2000）。根据行为主义学习理论，二语习得的模式可以简化为：观察、模仿、重复、强化和形成。观察是指学习者观察教师提供的语言材料，在观察过程中，语言材料也可被看作是对学习者的刺激，学习者对观察到的语言材料作出一定的反应。而反应主要是以模仿的形式进行，模仿是语言使用和练习的重要方式。重复是指学习者重复练习模仿到的语言。强化是指教师对学生的反应给予及时的回馈，旨在强化或巩固学习者对语言材料的反应。形成指的是在经历了四个过程之后学习者的语言得到了巩固，语言习惯形成。在这几个过程中，强化是非常重要的一个概念，它联结了外界刺激和学习者的反应。而二者之间的联系可以通过重复得到巩固，由此产生语言习得。刘延（2009）提出行为主义的主要特点之一就是强调学习者进行重复，学习者应当重复语言形式以形成习惯。

2.3.1.3 输入假设

输入假设是由克拉申于 20 世纪 80 年代提出的，是克拉申二语习得理论中五大假设的核心。他提出语言输入的作用就是激活大脑中的习得机制，而激活的条件就是恰当的可理解性的语言输入。可理解性输入应该略高于学习者现有的语言水平，即"i+1"理论。其中"i"指的是当前的语言知识状态，"1"指的是当前语言知识和下一阶段语言知识之间的距离。只有当学习者接触到属于 i+1 水平的语言材料，才能对学习者的语言发展产生积极的作用。如果语言材料中仅仅包含学习者已经掌握的知识或者语言材料太难，对语言习得都没有意义。

2.3.1.4 输出假设

Swain（1985）基于两个背景提出了输出假设，第一个背景是克拉申的输入假设，输出假设是语言输入假设的补充；第二个背景是加拿大法语沉浸式教学实验。这项实验的结果表明学习者的听力和阅读能力达到了跟母语者相似的水平，而口语和写作能力却低于母语者水平。理由就是学习者很少用法语进行交流。因此学习者不仅需要可理解性输入，还需要可理解性输出。Swain 认为语言输出有三大功能：注意功能、假设验证功能、元语言功能。注意功能指的是语言输出可以使学习者注意到产出的语言和目标语之间的差别；假设验证功能指学习者在二语习得过程中对第二语言进行假设，根据得到的反馈来调整语言输出；元语言功能指的是学习者用语言来分析和描述语言。

总之，语言输出对二语习得有着重要影响。语言输出可以使学习者有意识地注意到语言产出中的问题，促进他们进行纠正，进而促进语言准确性的提高。

2.3.2 研究设计

本节内容主要介绍研究设计，包括研究问题、实验主体、实验材料、实验步骤以及数据收集。

2.3.2.1 研究问题

本研究的研究问题包括：

（1）4/3/2 活动中读后续说对口语流利性有何影响？

（2）4/3/2 活动中读后续说对口语准确性有何影响？

（3）读后续说任务中体裁差异对协同有何影响？

2.3.2.2 实验主体

本实验的被试是来自河北某高校英语专业的 56 名学生，他们来自两个平行班级，分别为 A 组和 B 组。实验开始的时候他们处于大二年级下学期，被试的年龄在 19～21 岁之间，平均学习英语的时间为 11 年。无学生有国外生活或学习经历。两个班级在授课教师、教学时长、教材、教学方法等方面没有差异。在实验之前，研究者用 2017 年 12 月 CET 4 的试卷对两个班级的学生进行了前测，测试内容为除听力以外的全部内容，包括阅读理解、翻译以及写作。研究者根据试卷的标准答案进行打分，两个班级的分数用 SPSS 17.0 进行处理，独立样本 T 检验表明两个班级的英语水平没有显著性差异（p=0.673>0.05）。

2.3.2.3 实验材料

本研究的实验材料是一篇议论文和一篇记叙文，它们被称为文本 A 和文本 B。两篇材料的结尾都被删除。考虑到被试的英语水平，阅读材料的篇幅不长，每篇大约 350～400 个单词。两篇文章均选自英文原版文章。议论文的主题是关于是否应该网上交友的，而记叙文的主题是亲情。记叙文的主要情节是一个名叫珍妮的 5 岁小女孩要求母亲给她买一条漂亮的塑料项链，但是她需要做家务来支付费用。父亲多次要求珍妮把塑料项链送给他，但是珍妮拒绝了。最终，珍妮因为很爱她的父亲把塑料项链送给了父亲。而父亲又给了珍妮一条真的珍珠项链。两篇文章的主题都跟学生的生活相关，能激发学生表达的意愿。无表达意愿会降低学生学习和使用语言的动机（姜琳、陈锦，2015），因此选取的文本有利于学生进行续说。

2.3.2.4 实验步骤

考虑到被试的英语水平，不间断地说 4 分钟难度太大，因此 4/3/2 顺序被调整为 3/2/1，总续说时长为 6 分钟；而与之相对应的 3/3/3 也调整为 2/2/2，总续说时长也为 6 分钟。其中 3/2/1 为实验组，2/2/2 为控制组。实验持续两周，第一周进行议论文续说（即文本 A），A 组被试在 3/2/1 条件下进行续说，

B 组被试在 2/2/2 条件下进行续说；第二周进行记叙文续说（即文本 B），A 组被试在 2/2/2 条件下进行续说，B 组被试在 3/2/1 条件下进行续说。这样所有被试都需要做两次实验。他们需要在两种条件下续说两篇文本。在续说开始前，被试都有 7 分钟的时间阅读文本，之后被试用自己的手机对续说内容进行录音，每次录音开始和结束的时间都以手机上的时间为准。在阅读材料的底端有研究者的 QQ 号码，被试在完成录音之后将录音文件发送到此 QQ 号中。为了保证录音文件的可靠性，被试在发送 2/2/2 条件下的录音文本的时候，需用 1、2、3 标明顺序；3/2/1 条件下的录音文件不需要标明顺序，因为研究者可以根据录音时长辨认出来。

实验之后，12 名被试（每组 6 人）被随机抽取进行访谈，访谈内容主要是对两次续说活动的评价以及心得体会。

2.3.2.5 数据收集

所有的续说内容都被录音，一共 336 个录音文件。所有的录音都被转写成文字，一共 336 篇。其中用 3/2/1 续说和 2/2/2 续说的各 168 篇。为了回答第一个问题，即 4/3/2 活动中读后续说对语言流利性有怎样的影响，两名研究者（英语专业硕士研究生）根据口语流利性的指标对录音进行了统计分析。在口语流利性的测量方面，Tavakoli 和 Skehan（2005）认为口语流利性有三个维度：语速、停顿及话语重复。语速是通过计算平均每分钟的音节数来测量的。而音节只包括有意义音节，即剔除了重复、停顿之后剩下的音节数；停顿指的是话语中的停顿；话语重复指的是说话者对语言进行重复。Lennon（1990）认为语速和停顿可以作为口语流利性的标志。所以在本研究中，流利性是通过计算平均每分钟所讲的单词数和每一百个单词的停顿次数来测量的。在测量平均每分钟所讲的单词数的时候，一些填充词、重复的单词和错误的开头都被剔除。一些单词缩写比如 "she's, doesn't, it's" 等算两个单词。停顿包括一些填充词比如 er, um, uh, ah, well 等，每个填充词都可看作一次停顿。停顿还包括一些单词的重复，每次重复都可看作一次停顿，比如 "Jenny thought for a while and she she …" 中 "she" 重复了一次，所以此处有一个停顿。语速是用计算机进行计算的，而停顿是由两名研究者进行测量的。第一次讲述和第三次讲述之间的相关性由 SPSS 17.0 进行统计。

为了回答第二个问题（4/3/2 条件下读后续说对语言准确性有怎样的影响），研究者根据准确性的测量标准对被试的续说内容进行分析。在准确性的测量方面，Ellis（2003）认为准确性取决于产出的语言和目标语言相一致的程度。在本研究中，准确性是通过计算无错误子句数和总子句数的比率进行测量的。Halliday（1985）指出子句可以是一个独立的简单句，含有一个主语、一个谓语的句子就可以算作一个子句。

无错误子句指的是句子中没有句法、语法、词序，以及单词误用的错误（Foster & Skehan，1996）。错误数量由两名研究生进行统计，当出现不同意见的时候，通过协商的方式解决，如果协商无效的话就请教外教以保证统计结果可靠。两名研究生评分的相关性为 0.8，显著水平设置在 0.05。下面内容为典型的语言错误：

例 1. Many people think that they can better know the world outside the school by making friends online.（修饰词放置错误）

例 2. Which makes them feel that they have many friend in the world.（名词数的错误）

例 3. And jenny is so happy that she gave her pearl necklace to her father.（时态错误）

例 4. Making friends online indeed more dangerous.（中式英语）

错误数量由两名研究生手动统计，第一次讲述和第三次讲述的相关性由 SPSS 17.0 进行统计。

为了回答第三个问题（读后续说中体裁是否会对协同效应有影响），两名研究者手动统计了续说内容中与原文协同的单词和短语。首先，两名研究者统计了续说内容中出现的与原文一致的单词和短语，随后对这两类词语仔细进行比较，以确保它们有相同的语境，只有有相同的语境，才能算作协同。协同的单词和短语举例如下：

例 5. 原文本：She took out her necklace.

学生续说：Finally, Jenny took out her pearl necklace.

例 6. 原文本：She did many chores to paid for it.

学生续说：I can't give it to you because I paid for it.

两名研究者仔细对比被试的续说内容和原文文本以确保结果可靠。他们对协同的单词和短语进行了两次统计，相关性用 SPSS 17.0 进行测量。有不同意见的时候协商解决，两名研究者之间的相关性达到 0.7，显著水平设置在 0.05。

2.3.3 小结

本节呈现了理论基础以及研究设计。理论基础包括互动假设、行为主义学习理论、输入假设以及输出假设。研究设计包括研究问题、被试、实验材料、实验步骤以及数据收集。停顿、产出的语言错误，协同的单词和短语由两名研究者手动统计，并且他们有很高的相关性。所有的数据都由 SPSS 17.0 进行处理。

2.4 数据分析与讨论

上一节介绍了理论基础以及具体的研究设计。为了回答研究问题，研究者从三个方面分析了被试的续说内容：第一个是统计了议论文续说和记叙文续说在两种情况下的语速以及停顿变化；第二个是统计了两种续说的错误数量；第三个是统计了议论文续说和记叙文续说在单词和短语方面的协同数量。此外，研究者对出现这些结果的原因进行了讨论分析。

2.4.1 口语流利性

所有的续说内容都被录音并且转写成文字，所以被试平均每分钟所讲的单词数可以用电脑直接统计出来，而停顿次数则由两名研究者手动统计。根据之前的介绍，所有被试都需完成两项续说任务，他们需要用 3/2/1 方式续说一篇文本，再用 2/2/2 方式续说另外一篇文本。所以每位被试会产出 6 篇续说内容，为了使数据更直观简洁，本节只展示被试的平均得分。

表格 2.1 展示了第一周两组被试在两种条件下续说议论文的分数变化情况，表格 2.2 展示了第二周两组被试在两种条件下续说记叙文的分数变化情况。在表格 2.1 中，被试在 3/2/1 条件下的平均语速为 91.96、108.5、123.42，而在 2/2/2 条件下的平均语速为 95.94、96.10、101.39。语速均呈递增趋势；

在停顿方面，被试在 3/2/1 条件下的平均停顿次数为 12.08、9.11、4.89，而在 2/2/2 条件下的平均停顿次数为 10.92、10.25、10.03，均呈递减趋势。这表明重复讲述可以提高口语流利性。为了找出被试第一次续说和最后一次续说在流利性方面有无显著性差异，研究者进行了配对样本 T 检验，结果表明，在 3/2/1 条件下，被试第一次续说和最后一次续说在语速和停顿方面都具有显著性差异（$p<0.05$），因此被试在 3/2/1 条件下流利性会得到明显提高；而在 2/2/2 条件下，被试的语速和停顿均不具有显著性差异（$p>0.05$），因此被试在 2/2/2 条件下流利性无明显提高。

表 2.1 议论文续说下流利性变化情况

指标	3/2/1 条件							2/2/2 条件					
	M_1	SD_1	M_2	SD_2	M_3	SD_3	T_1	T_2	M_1	SD_1	M_2	SD_2	M_3	SD_3
语速	91.96	12.44	108.5	10.42	123.42	15.64	0.00**	0.063n.s.	95.94	9.19	96.10	3.71	101.39	14.52
停顿	12.08	3.40	9.11	4.01	4.89	2.24	0.00**	0.058 n.s.	10.92	3.60	10.25	2.83	10.03	2.45

注意：M_1、M_2、M_3 指的是每一次讲述的平均数；SD_1、SD_2、SD_3 指的是每一次讲述的标准差；T_1 和 T_2 指的是第一次讲述和第三次讲述的配对 t 检验结果；** 指的是 $p<0.001$，* 指的是 $p<0.05$；n.s. 指的是无显著性差异。

记叙文续说的结果与议论文续说类似，从表 2.2 可以看出，被试在 3/2/1 条件下的语速为 87.23、105.29、121.58，呈递增趋势，停顿次数为 16.48、10.46、7.10，呈递减趋势；而在 2/2/2 条件下，语速为 98.76、99.66、108.37，呈递增趋势，停顿次数为 16.24、15.82、13.48，呈递减趋势。由此可见重复讲述可以提高口语流利性。但是从表格中还可以看出，在 3/2/1 条件下，被试第一次讲述和最后一次讲述在语速、停顿方面具有显著性差异（$p<0.05$），而在 2/2/2 条件下无显著性差异（$p>0.05$）。因此被试在时间不断缩短的条件下语言流利性有明显的提高。

表 2.2 记叙文续说下流利性变化情况

指标	3/2/1 条件							2/2/2 条件					
	M_1	SD_1	M_2	SD_2	M_3	SD_3	T_1	T_2	M_1	SD_1	M_2	SD_2	M_3	SD_3
语速	87.23	17.81	105.29	14.12	121.58	18.85	0.00**	0.063n.s.	98.76	12.94	99.66	15.95	108.37	21.19
停顿	16.48	6.31	10.46	4.74	7.10	3.92	0.00**	0.058n.s.	16.24	7.56	15.82	8.84	13.48	5.57

由表格可知，在重复讲述的作用下，被试的语速会加快，同时讲述过程中的停顿次数会减少，口语流利性在两种条件下都有所提高。这符合很多学者的观点：任务重复可以提高口语流利性。这是因为随着重复次数的增加，被试对所讲述的内容越来越熟悉，因此被试提取上一次讲述的内容也更容易。在实验后的访谈中，被试也提到之前的讲述为下一次的讲述打下了基础，使他们更容易完成下一次讲述任务，因此语速加快。此外，任务重复也有利于被试将瞬时记忆保存在长时记忆中，根据记忆理论，随着内容的重复，瞬时记忆能被转化为长时记忆，因此任务重复能帮助被试加深关于续说内容的记忆，这有助于被试接下来的续说。周丹丹（2012）也指出语言学习主要是基于大脑对之前经历过的语言知识范例的记忆，如输入文本中出现的句法结构或词汇。通过重复讲述相同的内容，被试大脑中就会形成一些固定的语言表达，形成程序化的语言知识。根据行为主义学习理论，任务重复有助于陈述性知识转化为程序性知识，讲述者如果拥有程序化的知识就会在接下来的讲述中快速地提取词汇化词组和句法词组进行语言输出，所以说话者的语速会加快。任务重复可以强化、巩固外在刺激和学习者反应之间的联系。对被试来说，未完成的阅读材料是外在刺激，被试阅读材料然后对此作出反应（口语产出），通过重复相同的内容，一些固定的语言表达形成，因此形成了程序性知识。Ellis（1985）指出语言是一种习惯，是人类活动的组成部分。任务重复使被试重复讲述的内容成为习惯。此外，文本输入为学习者提供了自主创造内容的丰富语境，激发了被试的内生表达动力，使被试能够"有话可说"且言之有物，对语言流利性发展具有助推作用。

此外，从数据中可以看出，在 3/2/1 条件下，口语流利性有明显的提高，而在 2/2/2 条件下没有明显提高，这与周爱洁（2002）的结论相符，4/3/2 重复练习法可以有效地提高口语流利性。这是因为在时间不断缩短的条件下，被试续说的压力和紧张感越来越严重，为了在不断缩短的时间内续说完，被试需要加快语速、减少停顿，因此口语流利性得到提高。六位被试均表示在 3/2/1 条件下，续说时的紧张程度会随着时间的缩短而逐渐增强。第一次续说时感觉到 3 分钟的续说时间较长，讲述时心情比较放松，因此语速也比较正常。第二次续说时就会感觉比较紧张，因为没有把握能在 2 分钟之内完成之前 3 分钟所讲述的内容，语速自然加快。第三次续说时感到压力最大，紧张程度最高，会下意识地加快语速、减少停顿次数。在有时间压力的条件下，练习者会加快语速，语言流利性得到提高。被试在三次讲述时的语速会随着心理的变化而产生变化，由第一次讲述时的淡定到第二次讲述时的紧张，再到第三次讲述时的"压力山大"，被试的语速也从正常到加快，再到最后的加速，停顿次数必然有所减少，因此流利性的提高也水到渠成。这与 Maurice（1983）的观点相符，在时间不断缩短的条件下被试的语速会加快，口语流利性得到显著提高。此外，受大脑启动机制的影响，人类更倾向于使用刚刚出现过的语言（缪海燕，2017），而刚出现的语言包括输入文本中或说话者本身之前使用过的语言，所以被试在接下来的续说中会高频使用上一次续说时出现的语言。在 3/2/1 条件下，随着续说时间的不断缩短，被试会更快、更频繁地提取上一次讲述时使用过的语言，因此减少了在线构思生成语言的时间，语言流利性得到显著提高，实验后与被试的访谈也证明了这一点。而在 2/2/2 条件下，被试的语速变化必须要保持相对平稳，因为要在三次相同时间内重复讲述同一个内容，太快会导致提前结束讲述任务，太慢则可能无法完成讲述内容。此外，因为没有时间压力，所以被试三次讲述时的心理状态变化也比较平稳，不会感到紧张或者压力，相应地，被试提取大脑中固定语言表达的速度也会相对较慢，导致被试的语言流利性没有呈现显著性差异。

2.4.2 口语准确性

表 2.3 展示了第一周被试在两种条件下议论文续说准确性的变化情况。表 2.4 展示了第二周被试在两种条件下记叙文续说准确性的变化情况。在表 2.3 中，被试在 3/2/1 条件下准确度为 0.81、0.86、0.90，而在 2/2/2 条件下的准确度为 0.78、0.85、0.88，均呈递增趋势。由此可见，任务重复可以提高语言准确性。为了找出被试第一次讲述和最后一次讲述在准确性上有无显著差异，研究者进行了配对样本 T 检验，结果表明被试在 3/2/1 条件下第一次讲述和最后一次讲述在准确性方面有显著性差异（$p<0.05$），而在 2/2/2 条件下无显著性差异（$p>0.05$）。这表明在 3/2/1 条件下，口语准确性会有明显提高，而 2/2/2 条件下无明显提高。记叙文续说的结果跟议论文结果类似。从表 2.4

可以看出，被试在 3/2/1 条件下的准确度为 0.81、0.85、0.86，呈递增趋势；而在 2/2/2 条件下的准确度为 0.85、0.86、0.87，呈递增趋势。由此可见任务重复可以提高语言准确性，且从表 2.4 还可以看出，被试在时间不断缩短的条件下第一次讲述和最后一次讲述之间有显著性差异（$p<0.05$），而在时间不变的条件下无显著性差异（$p>0.05$）。因此 4/3/2 重复练习法可以显著地提高口语准确性。

表 2.3　议论文续说下准确性变化情况

指标	3/2/1 方式							2/2/2 方式						
	M_1	SD_1	M_2	SD_2	M_3	SD_3	T_1	T_2	M_1	SD_1	M_2	SD_2	M_3	SD_3
准确性	0.81	0.06	0.86	0.05	0.90	0.04	0.045*	0.057n.s	0.78	0.06	0.85	0.05	0.88	0.04

表 2.4　记叙文续说下准确性变化情况

指标	3/2/1 方式							2/2/2 方式						
	M_1	SD_1	M_2	SD_2	M_3	SD_3	T_1	T_2	M_1	SD_1	M_2	SD_2	M_3	SD_3
准确性	0.81	0.09	0.85	0.07	0.86	0.08	0.045*	0.053n.s	0.85	0.09	0.86	0.11	0.87	0.09

由数据可知，被试在两种条件下口语准确性都有所提高，这与很多学者的观点相符：任务重复可以提高语言准确性。这是因为随着重复次数的增加，说话者对所讲述的内容越来越熟悉，并且重复讲述减少了内容对讲述者的认知压力，使说话者释放更多的注意力资源来关注口语产出的质量（杜娟、张一平，2011）。此外，任务重复也使说话者意识到语言输出中的问题，然后进行修正，这与 Swain（1995）输出假设中的观点一致，语言输出有注意或触发功能。语言输出使说话者注意到语言形式，这有助于他们有意识地改正语言错误，因此促进准确性的提高。同理，当被试续说的时候，有机会对输出的语言进行监测，使得他们在一定程度上意识到并且纠正语言错误。为了证明这一点，研究者从一位被试的议论文续说内容中选取了几个例句，例句如下：

...it provide a way um for students to know different people...（第一次讲述）

...um it provides a way for students to know different people...（第二次讲述）

在第一个句子中有一个语言错误（provide），然而，在第二次讲述的时候，这个错误被被试有意识地修正了（provides）。

在记叙文续说中，一位被试说：

...Jenny um went to the bathroom and take a shower...（第一次讲述）

...Jenny went to the bathroom and took a shower...（第二次讲述）

在第一个句子中有一个语言错误（take），而在第二个句子中，该错误被修正过来（took）。在上述提到的例句中，被试在第一次讲述的时候均犯了语言错误，而在第二次续说的过程中，被试可能注意到了之前的错误，因此进行了改正，降低了错误率，所以语言准确性得到了提高。此外，研究者发现被试在续说的过程中会使用原文中的词语，因此在续说内容和原文本之间产生协同效应。在议论文续说中，有一些短语被重复使用，例如：in the third place，make friends online，through the internet，in the real world，real life，a waste of time 等。重复使用的单词包括：study，friends，advisable，learn 等；在记叙文续说中，重复使用的短语包括：pearl necklace，once again，give me your pearls，sweet heart，have a good dream，pay for 等。重复使用的单词包括：story，love，father，jenny，necklace 等。协同效应出现的原因跟大脑启动机制有关，人类更倾向于使用之前出现过的语言（缪海燕，2017）。被试在讲述的过程中会回读文本，选择使用原文中的词语来帮助自己完成表达。被试使用原文中的语言可以减少犯错的机会。因为未完成的阅读材料提供了正确的语言模板，所以被试可以在正确的语言输入的基础上补全文本，这在一定程度上也保证了语言的准确性。协同效应使产出的语言向阅读材料的语言看齐，使得语言错误相对减少（王初明，2012），语言准确性得到提高。此外，模仿原文文本也能提高学习者的信息加工能力（张秀芹、张倩，2017），所以被试有更多的注意力资源关注语言产出及其语言形式，因此语言准确性得到提高。在实验后的访谈中，被试也提到，在找不到合适的词语来表达的时候会选择回读文本，寻找原文中合适的词语来进行表达，所以原文文本在一定程度上会使表达更加顺畅。因此在两种条件下语言准确性会有所提高。

然而，在 3/2/1 条件下，语言准确性有明显提高，而在 2/2/2 条件下无明显提高，这与周爱洁（2002）的观点相符：在 4/3/2 活动中语言准确性会有明显提高。这可能是由于被试在讲述过程中采取了回避策略。因为在 3/2/1 条件下，在最后一次讲述的时候，时间压力最大，被试没有时间和精力对输出的语言进行监测修正，所以他们针对表达中不确定的语言会进行回避，只留下自己最确定的部分，所以在最后一次续说的时候语言准确性最高。例如，在第二次讲述的时候，一位被试说：

...three weeks later, Jenny thought for a while um and um she finally decide to provides her pearl necklace with with her father...

这个句子中有两处语言错误，decide 和 with。然而，在最后一次续说的时候，被试对这个句子进行了改编：

...Jenny thought for a while and she finally gave her pearl necklace to her father...

这个句子相对较短，但是完全正确。被试避免了上一次讲述中的语言错误，只留下正确的部分，因此在最后一次讲述的时候，准确性得到显著提高。随着时间的不断缩短，被试在续说内容上可以进行不断的压缩和删减，删减之前续说中不满意或不自信的语言表述，使得语言错误越来越少、语言准确性不断提高。特别是在最后一次续说时，由于时间压力最大，没有精力对输出的语言进行监察修正，所以针对表达中不确定的语言会选择回避的方法，从而在第二次讲述的基础上进一步避免和减少了语言错误表达的产生。在实验后的访谈中，被试也提到在"最后一分钟续说的时候，因为时间压力最大，会放弃没有把握的表达，只选择使用自己最确定的语言"。从续说转写语料分析中也发现，3/2/1 条件下一些被试在第一次续说时使用低频词、复合句等情况较多，但在最后一次续说时，使用较多的是被试比较熟悉的高频词汇，句型上也多为简单句，因此在最后一次讲述时语言准确性也相对最高。

而在 2/2/2 条件下，因为讲述时间相同，所以被试更倾向于将前两次的续说内容较为完整地复述下来，因此前一次或前两次续说内容中的错误就会在接下来的讲述中重复出现。虽然在讲述过程中也会对之前使用过的语言进行修改或调整，使有些语言错误得到修正、准确性有所提高，但他们无法像 3/2/1 条件下的被试那样删掉或放弃一些不确定或没有把握的语言表达，从而明显降低语言错误数量，因此三次讲述过程中的语言准确性没有显著性差异。研究者在转写录音的时候，发现最后一次讲述中大部分的错误都是前一次（两次）错误的简单重复。这也解释了为什么在 2/2/2 条件下准确性没有明显提高。例如，在记叙文续说中，一位被试在第二次讲述时说：

...Jenny went to her father and cry, daddy, you shouldn't ask my pearl necklace...

这个句子中有两个语言错误,分别是 cry 和 ask,而在最后一次讲述的时候,被试并没有对此进行纠正,原来的错误被复制了下来,因此准确性无明显提高。在实验后的访谈中,被试也提到在 2/2/2 条件下会倾向于将上一次讲述的内容保留下来,很少对输出的语言进行修正。此外,被试在重复讲述的过程中缺乏来自外界的干预和反馈,这导致了学习者发现不了自己口语表达中的错误,因此在接下来的讲述中可能会重复同样的表达。Doughty(2001)的窗口期假说指出:如果对学习者语言产出中的错误不进行及时干预的话,学习者就不会注意到语言形式,因此会导致语言错误的石化,最终在交流中难以实现形式和意义的正确拟合,不利于语言准确性的提高。在访谈中被试也提到,续说的过程类似于独白,期间也缺少来自老师或同学的反馈,所以也就无法知道自己所讲述的语言是否正确,因此可能会重复同样的错误。研究者在数据统计过程中发现,在 3/2/1 条件下,整体上虽然大部分被试随着重复讲述次数的增多,语言准确性都有所提高,但也有小部分被试的准确性有所降低,这是因为在续说时间不断缩短的情况下,被试的大脑在流利性和准确性方面出现了资源力竞争。根据信息处理原则,学习者遵循意义处理优先的原则,会更倾向于先完成所要讲述的内容,再考虑语言形式,因此在最后一次讲述的时候,被试会更多地将注意力集中在流利性的提高上,在一定程度上忽视了准确性,因此准确性有所降低。这与 Skehan(1998)的观点相符:当大量的注意力资源集中在流利性上时,就会对准确性和复杂性有所忽略。张文忠(1999)也指出口语流利性和准确性可能处在相反的位置,讲话流利的人并不一定准确,而准确无误的人不一定流利。在实验后的访谈中被试也证实了这一点。

2.4.3 单词和短语协同

表 2.5 展示了第一周议论文续说被试在两种情况下单词和短语的协同数量变化情况。在表 2.5 中,3/2/1 条件下的词汇协同数量为 45.26、38.37、23.34,短语协同数量为 19.14、11.53、9.16,均呈递减趋势,这表明在时间不断缩短

的条件下单词和短语协同数量会减少；2/2/2 条件下的词汇协同数量为 23.21、21.45、22.05，短语协同数量为 13.32、11.95、12.25，无明显变化。此外，3/2/1 条件下单词和短语协同的总数为 106.97、39.83；而 2/2/2 条件下单词和短语协同的总数为 66.71、37.52。因此 3/2/1 条件下续说协同总量大于 2/2/2 条件下的协同量。记叙文续说的结果与议论文类似，在 3/2/1 条件下，单词、短语协同的数量呈递减趋势，而在 2/2/2 条件下无明显变化，如表 2.6 所示。此外，在两种条件下，议论文续说协同的单词和短语总量要多于记叙文续说。这表明议论文续说的协同效应比记叙文续说强。

表 2.5 议论文续说单词和短语协同数量

指标	3/2/1 方式				2/2/2 方式			
	3M	2M	1M	总数	总数	2M	2M	2M
单词	45.26	38.37	23.34	106.97	66.71	23.21	21.45	22.05
短语	19.14	11.53	9.16	39.83	37.52	13.32	11.95	12.25

表 2.6 记叙文续说单词和短语协同数量

指标	3/2/1 方式				2/2/2 方式			
	3M	2M	1M	总数	总数	2M	2M	2M
单词	20.53	10.37	8.74	39.64	35.01	12.42	10.84	11.75
短语	7.47	5.37	2.68	15.52	7.68	3.63	2.05	2.00

为了找出两种体裁续说下协同的单词和短语数量有无显著性差异，研究者进行了配对样本 T 检验，表 2.7 为研究结果。从表格中可以看出，两种体裁续说在单词和短语方面均具有显著性差异（$p<0.05$），所以体裁会影响协同效应，且续说议论文的协同效应要大于记叙文续说。

表 2.7 两种体裁单词和短语协同的 T 检验结果

指标	单词	短语
3/2/1 方式	0.045	0.031
2/2/2 方式	0.014	0.000

数据显示，在 3/2/1 条件下单词和短语协同的数量要多于在 2/2/2 条件下的续说。这是因为在 3/2/1 条件下，被试在第一次续说的时候有更多的时间阅读文本（3 分钟），这使他们能够更频繁地使用文本中的单词和短语，因此

协同总量更多。在实验后的访谈中被试也提到了这一点。此外，被试议论文续说产生的单词和短语协同量要多于记叙文续说，这与张秀芹、张倩（2017）的结论相符：议论文续写的协同量要大于记叙文续写。这是由两种体裁的写作技巧和写作目的的差异造成的。记叙文的情节变化较大，写作手法也不同，这给被试使用原文中的语言造成了困难。此外，记叙文的句子结构简单，以对话为主，被试需要以对话的方式补全材料，因此被试更倾向于基于原文的情境展开想象，进而忽略使用原文中的语言。此外，记叙文中语境丰富，学习者有时候只需要用一个词就能表达想法，无须句法操作（王初明，2012），这就减少了被试使用原文语言的机会。在访谈中被试也提到在续说记叙文的时候，重点放在了展开想象力补充情节上，会在一定程度上忽视语言形式。跟记叙文相比，议论文的结构简单，且主要发挥劝说功能（叶云屏、闫鹏飞，2010），所以可供模仿的表达较多，这就导致了议论文续说量大。此外，协同与学习者的情感有关（王初明，2010）。选取的议论文的第一段有明确的观点，被试需要认同该观点，然后补全材料，所以被试需要回读文本，选用原文本中的语言，所以协同效应更强。而记叙文续说没有明确的观点，被试只需展开情节就行，无须回读文本，所以较少使用原文中的词语。在访谈中被试也提到在续说议论文的时候会更频繁地回读文本，从文本中寻找语言表达来帮助他们支撑论点。因此议论文续说产生的协同效应更强。

2.4.4 小结

本节详细呈现了实验结果，任务重复可以促进语言流利性和准确性，且在时间不断缩短的条件下口语流利性和准确性会有明显提高，即4/3/2重复练习法可以有效地促进语言流利性和准确性提高。此外，读后续说会产生协同效应，且议论文续说的词汇协同量要大于记叙文续说，因此续说议论文产生的协同效应比记叙文续说更明显。总体来看，结果与语言学理论相符，4/3/2重复练习法可以促进语言流利性和准确性提高，议论文续说产生的协同量更多。在4/3/2条件下，由于重复讲述和时间压力的不断增大，口语流利性会得到提高；而重复讲述、正确的语言输入模板以及回避策略的使用也促进了口语准确性的提高。但是4/3/2重复练习法也有其缺乏反馈的缺点，因此影响准确性的提高。

2.5 结论

本研究将 4/3/2 重复练习法和读后续说结合起来，探讨两种续说方式，即议论文续说和记叙文续说对语言流利性和准确性的影响，以及两种续说方式对协同的影响。结果表明，在 3/2/1 条件下，口语流利性和准确性都有明显提高，而在 2/2/2 条件下则无明显提高；体裁差异对协同数量有影响，议论文续说产生的协同效应要比记叙文续说强。这些结果也为二语教学和续论研究提供了启示和借鉴。

2.5.1 研究结果

本研究探讨了在读后续说任务中，4/3/2 重复练习法对语言流利性和准确性的影响，以及读后续说任务中体裁对协同的影响。结果表明 4/3/2 重复练习法可以加快说话者的语速、减少停顿，是促进口语流利性和准确性提高的行之有效的方法。此外，4/3/2 重复练习法可以提高学习者学习和使用英语的自信心。当学习者重复讲述的时候，他们对讲述内容越来越熟悉，自信心也相应地增强，这可以通过被试减少自我纠正、重复和犹豫表现出来，使学习者能够更流利、准确地产出易于理解和接受的语言。此外，读后续说任务中体裁差异会影响协同，议论文续说产生的协同量更大。所以教师在做读后续说任务时要选择合适的阅读材料。此外，4/3/2 重复练习法虽然可以用来训练口语流利性和准确性，但也有其缺陷，续说的过程类似于独白，被试在讲述的时候缺乏和外界的交流互动，在讲述的过程中也得不到外界的反馈，所以被试很难对语言中的错误进行纠正，进而不利于准确性的提高。为了避免这个问题，研究者建议采用师生合作的方式，因为合作是有效教学的要件（Tharp & Dalton, 2007）。教师应该在学生讲述的过程中与学生进行互动，并且针对学生语言表达中出现的错误进行及时的反馈，搭好"脚手架"。师生合作产出可以显著提高语言准确性（桑紫林, 2017）。

2.5.2 教学启示

本研究对二语教学有一定的启示：首先，可以把 4/3/2 重复练习法和读后续说相结合，并将其运用在二语口语课堂上，训练学生的口语流利性和准确性，在 4/3/2 活动中每一个学生都会得到充分的练习。其次，4/3/2 活动是可调节的，教师可以根据具体情况进行调节，例如，在讲述开始前应该给予口语水平较低的学生较多的时间进行构思，以帮助学生建立自信心，促进他们的口语表达；对于口语水平较高的学生，可以鼓励他们在每次讲述的时候改变句式，或者选用一些高级词汇以促进语言的复杂性。此外，由于英语水平的限制，学生使用填充词的能力较弱，因此在教学活动中可以引导学生掌握更多常见的英语填充词，使学生的口语表达更顺畅、地道。

2.5.3 局限性

本研究有以下不足之处：首先，由于涉及很多指标，口语流利性和准确性的测量是一项复杂的工作，并且容易被一些主观因素影响，所以精确地测量口语流利性和准确性很困难，一些数据上的误差不可避免；其次，4/3/2 重复练习法是一个训练方法，而不是测量方法，所以学生在接受 4/3/2 重复练习法训练之后的实际口语水平还需进一步验证；再次，考虑到被试的实际口语水平，本研究选择了 4/3/2 练习法的替代方法，即 3/2/1 练习法，在 3/2/1 活动中，续说时间缩短可能会导致被试更依赖于简单机械的重复，而他们在 4/3/2 活动中原本可以产出更长的续说内容，因此可能会对实验结果有一定的影响；最后，本研究的样本数量偏少，仅涉及一个地区的一所高校，在后续的研究中可以扩大样本数量。

第3章 读后续说任务中语言水平对学习者协同效果的影响研究

3.1 引言

本部分将对研究内容进行简短的介绍，共包含五个部分。它们分别是研究背景、研究方向和理论基础、研究意义、研究目标，以及研究概述。

3.1.1 研究背景

近年来，语言使用中的协同效应被证实是一种普遍现象，它引起了第二语言习得领域的心理学家、学者和研究者的关注（Pickering & Garrod，2004；Atkinson，Nishino，Churchill & Okada，2007；王初明、王敏，2014）。然而，在某种程度上，学者之间对协同定义的理解存在着一定的差异。Atkinson、Nishino、Churchill 和 Okada（2007）认为，人与人、人与物理环境、社会背景、工具和其他互动参与变量之间存在着协同。协同体现在互动中（Pickering & Garrod，2004），互动可以被称为语言结构和语境相结合的黏合剂，它可增加学习者研究语言结构和实践的机会（王初明，2014）。这种效果有助于内化学习内容并确定语言学习的作用（王初明，2010），续写任务正是基于以上观点而产生的。有相关研究证明，只要学习任务包含续，促学的效果就非常明显（王初明、王敏，2015；王启、王凤兰，2016；王初明，2016；许琪，2016）。目前，许多学者对读后续写任务中的协同效果进行了深入的研究，并对读后续译任务进行了扩展，确认了其在外语教与学中的作用（王初明、王敏，2014；许琪，2016）。然而，作为续的变体，读后续说任务还缺乏关注。

作为语言习得中最重要的影响因素之一，学习者的语言水平会影响互动过程中的信息处理，导致语言输出的协同差异。然而，最近关于语言能力的研究集中在词汇推理和启动语言结构的影响上（王初明，2009；Tavakoli & Hayati，2011；王震、魏蓉、孙月明，2017），关于语言水平对协同的影响还缺乏研究。

语言能力在口语教学中起着重要作用。本研究旨在将读后续说任务引入续的研究中，并探讨其语言的协同效应。在此基础上，本研究探讨语言水平对学习者输出和协同的影响。该研究具有很强的现实意义，可以为大学外语课内外的互动活动提供一些启示，进一步丰富续理论的研究视角。

3.1.2 研究方向和理论基础

互动和协同是密不可分的，协同对于二语习得至关重要（Atkinson, et al, 2007）。基于协同理论，学者王初明（2016）提出了续论，对此众多学者进行了相关的教学实证研究。研究结果表明，续任务可以有效地促进语言学习，并且不同学习者的语言能力可能会对协同产生不同的影响。因此，本研究旨在探究学习者的语言能力是否以及如何影响协同。也就是说，根据被试的考试前成绩，他们被分为同等语言水平组和不同语言水平组，最终统计出每分钟他们输出的单词数、语言准确性和协同数量，研究他们之间是否存在差异。

自20世纪80年代以来，协同一直受到众多学者的关注。协同是一种复杂的过程，人类通过这种复杂的方式实现与其他人类、环境、情境、工具等的协同互动（Pickering & Garrod, 2004；Atkinson, et al, 2007）。王初明和王敏（2014）认为，协同是一个连续的统一体，互动影响协同，互动越强，协同效果就越佳。而读后续说任务是基于文本—学习者—学习者的交互，所以互动作用要强于简单的文本—学习者之间的互动。本研究重点探讨在读后续说任务中是否存在协同效应以及语言水平如何影响学习者的输出和协同。国外关于协同的研究主要集中在人与人之间的对话上。王初明（2009）是第一个提出文本与人之间进行互动的学者，即读后续写。许多学者和研究人员

（姜琳、陈瑾，2015；姜琳、涂孟玮，2016；谬海燕，2017）证明了续是促进学习的有效途径，促学的作用体现在词汇习得、语法结构、话语等方面。此外，学者们还探讨了影响协同的因素。这些因素主要有阅读材料的趣味性（薛慧航，2013）、同伴互动（庞颖欣，2014）、英语水平和任务类型（杨媚，2015）、体裁等（张秀芹、张倩，2017）。研究结果都证实读后续写任务中存在协同效应。以上研究均是基于文本—人之间的互动，它可能受到很多因素的影响，但是基于文本—人—人的互动，即读后续说任务中的协同效应以及语言水平对学习者的输出及协同的影响还未有人涉及。

3.1.3 研究意义

学习外语的过程是学习如何通过使用他人使用的语言表达自己的观点或想法的过程（Swain & Lapkin，1998），王初明（2012）认为这个过程与模仿是不可分割的。外语教师已经找到了很多方法来帮助学习者模仿，包括朗诵或背诵词汇、短语、句子、短篇文章，通过跟踪录音材料等进行模仿（姜琳、陈锦，2015）。但是这种学习效果并不是很理想。这些传统的练习方法无法有效提高学习者的语言能力。因此，如何更快更好地学习语言呢？如果要回答上述问题，我们需要考虑人类使用语言的本质。王初明（2014）认为人类使用语言是为了表达和交流思想或观点，语言形式服务于内容的表达。因此，在外语教学过程中，我们需要激励学习者创造内容，在强烈的内容表达的驱动下，学生和学习者将尽可能充分地利用可用资源，并尽力模仿和提取有助于表达内容的语言形式，输入和输出的有效结合将促进外语水平的发展。

但在实际的教学过程中，只有两种练习方式可以将内容创作和语言模仿紧密结合。一个是与母语者交谈，另一个则是续任务（王初明，2013）。当学习者与母语者交谈时，语言模仿是在人际交往中发展的，内容创作是在丰富的动态环境中进行的。在此过程中，模仿和创造力紧密结合在一起。因此，外语学习是高效和快速的。但是，在我国的外语课程中与母语者进行交流的机会是有限的。目前，最重要的是找到一种方法来代替与母语者的沟通。续任务就是一种将理解与生产紧密结合的新型练习，读后续说任务是续任务中的一种。与此同时，它可以满足学习者的需求，弥补学习者口语实践机会的不足。

近年来,一些实证研究开始关注续任务的效果。这些研究已经证明,续是促进学习的有效方式。虽然这些研究已取得初步成果,并证明其在外语学习中的重要作用,但作为续的一种,读后续说任务缺乏还未引起学者足够的重视。张秀芹和张红娟（2021）针对重复条件下的读后续说对语言流利性和准确性的影响进行了研究,研究发现,在时间不断缩短的情况下,学习者的重复续说有助于语言流利性和准确性的提高。此外,还有学者（Xu, Dong & Jiang, 2017）对口语中续的输出进行了研究,但其研究的重点是探讨学生对教师反馈的看法。因此,读后续说的输出还有待于进一步研究。

作为语言习得的重要因素之一,学习者的语言能力（Xu, 2015）影响互动过程中的信息处理,并导致语言输出的协同差异。然而,相关研究的重点是检验其对词汇推理和语言结构启动效应的影响（王初明,2009；Tavakoli & Hayati, 2011；Wang et al, 2017）。

在读后续说任务中,会涉及人与文本之间的相互作用以及人际互动,如果一个学习者在互动过程中不能表达其中的一个单词或短语,那么另一个学习者则会提供其所需要的词汇,帮助他（她）完成表达意愿,这种人际交往可以更好地反映语言使用中的互动性。它使学习者的语言学习能力在互动过程中始终处于压力状态,有利于促进第二语言习得（王初明,2007）。目前,国内大学外语教学存在的一个严重不足是学习者与母语者互动的机会有限,导致学习者口语输出和写作输出能力发展不平衡（Zhang & Head, 2010）。读后续说任务恰好可以弥补这一不足。通过读后续说任务,研究学习者在互动过程中的口语能力和协同效果,确定其是否可以成为大学生学习外语的一种新的互动方式。语言学习具有动态、复杂和非线性的特征,因此,学习者内外的任何微小变化都可能导致语言学习成果的不同（Larsen-Freeman, 1997）。作为影响语言习得的重要影响因素之一,学习者的语言能力（徐宏亮,2015）可能影响交互过程中的信息处理,使得语言输出中协同效应的不同。

目前,学者针对关于语言水平对协同效果的影响研究还很少见,本研究旨在补充或丰富这方面的研究内容,将读后续说任务引入续任务的研究中,探讨语言水平在读后续说中的协同和输出效果,对这些问题的研究对于大学外语课内外的互动活动具有很强的现实意义和指导作用,可进一步丰富"续理论"的研究内容。

3.1.4 研究目标

本研究的目的是检验读后续说任务中是否存在协同,并将学习者语言水平融入读后续说任务中,探讨学习者的语言水平对学习者的输出和协同可能会导致哪些方面的差异。因此,本研究旨在帮助外语教师和研究者找到一种较为适合的教学方式,以便更好地促进学习者的口语能力发展。此外,本研究还可为同伴互动的小组划分提供指导,拓宽续的研究视角。

3.1.5 研究概述

本章包含五部分。第一部分是本研究的简单介绍。在第二部分中,对相关的前期研究进行概括和总结,包括协同、互动协同模式、学习者的语言水平、协同和第二语言学习之间的关系以及协同效果和学习者语言水平之间的关系。这部分是文献综述,其主要目的是向读者介绍与该研究相关的国内外研究现状。它不仅有助于读者理解本研究的背景,还有助于帮助研究者进一步阐明思路,为后期研究做好准备。第三部分介绍本研究的研究设计和研究方法。它包括以下内容:研究问题、实验对象、材料、数据收集。因为这是一项实证研究,所以在本部分简要地介绍其实验过程。第四部分是数据分析和讨论。目的是报告研究结果并以全面、准确和真实的方式呈现研究结果,用统计学相关理论知识分析数据以检查数据差异的相关性,并对其进行讨论,分析数据出现差异的潜在原因。第五部分为外语教师的授课提供一定的借鉴,同时还探讨了本研究的局限性,为进一步研究提供一些建议。

3.2 文献综述

作为成功交际的基础,协同引起了人们的关注,特别是心理语言学家和第二语言研究者等。Pickering 和 Garrod(2006)从心理语言学的角度,首先提出了协同的定义。当交际双方为母语者时,交际对话由语言处理机制加工。

在这个过程中，说话者与合作伙伴的语言保持一致时双方已交换了大量信息，例如词汇和句子。大多数时间说话者可能对他们所谈论的主题有类似的想法。从第二语言学习的角度来看，协同仍然非常重要，甚至起着至关重要的作用（Atkinson et al, 2007）。考虑到社会和环境因素对第二语言习得的影响，协同使学习者能够适应动态的世界。研究者将社会和环境因素放在第二语言的学习上，以便学习者能够适应这个世界。

3.2.1 协同

在这一部分，主要论述协同。首先，是协同的定义；其次，是互动协同模式；最后，是协同和第二语言的关系。

3.2.1.1 协同的定义

对于学者和研究者来说，协同并不陌生。但是对于协同的定义，因研究领域的不同而有所差异。在语言学领域，许多学者和研究者从不同的角度探讨协同。这些研究表明，在互动的过程中存在着一致，这种一致性就是协同。从心理语言学的角度来看，学者 Pickering 和 Garrod（2004）给出了协同的定义。他们认为，当对话者具有相同的心理表现时，在一定程度上会出现不断的调整。换句话说，协同是心理表征对相同的词汇、短语和句子结构的选择。Pickering 和 Garrod（2006）对协同的定义中，有一个共同的隐含背景，启动这样的机制时，将激活协同。因此，他们在文章当中对协同的自动组件给予了高度评价（Pickering & Garrod, 2006）。

在语言学层面，对话者也可能在对话中有相似之处（Branigan, Pickering, Pearson, Mclean & Brown, 2011）。而这种融合主要集中在形式上，而不是关注意义。例如，大多数时间说话者习惯使用类似的口音并与同伴保持相同的空间（Giles & Coupland, 1991），同时，说话者可以向他们的同伴学习并在一个单词上产生相同的发音（Pardo, 2006）。此外，在词汇、短语和句子结构方面，说话者的选择更趋向于同伴。说话者更愿意采用他们合作伙伴的说话方式展示他们的观点或想法，许多学者和研究者都提到了这些观点。在非语言学的层面上，通过模仿，说话者通常会看到其他人的面部表情（Bavelas, Black, Lemery, Chovil & Mullett, 1988）、身体动作（Chartrand & Bargh,

1999），并尽力去理解彼此的情绪状态。在过去的几十年里，研究人员和学者将这种模仿称为协同，这表明它变得越来越重要。

随着对协同研究的继续深化，协同吸引了心理语言学家和第二语言研究者的注意。心理语言学家将协同定义为他们使用刚刚听过的单词、短语和句子结构来表达他们的想法和观点的倾向（Pickering & Garrod，2004）。从第二语言学习的角度来看，协同是学习的关键。学习是学习者与社会认知环境之间持续一致的过程。在知识应用过程中，这种学习体验将融入他们自己的学习模式和策略中。虽然研究者和学者从不同的角度研究协同，但协同的存在是一个不争的事实。

协同不仅发生在人与人的对话中，还发生在人与物理环境、社会环境和工具等之间的相互作用中（Atkinson et al，2007）。这些发现为我们提供了更多的灵感和参考，王初明和王敏（2014）认为人与文本之间也可能存在着协同。协同反映在互动中（Pickering & Garrod，2004），没有互动就没有协同，互动作用强，协同就强。互动作用弱，协同就弱（Wang，2010）。因此，本研究将在续说任务中探讨文本—人—人互动中协同的一些相关问题。

3.2.1.2 协同互动模式

人类使用语言最自然和最基本的方式是对话（Pickering & Garrod，2004），对话是一种人类社交互动活动。互动需要相互合作、相互协调，协同是对话互动的重要机制。显然，使用语言的机制隐藏在对话中。对话可以顺利进行，是因为该机制将相关内容存储在语言使用中，这就是我们所说的互动协同模式（IAM）。互动协同模式由Pickering和Garrod（2004）提出，基于心理语言学研究，他们对互动协同模式进行了解释。在对话过程中，说话者之间将形成一个动态概念或情境模式，用于对方所处的情境。对方所处的情境包括时间和空间、言语的意图、背景、因果，以及对方是谁等（Zwann & Radvansky，1998）。对话中的两个说话者彼此协调，彼此互动，相互合作。同时，他们无意识地构建了相互融合的情境模式，以便相互理解话语的意义。基于互动作用，这种大脑的认知状态是一致的，它可以促进话语理解，确保顺畅对话。

从互动协同的角度来看，协同不仅发生在情境模式层面，而且还出现在语言层面。对话者之间的互动促使他们适应和使用词语的选择，并经常重复他们自己或他们的伙伴使用的语言结构，心理语言学研究者将这种现象视为结构启动。在需要沟通的驱动下，结构启动反映了两位说话者之间的互动与合作，并帮助他们流利地表达意义。语言层面的协同可以触发情境协同。相反，情境模式的协同可以促进语言层面的协同。在许多学者看来（Pickering & Ferreira，2008），结构启动可以促进语言发展，许多研究者已经证实了这些研究结论（Wang，2009）。因此，基于这些学习效果，协同在外语教学中具有实用价值，值得研究。

3.2.1.3 协同与第二语言习得

学者从不同的角度对协同进行了研究。首先，对话发生在互动中。为了使对话能够成功和流利的进行，说话者将动态调整以适应他或她的对话伙伴。随着研究的发展，学者开始研究非语言层面的协同，例如人类之间的互动中存在着协同。一些学者（Pickering & Garrod，2004）认为，协同是对话成功沟通的基础。但是，口语层面的协同，如语言结构也依然是协同的标志。

在日常生活中，人们愿意使用他们听到的词汇或他们的合作伙伴在对话中使用的语言。在一项实验中，Garrod 和 Anderson（1987）认识到，在一次谈话中，如果一个人使用"chef"这个词，那么另一个人更倾向于在谈话时说出"chef"这个词。如果一个人使用单词"cook"，另一个人也将使用"cook"。同样，在交互式卡片分类任务中，研究人员（Branigan，Pickering & Cleland，2000）发现，被试更有可能通过使用他们的合作伙伴在形容卡片时所使用的语法结构来描述卡片。Levelt 和 Kelter（1982）发现，在回答问题时，人们会倾向于一致的答案。

对于第二语言学习者来说，应用协同非常重要。换句话说，协同在第二语言学习中起着至关重要的作用。第二语言学习中的协同可能与仅包含母语者的对话不同，与母语者和母语者之间的对话相比，母语者与二语学习者对话中的协同会更少。主要基于以下原因：首先，虽然母语者与二语学习者在对话中谈到同样的事情，但他们有不同的思想表现，可能没有相同的表达，而是相似的表达。其次，第二语言的学习者可能不确定母语使用者所使用的单词或结构，因此他们可能无法重复使用或重复该表达。最后，二语学习者说话速度无法赶上母语学习者，因此，二语学习者不能使用相同的表达。但除了这些原因之外，第二语言学习者在某些情况下可以与母语说话者保持一致，通过重复母语说话者的良好表达，他们的语言能力可得到提升。

从社会认知的角度来看，学者们（Atkinson et al，2007）提出，协同是人类在精神和身体上适应不断变化的环境的过程。从这个角度来看，第二语言学习者可以通过学习第二语言的过程使自己与社会认知功能保持一致，然后将他们的语言经验转化为心理表征。根据 IAM，王初明（2009，2010）认为理解能力优于他们的产出能力，这两种能力是不平衡的。高能力和低能力在相互作用中产生拉平效应，从而促进低水平语言学习者向高水平语言学习者靠近，促进他们的语言习得。基于这些发现，学者（Wang，2009，2010）提出了一种有效的外语学习路径，即互动—理解—协同—产出—习得。在此过程中，互动可以激活协同，协同可以提高学习者的产出能力。王初明（2010）认为续任务是学习外语的好方法，它使学习者理解阅读材料并与材料保持一致，在语言层面协同，协同包括单词、短语和句子结构的协同。王初明（2010）还认为，协同不仅仅发生在人类互动的对话过程中，而且发生在学习者与阅读材料的互动中。

3.2.2 续论

在这一部分中，将对续论和读后续说任务进行简单的总结和概括。

3.2.2.1 续论和其促学效果

从语言学理论的角度来看，语言习得的续与语言学的基本概念是一致的，但续论有其独特之处。它强调有效的语言学习是利用对话过程的不完整部分，学习者在创造性地补充和进行续作时需不断理解该部分。因此，他们在语言使用中体验续的语言表达，提高语言使用能力。在这个学习过程中，语言理解和产出紧密结合。

续的语言学习不仅带来了理解和输出之间的紧密结合，而且还有许多促学的特征。第一，它可以唤起表达思想的内在动力，在续作任务的刺激下，学习者的沟通意愿被激活，他们有话要说，他们表达自己想法的愿望强烈。第二，阅读材料可提供丰富的背景，它具有支架功能，以支持语言学习和使用。第三，它可以减轻语言生成的压力，由于续作的刺激产生拉平效应，拉平效果促使学习者使用前面出现的语言结构来表达他们的思想，因此它有助于提高语言学习的效率，压缩犯错误的空间，并降低语言使用的错误率。第四，续论有助于学习者在学习过程中抑制母语干扰，对于第二语言学习者而言，由于续，他们的作品可与前文的语言表达正确使用趋同，同时他们的表达会比之前更真实、更丰富。第五，续论可提供有凝聚力的语言模式，学习者遵循前文并继续后续创作，一方面可扩展前文内容和结构，另一方面还可提高语用能力，提供语篇的连贯性。第六，续论有助于学习者提高注意力，续论突出了对比效果，学习者可以更容易地注意到他们的语言水平与前文阅读输入材料之间的差距，这种差距可以在续的过程中逐步弥合。第七，续可以帮助学习者在语篇使用中改进他们的语言。语言的使用发生在话语中，而续需要继续丰富前文信息文本，而不是仅仅从文本中剥离单词或单独的句子。

上述学习特征涉及影响语言习得的主要变量，这些变量都是通过续来激活的。学习母语是这样，学习外语也应该是这样，最近的实证研究证实了以上的一些特征。例如，王初明和王敏（2015）研究发现，语言的拉平效应不仅存在于对话中，而且存在于将理解与输出紧密结合的读后续说任务中。在这种影响下，续任务中学生的语言错误明显减少。姜琳和陈锦（2015）开展了一个教学实验，这个实验持续了将近一个学期，在这个实验中，他们发现续任务可以显著提高英语作文的复杂性和准确性。

上述的研究都揭示了续的促学效果，并强调了续任务在第二语言教学中的潜力。研究中的数据均来自第二语言学习者。这些研究进一步促进了对续任务的研究，并为其提供了更多的实证支持。

还有学者将续任务应用到中文作为第二语言的教学中，这是续作研究的一个新亮点。王启和王凤兰（2016）对在中国学习汉语的韩国学生进行了读后续写任务的实验，该实验旨在测试读后续写任务是否适合将汉语作为第二语言的学习者，此过程中是否具有协同效应，能否提高学习效率。研究结果表明，在二语汉语写作的续任务中，协同效果非常显著。被试在续写过程中使用了更多前文中的词汇、短语和语法，并且在使用大多数目标语法结构时犯下的错误显著减少，这些发现证实了续任务对汉语作为二语进行教学的适用性。

洪炜和石薇（2016）通过实证研究考查了读后续写任务在汉语量词学习中的效应。实验证实，读后续写组比对照组量词成绩显著提高，并且学习效应在一周后得到了保持，单独的无续写虽然也可以提高被试量词的学习质量，但保持效果显著低于读后续写组。该实验充分证明了读后续写是一种有效的学习方式，它将理解与产出紧密结合，产生协同效应，促进语言习得。

姜琳和涂孟玮（2016）的实验采用假词为目标词，从词形、词义和用法方面来考查被试的学习情况。结果表明读后续写能有效促进二语词汇学习，特别是在词义和语用方面，效果明显好于概要写作。读后续写将输入与输出紧密结合，促使阅读者模仿阅读中的词语句型来表达自己想要创造的内容，新词汇一经主动运用，记忆便会加深、更扎实有效，记忆时间也更长。

许琪（2016）将续应用于翻译实践，设计读后续译任务，考察读后续译任务是否可以提高翻译质量。结果表明读后续译任务中存在着协同效应，同时能够提高学生的翻译质量，证实了读后续译在翻译教学中的有效性。

上述实证研究表明，无论是中国人学习外语还是外国人学习汉语，语言学习任务只要含续，促进学习的效果就非常显著，这为续理论提供了强有力的支持，也为续理论的应用开辟了广阔的空间。

3.2.2.2 续论的应用和读后续说任务

续理论的应用可以促进第二语言学习，提高第二语言教学的效率。为了实现有效的应用，设计与续相关的学习任务是关键。设计任务可以从续理论的基本概念出发，侧重于语言理解和语言输出两个方面，理解的主要方式是倾听和阅读，输出的主要方式是说和写，第二语言的学习和使用还包括翻译。根据主要的产出方式，分为三种类型——续说、续写和续译。

读后续说任务是续的一种形式，同学们互相交谈、相互学习，同时由于互动的协同效果，很容易产生具有母语特征的外语。为了学习地道的外语，在没有母语对话者参与的情况下，可以使用高质量的阅读材料，使学生能够充分阅读和理解，然后就阅读材料的内容进行对话。该任务要求阅读材料具有一定的挑战性，适度的语言难度和易于模仿可以引发深入的讨论。在阅读的基础上进行续说，有助于弥补外语水平不足的短板。

目前，国内外的相关研究还比较少见。但相关研究证明，第二语言的口语输出存在协同效应。蔡宁和王敏（2017）进行了一项实证研究，考察了输入模态对中国大学英语学习者口语产出中协同效应的影响。研究对比文本＋视频、视频、文本等三类输入模态下二语学习者口头复述任务中的语言运用。结果表明输入模态对协同效应的强度具有显著的影响。

张秀芹和张红娟（2021）通过对4/3/2与2/2/2方法的比较，探讨读后续说在促进口语技能发展方面的作用。研究采用定性研究和定量研究相结合的方法，将4/3/2重复练习法和读后续说相结合，并将其与2/2/2方法相比较，探讨其对学习者口语流利性和准确性的影响。研究结果显示，4/3/2和2/2/2重复练习法对语言流利性和准确性均有积极的促进作用，但与相同时间内重复练习的2/2/2方法相比，学生在续说时间不断缩短的4/3/2条件下，口语的流利性和准确性的提高效果更好。

Trofimovich和Kennedy（2014）做了一个实验，该研究探讨了以第二语言进行交流的双语对话者之间的互动协同现象。来自不同语言背景的30名大学生完成了第二语言中的两项英语信息交流任务，从互动开始到结束的摘录被呈现给10个母语者听众，他们单独评价每个人的对话。研究结果表明，协同在第二语言的互动交流中普遍存在。

Trofimovich、McDonough和Foote（2014）的研究结果表明，在第二语言课堂同伴互动过程中存在着协同。互动协同模式是一种社会认知现象，在这种现象中，对话者在对话过程中重复使用彼此的表达、结构和发音模式。被试是报名参加大学水平英语课程的41名学生，要求他们在一个学期内完成四项协作任务，任务是交换测验，时间为13周。研究结果显示，当被试完成四个协作任务后，他们的语音面貌发生了较强效应的协同，这项研究可以帮助二语学习者练习发音。

Xu、Dong和Jiang（2017）进行了一项实验，通过社交沟通软件微信来检验学生对口头反馈的看法，被试对此持积极的态度，他们表示倾向于接收移动辅助反馈。与此同时，被试对用英语表达更有信心。研究结果表明，使用微信提供的反馈意见使得英语学习者更加积极地学习，而这种练习（读后续说任务）可以弥补课堂教学的局限性，并使学生在语言能力方面取得更大的进步。

上述研究有些仅侧重于研究协同效应，有些则是针对读后续说任务开展不同反馈方法的研究，而关于读后续说的协同效应方面的研究却很少涉及。

3.2.3 语言水平研究

语言能力是语言工作者最关心的核心概念之一。语言能力是在第二语言发展阶段，由应用语言学研究人员通过某些测量和评估方法确定的，它是动态的，与个人的语言习得程度有关。

语言能力的发展是理想化语言能力的持续发展，换言之，语言熟练度本质上是不同语言习得阶段相应语言能力预测的镜像，它是抽象的，不能被直接观察到。因此，可以通过检查和分析特定语言的应用来间接推断学习者的实际语言水平。

作为影响语言习得的最重要因素之一，学习者的语言水平（Xu，2015）将影响互动过程中的信息处理，导致语言输出的协同差异。然而，大多数相关研究都集中在词汇推理和语言结构启动效应的作用上。例如，王震等（2017）探讨了语言能力和性别对非英语专业本科生英语阅读中的词汇推理的影响。结果表明，所有参与者在词汇推理过程中都采用了相同的模式，诉诸共同的语言和非语言学知识来源，但他们使用某些知识来源的相对频率是不同的。此外，不同英语水平的参与者在词汇推理方面存在显著差异，高水平的参与者表现优于他们的低水平合作伙伴。王初明（2009）进行了两项实验，以检验第二语言生成中发生的结构启动效应。参与者是两组中国英语学习者，他们的英语水平属于两个不同的水平。第一个实验采用书面句子完成任务，第二个实验要求参与者描述一张图片。结果表明，语言能力显著影响了第二语言中结构启动的程度。具体而言，具有较高语言能力的二语学习者对句法启动更敏感，并且在口述图片描述任务中启动效果更强。与语言能力相关的研究还有很多，在此不一一列出。

尽管这些关于语言能力的研究已经取得了显著的成果，并为本研究提供了一些参考，但这些研究并未涉及学习者的语言水平对协同效应是否产生影响。

3.2.4 小结

协同作为第二语言教学的重要组成部分，可以有效地的促学，因此对外语学习起着至关重要的作用，并且协同越强，学习效果越好。本节简单地介绍了协同的定义、互动协同模式、续论、读后续说任务以及与学习者语言水平相关的研究。目前在中国大学英语课堂上，学生与母语为英语的人交流的机会很有限，同时与翻译和写作能力相比，学习者的英语口语能力相对较弱。因此，读后续说任务是弥补这些不足的一个好方法，可以提高外语学习的效率和质量。在此之前，许多学者已经证明，读后续写任务可以促进学习，但是对于读后续说任务的研究相对较少。

读后续说任务首先是人与文本的互动，但在续的过程中需要人际互动。如果学习者在续说中遇到一个不能准确表达或不知如何表达的单词，对方会尽力提供帮助；在续说中，对方也会给予鼓励。这种人际互动可以更好地反映语言使用的交互性。它使学习者的语言学习能力在互动过程中处于压力状态，有利于促进二语习得（王初明，2007）。

目前，我国大学外语教学的一个严重缺陷是学习者与操母语者互动的机会有限，从而导致学习者的口语输出和写作输出发展不平衡，输入能力滞后于输出能力（Zhang & Head，2010）。读后续说任务可以弥补这一缺点，通过这一任务，研究学习者在互动过程中的口语输出能力和协同效果，以确定它是否能成为大学外语口语教学的一种新的互动方式。语言学习具有动态、复杂、非线性的特点，学习者内部和外部的任何微小变化都会导致非常不同的语言学习结果（Larsen-Freeman，1997）。作为影响语言习得的重要因素之一，学习者的语言水平（Xu，2015）将影响交互过程中的信息处理，导致语言输出的协同差异。然而，大多数相关研究集中在词汇推理的作用和语言结构启动效应上（Tavakoli & Hayati，2011；王初明，2009），缺乏语言水平对协同的影响研究。

本研究旨在将读后续说任务引入续论的研究中，并探讨读后续说任务中语言输出的协同现象，在此基础上，作者试图探讨学习者的语言水平对输出和协同效果的影响。这些问题的探讨对大学外语教学的互动活动具有较强的现实意义和指导作用，为续研究提供了进一步的实证研究依据。

3.3 理论基础与研究设计

在前一节中，我们回顾了许多与续论、读后续说任务以及学习者的语言水平相关的研究。从这些研究中，可以明显看出在协同效应和续任务方面取得的成果，同时，也为当前的研究提供了参考依据。但是关于读后续说任务与语言能力结合方面的研究还很少见。这些研究表明，包含续的任务能够促进学习效果，是激发学习者兴趣和鼓励他们表达思想的好方法，但是这些研究关注的是读后续写任务以及影响协同效果的一些主要因素。因此，本研究将考察读后续说任务中的协同效果，以及语言水平是否会影响协同效果和学习者的输出。在这一节中，首先介绍互动假设、输入假设、输出假设和注意假设。基于这些理论，研究者开展了一项实证研究，并对研究问题、参与者、材料、研究过程和数据收集等方面进行详细的介绍。

3.3.1 理论基础

这一部分将介绍本研究的相关理论，包括输入假设、互动假设、输出假设和注意假设。从这些假设中获得一些启发，并用于解释当前的研究结果。

3.3.1.1 输入假设

克拉申（1982）反复强调大量输入的重要性，通过大量的语言输入，学习者会不断地接受输入的语言知识并加以巩固。理解性的语言输入材料是语言习得的必要条件，是习得语言的前提，这一点是语言习得的关键。当语言输入大大超过学习者现有的水平，他们就难以理解输入的材料，而学习不理解的输入话语，输入就变得毫无意义。因此，可理解性输入材料对于二语习得而言是一个基本的前提，也就是说没有可理解性输入，就没有语言习得。

在此过程中，要有足量的输入，且输入要有趣，且与学生的相关性要强。语言输入要想有效，就需要学习者自觉对输入的语言信息内容进行加工，并且输入要能够引起学生的学习兴趣。兴趣可激发他们的学习动机，这样的学习才能产生积极的学习效应。

3.3.1.2 互动假设

互动假设指出，为了更充分地理解输入在第二语言习得中的性质和作用，应该更多地关注学习者所从事的互动活动。

首先，研究发现在通过语言进行谈判的过程中，母语者和非母语者的伙伴关系对第二语言输入的适应程度很小。母语者倾向于简化他们的话语或使用一系列的对话策略，使谈话互动能够顺利进行，母语者理解非母语者，并为进一步的习得提供更高层次的语言。基于 Long 的交互假设，语言学习者必须积极参与对话，才能使用接收到的输入。之后 Long（1983）修正了他的互动假设，他强调第二语言习得中意义的角色协商。在交流过程中，母语者触发了互动的调整，意义协商促进了语言习得，互动将输入、学习者的内部能力，尤其是将选择性注意力以及输出联系在一起。

尽管互动假设中的可理解输入仍然是一个重要因素，但在互动假设中，长期强调双向互动的功能，可以使学习者意识到自己的语言和目标语言之间的差距，因此实现双向互动的最好方法是和以英语为母语的人交流。但在中国，学习者几乎没有机会和以英语为母语者进行听和说的活动，但是他们有大量的阅读和写作机会。在这种情况下，读后续说任务更适合中国学习者（王初明，2013）。模仿与创造的结合使学习者与阅读材料互动，从而提高学习外语的效率。

3.3.1.3 输出假设

Swain 在 1985 年提出输出假设。简单地说，在某些情况下，产生语言的行为，例如说话或写作，是第二语言学习的一部分。同时，产生语言的过程与理解语言的过程有很大的不同。

输出假设有三个功能，这是由 Swain 在 1995 年提出的。首先，它具有触发功能，当学习者试图产生目标语言时，他们可能注意到他们不知道如何准确地表达想要表达的思想，在这种情况下，目的语的产出活动可能促使第二语言学习者注意或意识到他们的语言问题。其次，输出假设具有检验功能，从学习者的角度来看，输出会验证他们之前的语言习得，如某个语言结构是否正确，从而为他们的语言学习提供反馈。最后，输出假设的功能是元语言功能，即用语言来认识和解释语言。

如上所述，输出与输入完全不同，输出可以揭示输入对第二语言（Li,2002）的影响。作为一种延续性任务，续说任务可以将输入和输出紧密结合，学习者可以主动使用和模仿阅读材料中的表达方式，从而优化语言输出。基于 Swain 的输出假设，读后续说任务可以提高语言的准确性，促进第二语言习得。

3.3.1.4 注意假设

根据心理学原理，语言被认为是一个信息处理的过程。信息处理过程包括输入、中央处理和输出。但这并不意味着所有的信息都会在这个过程中被注意或习得，人们忽略了注意的影响。换言之，注意和无意识都是该过程的重要组成部分，所以在第二语言习得领域中注意起着非常重要的作用。

Schmidt（1990）提出了注意假设的概念，它包括两个方面：第一，学习者注意输入语言的特点，发现别人说话的方式和他/她说话的方式、别人说话的方式和他/她不能说的方式之间的差距。第二，反复练习，不断重复，注意新的语言形式。通过练习或实践，学习者可以在将来使用习得的新语言形式，实践形式包括重复阅读和其他形式的背诵。

在注意假设中，并非所有的输入都具有相同的价值，被注意的输入很可能被吸收，被大脑认知机制有效处理。一定程度的有意识的关注有助于将一定的语言材料吸引到学生的中间语言系统中，从而促进中间语言的发展。

注意是第二语言习得的必要条件。从注意假设的角度来看，注意有助于人们更加关注输入语言和目标语言的特征。具有连续性的阅读—口语综合任务为学习者提供了足够的语言输入以引起注意，然后他们可以进行模仿或使用，这有助于他们准确地输出语言。

3.3.2 研究设计

3.3.2.1 研究问题

本研究探讨的具体问题是：

（1）读后续说任务中，学习者的语言输出协同效应如何？

（2）读后续说任务中语言水平对学习者的输出及协同有何影响？

3.3.2.2 参与者

本次实验的被试是河北省某普通高校的 40 名非英语专业学生,他们来自同一专业的两个自然班(64 人)。实验时,被试正处在大二的第一学期,他们正式学习英语的平均时间约为 10 年,他们都没有国外生活或出国留学的经历。两个班在英语教材、学时数、教学内容、教学方法以及教学进度等方面均保持相同,两个班的英语授课教师相同。同伴互动在该大学的英语课堂上广泛实行,并且在本次实验前被试已经有过对同伴互动过程各自录音的经验,避免了因不适应录音而对口语互动产生影响的可能性。64 人中符合该实验语言水平要求的学生是 40 名,其他 24 名学生在实验中与被试一样组成对子参与互动活动,但是他们的录音最终没有转写成文本进行数据分析。

3.3.2.3 实验材料

本研究的实验材料为删掉结尾的一篇英文原版故事,主要讲述的是两个人的爱情故事。由于被试为非英语专业的学生,考虑到各方面因素,文章的长度是 350 词。由于趣味性(薛慧航,2013)以及体裁(张秀芹、张倩,2017)等因素会对"续"产生一定影响,所以阅读的材料与学生的学习、生活有关,体裁为记叙文。

3.3.2.4 研究过程

实验前,研究者对两个班的学生进行了一次前测,前测试卷为 2017 年 12 月份的全国大学英语四级真题,具体题型为写作、听力、阅读、翻译,分别占总分值的 15%、35%、35% 和 15%。试卷的主观题部分邀请了另外两名教师作为阅卷人,两位教师分别对主观题进行评分,最终得分取他们的平均分,两位教师的评分信度达到 0.96。前测成绩独立样本 T 检验结果显示,两个班学生的语言水平相当,没有显著性差异($Sig.$=0.560>0.05)。

根据前测结果,对该 64 名同学进行成绩排名,对被试语言水平的衡量以其在班内的排名为依据,前测成绩排在前 20 名的学生作为高水平被试,前测排名位于后 20 名的学生则为低水平被试,这里的高水平与低水平也只是相对于本次实验被试的整体情况而言的,是一种相对水平。同等语言水平被试的成绩差应 ≤ 5 分,高低水平被试的成绩差 ≥ 20 分。最终 64 名学生中满足不同语言水平组条件的被试为 20 人,组成高-低组合 10 组;满足同等语言水平组条件的被试也选择了 20 人，组成 10 组对子（高-高组合、低-低组合分别为 5 组）。剩余 24 人中多数符合同等语言水平组的条件，但为了保证同等语言水平组和不同语言水平组被试人数相同，故未将这 24 人纳入研究对象。

参照王初明（2016）以"续"促学中关于读后续说的具体做法：被试需仔细阅读截去结尾的英文故事，充分理解原文之后，和自己的同伴针对原文故事展开续说。前读材料的阅读时间为 8 分钟，被试在该时间内可以反复阅读理解原文，之后通过 6 分钟左右的同伴互动将故事结尾续说完整。由于该互动活动作为被试的平时成绩，所以每个被试都能够按要求完成续说，但每个被试的续说时间略有差异。每组录音由学生用自备的手机完成。

实验后，笔者还对 12 名被试进行了半结构式访谈，主要了解被试对读后续说任务中的同伴互动的评价和感受，进一步帮助研究者了解和掌握学生的真实想法。

3.3.2.5 数据收集

本研究的数据来源是对 20 组读后续说录音进行转写的文本，除去每组被试口语表达中的停顿和填充时间外，每组平均续说时间约为 5 分钟，总计约 100 分钟。

首先，研究者反复将续说内容与原文材料进行比对，统计出被试与原文本词汇、短语协同的数量，在此基础上统计出每组对子组合在原文本之外彼此之间的协同数量，即每个人与互动对象在词汇和短语层面的协同。

其次，统计在读后续说任务中学习者的语言水平，包括语言输出量和语言准确性。因为被试实际续说时间与规定的 6 分钟有些出入，为了保证准确性，笔者对每组被试每分钟输出的词汇量（即输出的词汇总量与时间之比）和语言的准确性进行了统计。其中本研究采用以被试口语产出中无错误分句（error free clause）的数目和分句（clause）总数的比率来表示口语的准确性（谭晓晨、董荣月，2007）。时间的计算以开始续说到最后续说结束为标准，除去表达中的停顿和填充时间后，30 秒以上可算作 1 分钟，30 秒以下则忽略不计（郑佩芸，2011）。

因为每组被试续说的长度不同，之后研究者将原始的协同转化为百分比，以确保数据的可比性和准确性（王敏、王初明，2014），此外，由于被试每组续说时间存在差异，所以最终具体的统计方式为：协同词汇或短语的数量除以所属内容的总字数，再除以分钟数，最后乘以 100，我们将其称为协同率，即每百词中每分钟被试续说内容中与原材料相同的词汇或短语出现的个数。本研究将协同率作为语言水平在读后续说任务中对学习者产生协同影响的研究参数，运用 SPSS16.0 对数据进行分析，显著水平定在 0.05。

实验结束后，研究者对被试进行一对一汉语访谈，之后对访谈数据进行归纳、整理和分析，作为对定量数据的补充。

3.3.3 小结

在这一节中我们可以看到，这一研究的理论基础是互动假设、Krashen 的输入假设、Swain 的输出假设和注意假设。本节详细地介绍了本研究的内容，包括研究问题、参与者、材料、过程和数据收集。研究者统计了词汇和短语协同的数量，并利用协同率作为研究参数，研究学习者在读后续说任务中的协同情况。此外，本研究还将探讨语言水平是否会影响学习者的输出和协同效果，研究数据采用 SPSS16.0 进行分析。准确地说，本节重点研究了读后续说任务中的协同效果以及语言水平对协同和输出的影响差异。

3.4 数据分析与讨论

之前研究者介绍了实验的理论基础和相关细节。本研究试图回答这些问题，并从以下几个方面对被试的口语材料进行分析。第一种方法是计算不同语言水平组和同等语言水平组中协同的词汇和短语的数量。协同词汇和协同短语是指被试续说过程中使用的词和短语与原材料相同。基于第一种方法，第二种方法是计算每对学生续说的时间，结合协同的词汇和短语的数量，计算每分钟协同的单词和短语的协同率、语言准确度、每分钟输出单词的数量。在读后续说任务中，由于每组被试的续说时间不同，因此作者将原始的协同转换为百分比，以确保数据的可比性和准确性。所有数据均采用 SPSS16.0 进行统计分析，其显著水平设为 0.05。

3.4.1 读后续说任务中的语言协同效应

表 3.1 表明，两组被试续说的文本均与原文材料存在词汇与短语的协同，说明在读后续说任务中，存在着语言协同现象。词汇协同数量远多于短语的协同数量，配对样本 T 检验结果的 Sig. 值为 0.000<0.05，说明被试与原文本在词汇、短语的协同数量上存在显著差异。此外，同伴间的互动也存在着协同效应，配对样本 T 检验结果的 Sig. 值为 0.012<0.05，说明被试同伴之间在词汇和短语的协同上也存在显著差异。

表 3.1 被试与原文本、同伴协同的词汇/短语数量及其标准差

	与文本协同（词汇/短语）		同伴间协同（词汇/短语）	
	协同量	标准差	协同量	标准差
同等语言水平组	60/10	1.972/0.632	15/9	0.5/0.3
不同语言水平组	103/31	2.4/1.248	22/15	1.077/0.67
总数	163/41	3.083/1.373	37/24	0.933/0.616

从整体上看，两组被试续说内容中均存在与原文材料的协同，这与实验选用的材料存在很大的相关性。原文材料与被试的学习和现实生活相关性强，能够引起被试创造内容的冲动，吸引其不断阅读原材料，从而引发语言层面的协同。有原材料作为范本，两组被试都会有意识地通过与原文本的互动使续说在内容、逻辑上与原文保持相对的一致。在语境的作用下，启动机制作用明显，即学习者重复使用刚刚出现过的语言倾向性（缪海燕，2017）。使用原文本中的词汇和短语既省时省力又可以帮助学习者准确地表达自己的思想，保证了互动的顺利进行。同时研究还发现，同伴互动也存在协同效应。同伴之间在续说过程中，相互学习、相互启发，无意识地构建相互趋同的情境模式，从而产生协同效应。这与之前的研究结论相一致，即协同自动发生在二语口语课堂和互动中（Pickering & Garrod2004；Trofimovich & Kennedy，2014；Trofimovich et al, 2014）。在读后续说任务中，既有读，又有听和说。听是在对方说的基础上作出判断，说是在听对方的基础上作出反应，而听和说都是在读的基础之上，这是双向的互动，促进双方相互协调、动态配合，从而产生双向的协同。

此外访谈发现，被试强调最多的就是回读，他们用回读来确认找到自己所需的词语，从而有把握地进行表达。例如，其中一名被试说自己想表达"婚礼"一词，虽然他之前学过这个词，但他还是通过回读前文找到该词，回读前文可以避免犹豫不决浪费时间，从而腾出时间和精力继续思考下边如何表达。选择与原文协同是为了减轻互动中的认知负荷，高效省力，同时可以缓解自己的压力。人的加工能力有限，通过模仿协同即使用原文材料出现的词语、短语进行互动，可以有效缓解信息加工能力的不足（王初明，2015）。

词汇协同的数量远超短语的协同数量，且二者呈显著性差异的原因主要是由口语互动的特点所决定的。口语互动具有简洁灵活的特性，互动双方同时在场，语境丰富，一个单词即可表达清楚的情况下，再使用短语反倒会使交际效率下降。所以，在读后续说任务中，被试在语篇创设的情境中，与同伴共同创造新内容，与原文词汇的协同多于短语，是为了高效顺畅地完成互动。

3.4.2 语言水平在读后续说任务中对学习者输出及协同的影响

3.4.2.1 读后续说任务中语言水平对学习者输出的影响

统计结果发现，从输出的词汇量上看，同等语言水平组略低于不同语言水平组（每分钟输出词汇量的均值分别为 106.980 和 119.930），独立样本 T 检验结果的 $Sig.$ 值为 0.150>0.05，说明两者不存在显著差异。但是同等语言水平组中的高-高组和低-低组存在显著性差异（标准差分别为 7.733 和 10.212，$Sig.$ 值为 0.014<0.05）。就准确性而言，同等语言水平组的准确性低于不同语言水平组（准确性指标：同等语言水平组的均值是 0.410，不同语言水平组为 0.497），具有显著性差异（独立样本 T 检验结果的 $Sig.$=0.006<0.05）。同等语言水平组中的高-高组和低-低组的统计结果没有显著性差异（标准差分别为 0.062 和 0.047，$Sig.$ 值为 0.306>0.05）。

在此次实验中，同等语言水平和不同语言水平两组被试在读后续说任务中，每分钟输出的词汇量无显著差异，说明对子组合的读后续说活动对两组被试的语言输出具有相似的促进作用。首先是阅读体裁和阅读内容起了一定的作用，本实验材料为一篇爱情故事，体裁为记叙文。爱情故事能够深深吸引被试的注意，促使被试有动力进行交流。同时记叙文情节丰富，被试的想象空间大（张秀芹、张倩，2017），有利于故事结尾的自主创造。其次，与两组被试的互动模式也有一定的关系。笔者通过对被试录音音频转写的文本分析和后期的访谈发现，在互动模式上，同等水平组被试大多数属竞争型，同等语言水平组被试在访谈中说"与自己水平相似的同伴续说、讨论，是彼此相互促进的一个过程，在这个过程中多少会产生一点竞争意识，都希望更好地展示自己"。高水平被试由于语言基础好，语言表达更流畅且自信，而低水平被试则会在表达过程中出现较多的犹豫和停顿，导致他们每分钟词汇输出量明显少于高语言水平被试。而不同语言水平组的被试互动模式大多数为专家/新手型。不同语言组中低水平被试在访谈中表示"自己在交流过程中会遇到词汇或者表达方面的困难，高水平的同伴会及时提供帮助，自己现在对英语口语活动不再畏惧了"，这也证明两种互动模式都有助于学习机会的产生，有利于促进语言水平的进一步提高。

总体来说，读后续说任务有利于促进学习者语言准确性的提高。因为读后续说任务加大了结构启动发生的概率，促使被试倾向于使用原文本中的正确表达，从而不断挤压了学习者犯错误的空间。此外，在续说过程中，被试容易注意到自己口语能力的不足以及语言形式的缺失，内容的内化与语言的模仿相结合，可以优化语言的输出（姜琳、陈锦，2015）。

但是同等语言水平组在语言准确性方面低于不同语言水平组，这可能与实验过程中被试的语言水平有直接关系。同等语言水平组被试的语言水平接近，彼此心理上都不认为同伴会对自己语言水平的提高有多大帮助，因此相互学习的意愿不强。如上所述，同等语言水平组包括高-高和低-低两组被试，他们的互动过程多是竞争型，"遇到不确定的语言表达时更倾向于相信自己是对的"，因为两组被试均认为"对方的英语水平并不比我强"，这在一定程度上降低了他们相互学习、共同进步的空间，导致同等语言水平组被试的语言准确性不敌不同语言水平组。而不同语言水平组被试更愿意彼此合作、相互学习，从而使语言产出的准确性更高。不同语言水平组中的低水平被试在访谈中表示：在与高水平的同伴进行互动活动时，他们必须竭尽全力才能使自己对互动活动有所贡献。他们会通过借鉴原文材料以及参考高水平同伴的语言表达帮助自己更准确地表达思想。而高水平学习者本身对自己的语言能力比较有信心,在互动活动中会尽力完善自己的语言表达,以展示自己的语言水平。同时高水平语言学习者在互动任务中语言自动化程度较高,更能注意到语言形式是否符合目标语的规则,能够在意义和形式之间进行权衡,从而使产出的语言更加准确。而低水平语言学习者通过与高水平学习者的语言协同,降低了产生语言错误的概率。这与前期的研究结论相一致,即"在交际意愿的驱动下,学习者自主创造的内容容易与语言能力发展融合起来,进而促进语言的准确流利使用"(姜琳、涂孟玮,2016)。

3.4.2.2 读后续说任务中语言水平对学习者协同的影响

统计结果显示,同等语言水平组每分钟词汇、短语的协同率均低于不同语言水平组(每分钟词汇协同率的均值分别为 1.152 和 2.025;每分钟短语协同率的均值分别为 0.208 和 0.607),独立样本 T 检验结果显示,两组被试在词汇协同率和短语协同率方面均存在显著性差异($Sig.$ 值分别为 0.001 和 0.004,均小于 0.05)。此外,同等语言水平组中的高-高组和低-低组在词汇和短语协同率上未呈现显著性差异(词汇协同率的标准差分别为 0.270 和 0.292,$Sig.$ 值为 0.645>0.05;短语协同率的标准差分别为 0.125 和 0.107,$Sig.$ 值为 0.919>0.05)。

不同语言水平组被试在每分钟的词汇、短语协同率上均高于同等语言水平组,其主要是受语言学习拉平效应的影响。在互动过程中,无论被试的语言水平高低,他们都会试图在原文中找到自己所需的词语来与同伴进行讨论。高水平学习者能够更好地推理词汇意义(Tavakoli & Hayati,2011;Kaivanpanah & Moghaddam,2012),而低水平学习者词汇推理的成功率明显低于高水平者(范琳等,2017),从而产生词汇信息加工能力不足的问题。因此,在交际需要的驱动下,低水平的被试在与高水平的学习者进行互动时,会在语言表达特别是词汇的运用上通过与原文协同或者向高水平学习者学习来拉近他们之间语言水平的差距,这种拉平效应提升了重复运用原文语言结构的概率,从而使协同效果得到加强;高水平被试也通过与低水平被试的互动,获得更大的学习自信心。而同等语言水平组中虽然也有高水平被试,但是与和自己同等水平的学习者进行对话,这种拉平效应不明显。所以在词汇方面，不同语言水平组的协同效果明显高于同等语言水平组。就短语、词块而言，高水平学习者比低水平学习者能够更准确、更快地识别出来（许莹莹、王同顺，2015），使用者为了"省力"会对其进行整体的提取，进而模仿原文，续说的内容与原文产生协同。不同语言水平被试通过这种高低的非对称，在交互中产生拉平效应，高水平者快速习得原文词汇、短语，低水平者在与高水平者的互动中自然而然地习得，从而提高二语的语言运用水平（王初明，2016），所以才会出现不同语言水平组被试在每分钟词汇、短语的协同率上均高于同等语言水平组的结果。

两组被试每分钟词汇的协同率均高于每分钟短语的协同率，这是因为在读后续说互动任务中，语言会经常出现重复，而且句型表达也欠丰富，语篇较松散，并且在这个过程中有丰富的语境相伴，所以一个词就可以表达比较完整的意思，无须句法操作。被试在访谈中也表达了相同的看法，认为"一个词就可表达清楚的时候，就不会再考虑使用短语或句子了"。

此外，本研究还进一步证明了一些学者（Wang & Wang，2015；王初明，2010）的观点，即协同效果的强弱取决于互动的力度，互动强，则协同强；互动弱，则协同弱。同等语言水平组被试在续说内容中每分钟的轮次（两个被试之间交谈的转换次数）远低于不同语言水平组，也就意味着同等语言水平组被试的互动相对较低，因而协同相对较弱；而不同语言水平组被试续说内容中每分钟的平均轮次高于同等语言水平组，互动强度大，协同强。在续说过程中，根据Vygotsky（1978）的最近发展区理论，高语言水平学习者为低语言水平者提供与原文协同的语言输入，可以帮助其克服心理和语言上的障碍，同时，低语言水平学习者无形当中接受了高语言水平者的指引，不断探索和发现，实现自身的突破。高语言水平者的输入刺激低语言水平者不断进行表达，两者进行对话的轮次不断增多，频率快，互动的强度大，进而促进协同效果进一步增强。

3.5 结论

本研究将读后续说任务引入续论研究中，探讨在读后续说任务中语言产出的协同现象。研究结果显示，在读后续说任务中，两组被试均存在与原文本协同的现象。两组被试每分钟的词汇输出量无显著差异，但在语言准确性上同等语言水平组低于不同语言水平组；同时，不同语言水平组的被试在续说任务中的协同效果要强于同等语言水平组。

3.5.1 研究结果

本研究主要有两个发现：

第一，两组被试续说的文本均与原文材料存在词汇与短语的协同，说明在读后续说任务中，存在着语言协同现象。词汇协同数量远多于短语的协同数量。此外，同伴间的互动也存在着协同效应。

第二，统计结果发现，从输出的词汇量上看，同等语言水平组略低于不同语言水平组。

但是同等语言水平组中的高－高组和低－低组存在显著性差异。在此次实验中，同等语言水平和不同语言水平两组被试在读后续说任务中，每分钟输出的词汇量无显著差异，说明对子组合的读后续说活动对两组被试的语言输出具有相似的促进作用。但是同等语言水平组在语言准确性方面低于不同语言水平组，这可能与实验过程中被试的语言水平有直接关系。同等语言水平组每分钟词汇、短语的协同率均低于不同语言水平组。不同语言水平被试在每分钟的词汇、短语协同率上均高于同等语言水平组，其主要是受语言学习拉平效应的影响。两组被试每分钟词汇的协同率均高于每分钟短语的协同率。此外，本研究还进一步证明了一些学者（Wang、Wang，2015；王初明，2010）的观点，即协同效果的强弱取决于互动的力度，互动强，则协同强；互动弱，则协同弱。

3.5.2 教学启示

首先，语言水平确实是影响学习者输出、协同效果和学习效果的潜在因素。因此，教师在进行读后续说任务的相关练习时，需要注意学习者语言水平的差异。在读后续说任务中，在面对面的对话中，语境是非常明显的。同时，学习者的互动活动也有多种选择。在该任务中，学习者的语言水平是不同的。因此，作为重要的影响因素之一，学习者的语言水平可以作为一个重要的指标纳入读后续说任务的设计中，尽量使学习者能够和与自己不同语言水平的人合作完成任务，从而使学习者既可以从原输入材料中学习一些新词汇，又可以通过与合作伙伴的互动学习一些表达方式。在本研究中，研究者证明了在读后续说任务中存在着协同效应，并比较了同等语言水平组和不同语言水平组在输出和协同效应上的差异。在互动分组中，希望能给教师提供一些教学参考和启发。

其次，不同的语言水平组是提高第二语言课堂语言准确性的最佳选择。不同语言水平组的被试在进行读后续说任务时，相较同等语言水平组的被试的续说更准确。就每分钟输出单词而言，虽然同等语言水平组与不同语言水平组之间没有显著差异，但不同语言水平组被试的准确性均值高于同等语言水平组被试的准确性均值。这可以帮助学习者减轻压力，主动提高学习第二语言的意愿，增强学习语言的信心。有了这些优势，学习者就可以充分释放自己的学习潜能。因此，在读后续说任务中，不同语言水平被试的组合，使新知识在动态的语境中转化为可接受的知识。在该任务中，不同语言水平的组合对外语学习尤其是对语言准确度有积极的影响，所以教师要通过阅读—口语综合任务来提高学生的语言准确性，采取不同语言水平学习者结合的方式是更好的选择。

总之，人与文本的互动和人际互动都包含在读后续说任务之中。如果一个学习者不会表达一些单词或短语，另一个学习者将为其提供帮助，使其能够尽快习得语言知识，这种人际互动可以更好地反映语言使用的交互性。它使学习者的语言学习能力在互动过程中始终处于紧张状态，有利于促进二语习得（王初明，2007）。目前，我国大学外语教学的一个严重缺陷是学习者与母语者进行互动的机会有限，从而导致学习者的口语输出和写作输出发展不平衡。读后续说任务可以弥补这一缺点。通过读后续说任务，研究学习者在互动过程中的口语能力和协同效果，证实它可以成为大学外语学习中一种新的互动方式。语言学习具有动态、复杂、非线性的特点。因此，学习者内部和外部的任何微小变化都会导致非常不同的语言学习结果（Larsen-Freeman，1997）。作为影响语言习得的重要因素之一，学习者的语言水平（徐宏亮，

2015)影响交互过程中的信息处理,导致语言输出的对齐差异。因此,教师应根据课堂实际需要和学习者的语言水平,选择不同的分组方法,使学习者能够充分利用材料的表达能力和自身的优势,提高外语学习能力。

3.5.3 局限性

本研究存在一定的局限性。首先,它以叙事为素材,只用一种体裁来比较同等语言水平组和不同语言水平组之间的输出和协同效果。其他类型的材料,如说明文材料和议论文仍然需要进一步研究。未来进一步的研究可以尝试在读后续说任务中采用更多的体裁作为输入材料,为外语学习和教学提供更加可靠和有效的依据。其次,本研究的被试的数量是40人,被试人数相对较少。因此本研究的结果缺乏泛化能力,进一步的研究可以增加读后续说任务中被试的样本数量。最后,本研究的实验周期相对较短。由于本实验只做了一次实验,所以还不足以回答协同效应在读后续说任务中是否具有可持续性的问题。因此未来研究可以尝试增加实验轮次来得出更可靠的结论,并注意采用更多的语言形式和结构。研究者们可以找出更多影响协同效果的潜在因素,并探索在第二语言学习中促进协同的潜在因素。在整个实验中,学习者在学习动机、学习策略、写作技能和语言能力等方面的变化都应该被纳入其中,它可以为外语教学中的续任务提供更多的实践证据。

第4章 续写任务中输入模式和语言水平对英语词汇习得的影响研究

4.1 引言

本节简要概述论文的研究背景、研究的方向和理论基础、研究意义、研究目标及研究概述，便于读者对该论文整体构思有清晰的了解。

4.1.1 研究背景

语言的使用依赖语境。然而，二语习得过程中，由于客观环境的限制，学生很少有机会听到地道的英语发音或者有机会与讲目标语的人进行交流。二语习得中不得不面对二语语境缺失与必需的矛盾（王初明，2006）。词汇习得作为语言习得的基础以及不可缺失的一部分，直接影响到听说读写及其他语言技能的发展（喻小继、王芳，2011）。不幸的是，长期以来，因为缺少二语习得语境，多数学生通过机械记忆英语单词的中文意思习得词汇（王初明，2006），该方法不仅费时低效，而且导致学生输入与输出技能发展不平衡，应用技能偏低。结果，学生经常陷入读得懂、看得懂，但是听不懂、说不出的困境（戴劲，2007）。

为了解决这个问题，一些研究者（王艳，2002；王同顺，2012）试图寻找在听力与阅读过程中习得词汇的方法。他们比较了阅读输入和听力输入对词汇习得的影响，证实听力输入对词汇习得有积极影响并呼吁在外语教学中重视听力词汇。然而这些研究以传统文本为实验依据，学生和文本之间缺少互动。在这些研究中，语境是有限的，而且学生很少有机会和文本互动，长远来看不利于语言习得。正如 Ekildsen（2012）所说，语言在互动过程中习得效果最佳，因为它能够引起学生的兴趣和关注。因此，在语境缺失的现状下，寻找一种能够营造互动氛围的方法至关重要。王初明（2014）提出的读后续写任务，有效地实现了学生与文本之间的互动与模仿，作为一种创新的习得方式引起了广泛关注。读后续写任务在给学生提供生动逼真的语言习得环境的同时，也为语言习得开辟了新的道路。

读后续写即针对学生语言水平挑选一篇读物，将结尾抹去，要求学生在阅读和理解截留部分的基础上创造性地续写内容（王初明，2012）。在这个过程中，学生接受地道的语言输入的同时模仿其表达方式。通过完成续写任务实现有效的语言输出。该方法不仅提高了语言习得效果，而且加速了语言习得，为二语习得和教学提供了新的思路。与此同时，续写任务把听说读写能力整合到一个任务中，能够有效改善输入技能与输出技能发展不平衡的现状。之前的研究集中于影响词汇习得的各种因素（Dupy & Krashen，1993；Joe，1998；黄燕，2004；雷蕾，2007；连秀萍、黄鹉飞，2010；Vidal，2011）或者影响续写任务中协同的各种因素（薛慧航，2013；肖婷，2013；彭进芳，2015；张秀芹、张倩，2017），但是很少把词汇习得放置于续写任务中来研究。姜琳和涂孟玮（2016）把续写任务引入词汇习得领域，证实与概要写作相比，读后续写能够有效促进词汇习得，该研究为词汇习得开辟了新的方法。

然而，现有研究都局限于同一语言水平或者只关注于阅读这一种输入模式，忽视了语言水平和其他输入模式，比如一直以来困扰中国学生的听力输入模式。本研究的重点是将续写任务与语言水平和听力输入相结合，探讨不同输入模式和不同语言水平对英语词汇习得的影响。实验中的两个班的被试根据其语言水平分别被分为两组，并按要求完成续写任务。

Meara（1997）证实了语言水平是影响学生阅读过程中词汇习得的重要因素。王平（2009）也认为语言水平和词频是影响词义准确猜测的主要因素，可见二语水平是影响语言习得的重要因素。关于听力输入与语言水平的研究多集中于语言水平对其听力理解的影响上（Lund，1991；Diakidoy，2005），较少关注语言水平在听力任务中对词汇习得的影响。本研究尝试通过续写任务对比听和读这两种输入模式下不同语言水平习得者的词汇习得效果，旨在为中国学生词汇习得与听力教学提供指导性建议。此外，研究者希望本研究能够丰富关于续写任务语言促学效果的相关内容。

4.1.2 研究方向和理论基础

续写任务在文本和习得者之间营造了一个互动的习得环境（王初明，2014）。在此过程中，文本为学生的习得提供了模版，学生能够在模仿过程中参照文本纠正自己的语言输出。学生的表达能力无形之中与文本发生了协同，促进了语言水平的提高。正如王初明（2016）所言，习得者或教师在续写任务中可以自由组合四种语言技能，而且不同的组合适用于不同的语言水平。根据他的分类，这篇文章把听力阅读任务组合到续写任务中，并且根据学生语言水平进行了分组。

词汇习得作为二语习得的重要部分，也是认知发展的过程。关于词汇习得的方法一直以来都是研究者关注的焦点。一些研究者（Markham & Mccarthy，2001；黄燕，2004；雷蕾，2007；于翠红 2013）在阅读、写作和听力过程中研究词汇习得，但所有研究都局限于语言输入而忽视了输入与输出相结合的重要性。续写任务有效结合语言输入及语言输出，有利于习得地道的第二语言。本研究的重点旨在研究听后续写和读后续写对词汇习得有何影响以及影响的差异性。

语言水平是语言习得过程中不可避免的因素。不同的语言水平意味着接受信息时不同的处理方式。一些研究者已经证实语言水平对词汇习得有影响，但续写任务中语言水平的影响尚未提及。因此，这篇文章把语言水平考虑进续写任务中，旨在实现续写任务类型与语言水平的匹配。

4.1.3 研究意义

词汇贯穿于整个语言习得过程中，听说读写技能的发展都离不开词汇的掌握。正如 Wilkins（1972）所说，没有语法，一些东西无法表达，没有词汇，任何东西都无法表达。特别是最近几年，英语作为必备技能，被广泛应用于各行各业。在大多数学校，实用英语引起了越来越多的关注。在这种情况下，英语的应用技能——听和说受到了广泛关注，同时对老师和学生的英语习得提出了巨大的挑战。英语单词，作为一种语言符号，不仅数量众多而且结构也很复杂。比如它的拼写和它的发音并不总是相匹配的，一个字母在英语里面会有很多发音。除此之外，重读、连读和背景都影响到英语单词的发音。所以，作为一个复杂的语言系统，习得英语单词不仅要了解其中文意思，也要了解其在具体背景或语境中的使用和改变。

在传统方法的影响下，大多数学生通过阅读文章中的单词习得英语，却很少听地道的英语表达，也很少将所学知识用于实际交流。结果听和说成为他们的短板，并且成为阻碍他们英语进步的巨大障碍（Zhang & Head，2008）。在所有语言技能中，听力是可持续发展的核心和关键，在没有掌握听力技能的情况下运用英语是非常困难的。听力习得的重要性众所周知，到目前为止关于听力习得的有效办法仍然有限。续写任务已被证实能够有效促进英语习得，它提供真实的语境为学生模仿与创造提供了模版。这个方法克服了传统方法的弊端——单向的语言输出，把语言输入与输出有效地结合起来。续写任务已经被证实有利于语言准确性、流利性、复杂性以及协同，但是该方法是否有利于听力词汇的习得有待进一步研究。

因材施教是传统的教学观点，但是在实际教学中，具体实施受很多客观环境的限制，很难去真正践行。尽管在一些学校，为了贯彻因材施教教学理念会根据学生的习得成绩进行分类，然而，该分类也是基于学生的总体水平，很难考虑到学生的个体差异或者单个学科方面的差异。该研究将学生的英语水平考虑到词汇习得中，试图为学生寻找到适合的习得方法。目前续写任务已被引入高考试卷中，说明续写任务在英语习得方面的优势得到了学术界的肯定和认可。尽管目前关于续写任务的研究很多，但语言水平仍然被较少考虑。一般来说，续写任务有利于英语习得，但它是否适合于所有学生仍没有一个确定的答案。基于此，本研究将语言水平引入续写任务中，进一步探讨续写任务的应用方法和途径。

目前关于续写任务的研究主要集中在续写过程中的协同，以及其在语言准确性、复杂性和流利性方面的影响。而关于续写任务对词汇习得的影响研究较少，语言水平也未被考虑。所以将语言水平引入续写任务研究对词汇习得的影响仍然值得探讨。

4.1.4 研究目标

本研究旨在扩大续写任务中的输入模式，探讨不同输入模式下不同的词汇习得效果。此外，研究者也把语言水平考虑在内，探讨续写任务中同一输入模式下语言水平对词汇习得的影响。最终研究者希望二语教师能够更多关注听力词汇的习得并将续写任务这一新的方法应用于听力教学。同时研究者也希望其研究结果可以为今后的续写任务研究提供指导和启发。

4.1.5 研究概述

该研究包括5个部分，第一部分为介绍，陈述了研究背景、研究方向和理论基础、研究意义、研究目标及研究概述。第二部分是文献综述，主要对国内外的相关研究进行了清晰的有逻辑的总结。第三部分是相关的理论基础和实验设计。理论基础包括互动假设、注意假设、输入模式和工作记忆模型。实验设计部分讲述了实验问题、研究工具、实验过程及整个实验的数据整理和统计。第四部分是关于实验结果及分析。第五部分总结了研究结果，分析了该研究的局限性和优势，并指明了未来的研究方向，同时也为英语教学提出了相关建议。

4.2 文献综述

近年来，读后续写作为一个新的理论在二语习得领域引起了广泛关注。一些研究集中于各种续写任务中的协同效应（王初明，2010；洪炜、石薇，2016；王启、王凤兰，2016；许琪，2016），一些探讨影响续写任务协同效应的相关因素，比如输入材料的趣味性（薛慧航，2013）、语言的复杂性（彭进芳，2015）、回读的影响（肖婷，2013）以及不同体裁的影响（张秀芹、张倩，2017）。此外，续写任务的促学效果也引起了广泛关注，姜琳、陈锦（2015）探讨了续写任务对语言准确性、复杂性和流利性的影响；姜琳、涂孟玮（2016）把续写任务引入词汇习得领域，探讨了读后续写对词汇习得的影响。在此基础上，该研究把词汇习得引入续写任务中，同时将语言水平考虑在内。下面是相关的研究综述。

4.2.1 续写任务

这部分简单介绍了续写任务，包括它的来源、概念及相关研究。目前关于续写任务的研究主要集中于语言习得的协同影响、影响协同效应的各种因素以及协同的促学效果。

4.2.1.1 续写任务的来源——对话中的互动

人们能够很容易地学会母语，但在二语习得方面，即使付出比习得母语更多的时间也很难达到理想的状态。因为在母语习得中，我们每天需要用语言与人交流，去表达我们的需要与要求，所以即使小孩刚开始不会说母语，但是他们每天通过与成人的交流会逐步习得新的表达方式并快速加以应用，可见母语习得中真实的语境使语言习得变得简单而且轻松。再比如中国学生，尽管他们已经习得英语好多年了，但其英语水平仍然无法达到当地人的水平，甚至在听力和表达方面不如当地的小孩。如果一个小孩被送到国外一年，他回来时会说一口流利的英语，这是其他在中文课上习得英语多年的孩子所不能超越的。所有这些差异都取决于是否有机会与当地人进行对话。对话是最自然、最有效的语言习得方法，它激发了人们的表达兴趣（王初明，2014）。人们需要通过对话来表达需求，不仅要有语言输入和输出，还要有语言模仿和创造。在对话中，当交流存在语言障碍时，人们可以互相协商并进行意义谈判，这些都加速了语言习得。对话中存在的互动为二语习得提供了新的方向。

心理学家 Vygotsky（1962）说，互动是任何习得的源泉。Long（1983）将这种互动应用于语言习得，在后来的研究中引起了语言学界的高度重视。在早期，互动研究侧重于本国语者和非本国语者之间的互动，例如教师的话语或外来词（Gass & Varonis，1985）。在20世纪90年代，研究人员开始探索互动对第二语言习得的影响。例如，Mackey（1999）通过四种互动任务的实验证实了互动可以促进疑问句的习得。一些研究人员（Oliver，2000；Philips，2003）研究了反馈在二语习得相互作用中的影响。目前，互动对二语习得的影响仍然是一个重要的研究领域。王初明（2014）指出对话中存在协同效应，解释了为什么对话中的互动可以促进二语习得。在语言习得的各个方面，从单词到句子，都会出现协同。在对话中，人们倾向于使用他们使用过或已被另一方使用过的词语和句子形式，这是结构启动的结果。当外语习得者与母语者进行对话时，对话可以使习得者练习地道的表达，同时也为他们习得真实的语言知识提供了背景，而这个过程也就是结构启动过程。例如，当对话的发起者首先在对话中使用强调句时，另一方很可能使用相同的句子结构。基于对话的这些优势，王初明（2010）分析了当前的习得环境及其局限性，受对话过程中的协同效应的启发，他提出了促进二语习得的续写任务。

4.2.1.2 续写任务的概念

"续"发生在人与人之间的沟通中，特别是在对话中。人与人的对话需要双方共同完成、扩展和创造对话的内容（王初明，2010）。例如，双方需要相互理解才能流畅地沟通，当对话中存在困难或障碍时，语言水平较低的说话者会模仿语言水平较高的人以达到成功或有效沟通的目的。在一次次的模仿与调整中，语言水平低的习得者的语言表达能力将得到改善。在二语习得语境缺失的条件下，续写任务将对话中的这种模式应用到二语习得中。在续写任务中，针对学生语言水平挑选一篇读物，将结尾抹去，要求学生在阅读和理解截留部分的基础上创造性地续写内容（王初明，2012）。该方法通过习得者与文本的有效互动使其进行表达方式的模仿，被视为促学外语最有效的途径之一（王初明，2013）。

续写任务克服了传统习得方法的缺点，并为二语习得创建了动态的语境。在传统课程中，学生通过阅读文本机械习得。作为被动习得者，习得兴趣相对较低，习得成果不切实际。在续写任务中，学生将文本作为模版，在一定程度上降低了习得的难度。学生接收语言输入，但同时也有语言输出，形成互动模式。在这个互动过程中，学生的兴趣和沟通的愿望得到强化。王初明（2009）提出的在实践中习得的原则强调了真实语境的重要性。真实的语境促使学生可以学以致用。与话题写作和语法句子训练相比，续写任务为二语习得开辟了一个新的领域，在互动过程中将语言创新与模仿相结合。除此之外，这种互动促进了文本与习得者之间的意义协商，并在与文本的互动中为习得者提供了发现其不足的机会，所有这些过程都加速了语言习得。

4.2.1.3 续写任务相关研究

作为一种创造性的习得方法，近年来续写任务引起了人们的极大关注。本部分从续写任务中的协同、影响协同效果的相关因素及其对二语习得的影响等方面进行了相关研究。续写任务的协同已被证实存在于不同的语言和结构中。目前关于影响协同效果的因素，主要包括文本的趣味性、复杂性、回读性和体裁类型。就其对语言习得的影响而言，它对语言的准确性、复杂性和流利性以及词汇习得均可产生积极影响。正如 Garrod 和 Pickering（2007）所说，对话中的协同是自动的且是无意识的。在续写任务方面，国外研究侧重于对话中的协同，但尚未对续写任务进行正式研究，它在国内语言领域备受关注。最初对续写理论的研究主要集中在读后续写的协同效应上。王初明（2010）将对话中的协同引入语言习得领域。他指出对话是一项需要合作的互动活动，而协同是互动中不可避免的。协同不仅发生在对话中，还发生在语言习得中。除此之外，由于协同与内容的吸引力和人的知识背景有关，因此习得任务的设计需要将语言习得的影响最大化以促进协同。在此基础上，研究者王敏和王初明（2014）探讨了不同版本文本之间的协同效应及其对语言形式的影响。在他们的实验中，英语专业二年级学生被分为两组，每组 24 名学生。实验中有两个未完成的故事，每个故事都有两个版本。一个是中文版本，另一个是英文版本。每位参与者都需要在第一周完成关于中文版本的英语续写，并在第二周完成英文版本的英语续写。结果发现续写任务中存在协同，英文版本续写任务比中文版本续写任务错误数量更少。更重要的是，不同的文本对语言形式有不同的影响。例如，这两个版本在数一致、不定式和时态方面存在很大差异，但在系动词和介词的使用方面略有不同。在这项研究的基础上，一些研究者开始探讨在其他语言习得中是否存在协同。例如，洪炜和石薇（2016）、王启和王凤兰（2016）将续写任务扩展到另一种语言——汉语习得。洪炜和石薇（2016）将来自国外的中国习得者分为三组，分别是续写组、阅读组和对照组。他们证实了续写可以提高中文量词的习得效果，这些效果在一周内仍然有效。而且与其他组相比，对续写组语言习得的影响更大。然而他们的研究局限于续写任务对中文中量词的影响。王启和王凤兰（2016）转向研究其他语言结构，他们选择了56名习得中文的韩国人为被试，探讨中文续写任务中是否存在协同。每个被试都需要完成两个续写任务：中文续写中文文本和中文续写韩语文本。结果证实，与韩语文本相比，中文文本续写任务存在更多的协同，如词汇协同、词组和句法结构的协同。中文文本的续写任务减少了犯错的可能性，但这种效果对于不同的语法规则会产生不同的效果，如续写对副词和量词的影响很小。

许琪（2016）将续写任务应用于翻译，实验中选取50名学生参加了从维吾尔语到中文的翻译续写。每个学生需要完成两个翻译续写任务：一个是阅读后翻译续写，另一个是没有阅读的直接翻译。在阅读任务后的翻译续写中，学生首先需要仔细阅读文本的双语部分，然后将其余部分从维吾尔语翻译成中文。在没有阅读任务的直接翻译中，学生首先阅读维吾尔语部分文本，然后将其余部分翻译成中文。经过这些实验，研究人员发现学生可以将阅读中的语言结构应用到翻译续写中，从而验证了阅读任务后翻译续写中的协同。除此之外，实验发现翻译续写可以提高翻译质量，并对语言习得产生显著影响。

4.2.1.4 影响续写任务中协同效果的因素

随着续写理论的发展，一些研究者开始从不同的角度探讨影响续写任务中协同效应的各种因素。薛慧航（2013）研究了输入材料的有趣性是否会影响续写任务中的协同。在实验中，54名EFL学生需要完成续写任务。一组是28名学生，另一组26名。实验选择了两个故事：一个无聊枯燥，另一个则趣味性较强。为了更加客观，学生需要对关于趣味性材料的调查问卷进行评分。结果表明，在续写任务中拥有有趣材料输入的习得者比拥有枯燥的输入材料的习得者产生更少的错误，在有趣的故事续写中有更多的协同。彭进芳（2015）探讨了语言复杂性在续写任务中的作用，其实验采用了两种版本的输入文本：一种是原始文本，另一种是语言简化文本。为了使文本与他们的语言表现相匹配，实验前进行了预测试。根据能力测试，被试被分为两组，一组完成符合其熟练程度的简化版本，另一组完成符合其能力的原始文本。研究结果显示，语言复杂性影响阅读理解，完成语言简化版本的习得者比完成原文的习得者更容易理解阅读文本，语言错误频率和准确性均比原始文本输入效果更好。令人感到意外的是，语言复杂性对语言协同几乎没有影响。

在此基础上，肖婷（2013）探讨了回读是否对协同效果产生影响。她在实验中设计了两种续写任务：一组可以多次阅读文本，一组不能重读文本。结果表明这两个任务中均存在协同。但是，能够重读文本的群体在续写中具有较强的协同，并且与无法重读文本的群体相比，语言准确性更好，错误频率更低。张秀芹和张倩（2017）研究了体裁在续写任务中对协同的影响。他们选择 52 名新生作为被试对象，并将其分成两组。一组完成记叙文体裁的续写，另一组完成议论体裁的续写。每种类型的文本有 8 篇，经过 8 周的实验，他们发现议论文续写比记叙文续写语言错误频率更低，但是记叙文续写中的语言输出量远远大于议论文。该研究结果证实，续写议论文有利于促进学习者语言的准确性，而续写记叙文则有利于学习者语言流利性的提高。

4.2.1.5 续写任务对二语习得的影响

此外，续写任务的研究侧重于其对促进二语习得的影响。姜琳、陈锦（2015）探讨了续写任务对语言准确性、复杂性和流利性的影响。他们选择了 109 名学生作为被试，并将其分为两组。一组是完成续写任务的 58 名学生；另一组是完成主题写作的 51 名学生。由此可见，续写组将文本作为模版，而话题写作组具有更多创作自由。在整个实验中，每个学生完成 6 篇写作，每个写作在这两个组中具有相同的主题。结果表明，与主题写作相比，续写任务可以促进更多的语言输出，特别是语言的准确性和复杂性。但是，语言的流利性几乎没有差别。该实验强有力地验证了续写任务对语言习得的优势。姜琳、涂孟玮（2016）将续写应用于词汇习得领域，41 名英语专业新生参加了该实验。被试分为两组，一组根据任务要求使用目标词完成续写任务；另一组作为控制组使用目标词完成概要写作。实验结果表明，续写任务可以促进第二语言词汇习得，与概要写作相比，续写任务对词汇习得的影响更大。这些研究表明，续写任务在二语习得上具有更多优势，值得进一步探索。基于这些研究，本研究试图探索听后续写。

与读后续写类似，听后续写也是针对学生语言水平挑选一篇读物，将结尾抹去，要求学生在规定时间内反复听截留部分，然后参照前文所听内容与语境进行创造性续写。此方法虽然与读后续写一样，既有输入又有输出，但是输入模式由"读"变成"听",对习得者来说难度加大,因为大多数中国习得者的听力技能与阅读能力相比偏弱(戴劲,2007)。尽管当前关于续论的研究比较多,但关于听后续写的研究仍为空白。听后续写将听力输入模式引入续写任务中,既可以弥补中国学生听力输入机会不足的缺陷,又能够通过续写任务促进语言的输出,可谓一举两得。

4.2.2 输入模式对词汇习得的影响

本部分主要介绍两种语言输入模式:一种是听力输入模式,另一种是阅读输入模式。研究者将总结国内外关于这两种输入模式对词汇习得影响的研究成果。

4.2.2.1 阅读输入对词汇习得的影响

第一部分是国内关于阅读输入对词汇习得影响的研究。在传统习得方法的影响下,大多数学生习惯通过阅读来习得第二语言。因此,关于阅读输入对词汇习得影响的研究相对较早。有许多研究通过设计各种习得任务并与写作输入进行比较来验证阅读任务是否影响词汇习得。一些研究也考虑了语言水平对词汇习得的影响。然而,这些研究都局限于传统阅读任务。例如,黄燕(2004)探讨了不同的阅读任务是否具有不同的词汇习得效果。她设计了三个阅读任务——多项选择题任务、填空任务和阅读后使用目标词造句任务。在实验中,257名大二学生被分为六个班级:三个是低水平班级,另外三个是高水平班级。然后选择三组参加实验,每组各有一个高水平的班级和一个低水平的班级。结果表明,不同的任务对词汇习得有不同的影响,填空任务的效果最好,然后是造句,这三项任务中多项选择题的效果最差。除此之外,填空和造句任务在即时词汇测试中的结果表明语言水平与语言习得有关。对于高水平的学生来说,与造句相比,填空任务对词汇习得的影响更大。但对于低水平学生来说,这两项任务对词汇习得的影响没有显著差异。这些结果证实了 Laufer 和 Hulstijn(2001)的投入负荷假设并不总是正确的,投入指数需要做出一些改变。

除此之外,雷蕾等人(2007)选择非英语专业三个班级的学生作为被试。实验中,一个班级阅读包含10个目标词的文本,然后回答5个问题。每个目标词都标有中文和英文释义。第二个班级被要求用10个有中英文释义的目标词来写作。最后一个班级的任务同第二个班级相同，但目标词需要学生使用英汉词典自己翻译。在规定的时间内完成任务后，每个学生都被要求完成词汇测试。数据显示，在附带词汇习得方面，学生在写作方面比在阅读方面习得得更好。但是这两类写作任务在词汇习得方面并不存在显著性差异。

国外研究者首先关注阅读任务对词汇习得的影响。Cho 和 Krashen（1994）证实了阅读输入对词汇习得的重要性。他们选择了4个被试。这4个被试被要求阅读小说，这些小说经过精心选择，均适合他们的语言水平。在阅读过程中，遵循快乐阅读原则，被试不知道之后会有词汇测试。阅读结束后研究者对他们进行了词汇测试。第一个参与者阅读过程中没有查找单词，阅读后习得了7个单词。第二个参与者最初使用了字典而后来放弃了它，她习得了8个单词。另外两个被试在整个阅读过程中均使用了字典，甚至在笔记本中写了例子。与两位参与者相比，他们获得了更多的词汇量。结果证明，当阅读文本有趣且对参与者有吸引力时，阅读是词汇习得的主要来源。更重要的是，阅读中的工具使用可以带来更好的词汇习得效果。本实验为后来研究阅读输入对词汇习得的影响提供了启示。Laufer（2000）选择大学中将英语作为二语习得的两个平行组作为被试对象。在实验中，一组阅读文本并完成10个多项选择题，阅读过程中目标词以粗体印刷在文本空白位置。另一组通过计算机阅读文本并完成相同的测试题，目标词也在计算机中突出显示。在阅读过程中，他们可以单击鼠标来查找目标词的含义。每次参与者点击鼠标查找单词的含义时，计算机都会记录以供以后研究。最终，学生被要求完成单词测试。两周后，进行了第二次相同的测试。实验数据显示，第二组凭借计算机习得的词汇量无论是在即时词汇测试中还是在两周后的延迟测试中均多于第一组。本研究将计算机技术应用于语言习得，扩展了词汇习得方法。

Laufer（2003）质疑阅读是二语习得中一个主要方法的传统观点。他设计了三个实验，在实验一中：一组阅读在边缘标有目标词的文本，然后完成关于阅读的10个多项选择；另一组使用具有中英文释义的目标词造句。在实验二中：一组完成同实验一的阅读任务；另一组使用10个目标词写一篇话题作文。在实验三中：有三个任务，它们是①通过查阅字典来了解目标词；②使用目标词造句；③在通过字典查阅目标词的含义后完成句子。三个结果表明，以词为中心的任务与阅读任务相比可以使被试回忆起更多的单词。该研究表明，我们应该采取各种措施促进词汇习得，而不是仅仅通过阅读。总之，习得者可以通过阅读来习得词汇，但最好与其他任务相结合。

4.2.2.2 听力输入对词汇习得的影响

在我国，听力技能与词汇习得关系的研究相对较晚。连秀萍和黄鹄飞（2010）探讨了语言输入模式和任务对词汇习得和保留的影响。在这项研究中，408 名非英语专业新生参加了这项实验。研究设计了 4 种语言输入模式和 2 种任务。语言输入模式分别是：①两组观看带有英文字幕的视频；②两组只听文本；③两组读文本；④两组边听边读文本。两项任务是材料理解和使用目标词改写文章。所以实验中有 8 组数据。任务完成后，对被试进行了即时和延迟词汇测试。结果表明，学生在每种输入模式下均可以习得词汇。同时，在这些输入模式中，文本—音频—视频输入是词汇习得最有效的语言输入模式，然后是文本输入、听力输入，文本音频是语言习得的最差输入。对于两种任务，改写任务比材料理解对词汇习得和保留有更好的效果。在本实验中，与阅读输入相比，听力输入不利于词汇习得。

在此研究的基础上，于翠红（2013）试图通过认知心理学理论探讨听觉词汇与视觉词汇在听力信息处理中的差异。在该研究中，根据 CET-4 成绩选择 60 名二年级学生作为被试。然后研究人员设计了四种测验，它们分别是听觉词汇和视觉词汇听写、改述听写和听力理解。听力理解包括对话、记录目标短语和回答问题。该研究发现视觉词汇优于听觉词汇。另外，与视觉词汇相比，听觉词汇对听力理解有更显著的影响。更重要的是，视听觉词汇同时呈现对听力信息处理有积极影响，它可促进听力技能的明显提高。

然而，一些研究人员证实，在听觉输入模式下，词汇习得效果比在阅读输入模式下更好。王艳（2002）研究了关于不同输入模式下听力词汇的习得效果。在实验中，56 名英语专业学生参加了这个实验，他们分为两组：一组是听力输入，另一组是阅读输入。首先，学生通过不同的输入模式习得词汇。在听力输入组中，教师以固定的速度向学生阅读目标词汇并解释中文意思。在阅读小组中，教师将词汇及其含义放在屏幕上。输入结束后开始测试部分。

学生在听完10个单词后，会听一个简短的录音来确认录音中出现了哪些词汇。该测试旨在探索输入模式是否影响听力词汇习得。第二个测试是听力理解，它检查在记住词汇意义方面是否存在差异。结果表明，听力输入组在语音识别和意义理解方面比阅读输入组有更好的表现。总之，听力输入对于听力词汇习得效果更好。

同样，王同顺等（2012）得出结论，当任务相同时，学生在听力输入模式下比在阅读输入模式下词汇习得效果更好。他们选择了非英语专业两个新生班级作为被试，实验中要求被试阅读或听取材料，然后完成互动或写作任务。参加实验的有4个小组，他们是阅读写作小组、阅读互动小组、听力写作小组和听力互动小组。在阅读写作组和听写小组中，被试在固定时间内参考词汇表阅读或听取文本，然后使用列表中的目标词汇重写文章。在互动小组中，被试需要在听或阅读文本之后，在老师的指导下用目标词汇复述作文。任务完成后，所有被试都参加了词汇测试。结果表明，在任务相同但输入模式不同的情况下，即时词汇测试没有显著差异。更重要的是，当输入模式相同但任务不同时，不同任务之间没有显著差异。不过听力输入比阅读输入模式下的词汇习得数量更多一点。本实验表明，听力输入对词汇习得的影响与阅读输入相同，因此教师应更加注重听力的重要性，探索更多的听力技能培训对语言习得的影响。

综上所述，关于听力与阅读输入到底哪个对词汇习得的影响更胜一筹目前还有争议。现实中大多数中国学生因其客观环境的限制和应试教育的影响，听和说的机会较少，听和说也因此成为他们的短板（Zhang & Head，2010）。当务之急，是设计一种既能维持长板又能发展短板的习得任务，听后续写不失为一种有益的尝试。

关于听力输入对词汇习得的影响，国外的研究相对较早。首先，关于听力输入对语言习得影响的研究主要集中在儿童的习得上。Elley（1989）对小学生进行了一项实验，以验证孩子们可以通过大声朗读故事来习得词汇。在实验中要求儿童大声朗读故事，一组在朗读过程中没有教师解释，另一组则有教师对故事进行解释和说明。阅读结束后进行了词汇的前测和后测。被试在没有教师解释的情况下从故事中习得了15%的词汇，而另一组有老师解释的学生则获得了40%的词汇量。结果表明，朗读故事是儿童词汇习得的重要来源。同时作者建议，未来的研究可以关注朗读语言习得的好处以及影响朗读效率的因素。

一些研究人员探讨了影响听力输入模式中词汇习得的因素。例如，Markham 和 Mccarthy（2010）证实同一视频中的不同字幕对词汇习得有不同的影响。目标语言英语字幕比母语西班牙语字幕获得了更好的习得效果，这证实了视频的字幕影响词汇习得效果。一些研究人员探讨了多种语言输入模式中词汇习得的差异。例如，Brown 等（2008）探讨了不同语言输入模式对词汇习得的影响。他的实验中有三种输入模式：阅读输入、听读输入和听力输入，有 35 名将英语作为第二语言的日本学生参与了实验。实验中选择了 3 个文本，每个文本都有 3 种输入模式。被试随机分为 3 组，完成不同输入模式的不同任务。结果表明，被试在听读输入模式下习得更多词汇，听力输入模式下词汇习得效果最差。同时，词汇习得受词汇频率的影响，词汇出现的频率越高，习得效果越好。Vidal（2011）将听力输入与阅读输入对词汇习得的影响进行了比较。研究设计了 3 种任务，分别是阅读学术文章、观看 3 个讲座，之后在没有任何语言输入的情况下完成词汇测试。这个实验还考虑了另一个因素——语言水平。结果表明，阅读任务中词汇习得效果要大于听力任务，而且这种差异随着语言水平的提高而降低。

4.2.3 语言水平对词汇习得的影响

关于语言水平，Knight（1994）探讨了语言水平对即时词汇习得的影响。他选择了 112 名二年级学生作为被试，并根据他们的语言水平将他们分成两组。然后被试分别接受不同的文本输入。结果表明，语言水平较高的学生在词汇习得方面的表现优于语言水平较低的学生。同样，Horst、Cobb 和 Meara（1998）也进行了一项实验，以检验语言水平和单词频率是否会影响词汇习得。根据语言水平，将被试分成两组，然后进行一些测试。结果也表明语言水平较高的学生比语言水平较低的学生获得了更多的词汇。

在我国，范琳等（2017）探讨了语言水平对词汇推断过程的影响。他们选择了 66 名英语专业大三学生作为被试，并根据他们的 CET-4 成绩将被试分为高水平组和低水平组。在实验中，被试阅读材料并根据背景知识和他们自己的语言知识推断出目标词汇。同时，要求被试报告推断过程和细节。数据显示语言水平和词汇推断有正相关关系，语言水平越高，词汇推断越成功。王平（2009）也认为语言水平和词频是影响词义准确猜测的主要因素。因此，第二语言水平是影响语言习得的重要因素。

长期以来，关于听力输入与语言水平之间关系的研究主要集中在语言水平对听力理解的影响方面（Lund, 1991; Diakidoy, 2005），但语言水平对听力词汇的影响较少关注。本研究试图通过读后续写任务和听后续写任务，研究不同输入模式和不同语言水平下的词汇习得效果，旨在为中国学生的词汇习得和听力教学提供指导和建议。

4.3 理论基础与研究设计

前一节介绍了输入模式对词汇习得影响、续写任务中的语言习得效果以及语言水平对语言习得影响的相关研究。所有这些研究都证实，语言习得效果与语言输入模式和语言水平相关。更重要的是，新的习得方法——续写任务对语言习得有积极影响。然而，关于输入模式与续写任务相结合以探索不同语言水平学生的词汇习得效果的研究很少。尽管姜琳、涂孟玮（2016）已经证实，与概要写作相比，续写任务对词汇习得有积极影响，但他们的研究在输入模式和语言水平方面有一些局限性。因此，本研究旨在探索不同输入模式下续写任务的语言习得效果，为语言习得和教学提供更多的建议和启示。理论是解释实验结果的坚实基础。在本研究中，有四个主要理论用于解释整个实验。它们是互动假设、注意假设、输入模态和工作记忆模态。在这些理论的基础上，研究者设计了一个较严谨、科学的实验过程，包括选题、提出研究问题、准备材料、实验实施过程、实验数据收集和统计分析。

4.3.1 理论基础

本部分将介绍四种理论，包括互动假设、注意假设、输入模态和工作记忆模态。在每个理论方面，研究者介绍了它的起源、发展及其影响。之后研究者简单地描述了它与本研究的相关性。

4.3.1.1 Long 的互动假设

Long（1983）提出了互动假设，这是 Krashen 可理解输入理论的进一步发展。可理解的输入理论（Krashen，1982）认为，如果学生当前的语言水平是"i"，那么在语言习得中最合适的输入量是"i + 1"，这可以确保习得过程有效并不太难。在可理解输入理论的影响下，结合调整后的输出和对话效应，Long（1983）提出了互动假设。他分析了母语人士的 16 个对话以及母语人士和非母语人士之间的 16 个对话。他发现在母语人士和非母语人士的对话中有更多的互动，该理论对二语习得作出了巨大贡献。在互动假设理论中，习得第二语言的主要方式是互动，即与其他人交谈，特别是那些语言水平高于自己的人。在互动过程中，当交流中存在障碍或困难时，谈话中的意义谈判必不可少。互动假设强调可理解输入的重要性，但它也指出互动使得输入变得易于理解，尤其是互动中意义的协商。这种互动为学生提供了一个在缺乏真实语境的情况下发现自己弱点的机会。在这个过程中，对话的一方可能不理解另一方的话语的含义，那么交流双方就可以通过协商使意义清晰、易于理解。在谈判过程中，双方将认识到自己的缺点和问题，如未知的词汇、较困难的语法等，然后作出一些调整，这有利于语言习得。互动理论中的意义协商，就像传统课堂中的反馈形式一样，使学生意识到他/她的输出和母语者输出之间的差异。这个过程促使他们进行语言调整，以提高语言水平。

在这项研究中，续写任务为学生提供了学生和文本之间互动的方法。学生首先接受适当的材料，这是可理解的输入，然后要求他们在模仿文本的基础上根据要求续写文本。在输出的过程中，学生在使用词汇时遇到困难或者不确定语法形式时会回读文本，这是一个特殊的意义协商，存在于文本和学生之间。但它解决了缺乏真实语境的问题，值得进一步探讨其对习得的影响。

4.3.1.2 注意假设

在语言习得过程中，学生会收到大量信息，但并非所有信息都可以被习得者注意和处理。如果学生能够注意到显著的相关信息并且忽略其他无关干扰信息，他们将在语言习得方面取得很大进步。如何让学生足够重视有用的语言信息是长期以来研究者关注的焦点。在二语习得中，注意假设是一个众所周知的理论。Schmidt 在 20 世纪 90 年代提出了注意假设，Schmidt（1990）认为注意是信息从输入转换为摄入的必要但不充分条件，该假设倾向于分析学生的心理认知。注意是一个关于输入的心理选择过程，因此它是习得的起点。在语言习得中，教师和家长总是强调兴趣。但如何吸引学生的兴趣始终是一个巨大的挑战。注意目标是吸引学生兴趣的第一步也是关键一步。在二语习得的过程中，当学生收到语言输入时，输入内容很快就会停留在工作记忆中。只有学生注意到的部分才有可能变为摄入。最重要的是，如果学生想要成功地从输入转换为摄入，他们需要将输入信息的差异与中介语系统的当前输入信息进行比较，这被称为"注意隔阂"（Schmidt，1990）。根据注意假设，注意过程是一个复杂且需要学习者投射注意力到目标事物并做出一些主观努力才能转变为摄入的过程。完整的语言习得是输入和输出的循环过程，注意在这个循环中起着重要作用。但是在一些信息中，为什么有些信息可以被注意到，有些则无法被注意到？换句话说，哪些因素会影响学习者的注意效果？ Schmidt（1990）和 Skehan（1998）指出信息的频率、信息的显著性、任务的设计、学生接受的指导、学生的信息处理能力、学生的中介语发展都会影响注意的力度。因此，在语言习得中，设计一种考虑所有这些因素的习得方法对于解决目前的习得困难至关重要。

在研究中，续写任务将语言输入与输出结合起来，因此学生可以阅读文章的截留部分，然后模仿它们来完成其余部分。在这个过程中，为了完成续写任务，学生需要反复阅读截留部分。这使他们有机会注意到地道的语言输入和他 / 她自己的输出之间的差异，促使他们提高语言技能。同时，目标词汇在文章中标记并单独在单词列表中给出，这对学生来说足够突出。此外，在实验中还考虑了语言水平，也称为学生的中介语发展。在这种背景下，研究者设计了续写任务对词汇习得的影响实验。

4.3.1.3 输入模态

输入模态是学生在处理输入信息的过程中使用的处理通道，如音频输入模态、视觉输入模态和视听输入模态（Mayer，1997）。模态是感觉器官（视觉、听觉）和外部环境之间相互作用的方法（顾曰国，2007）。输入形式是语言习得中必不可少的必要部分，因为输入是语言习得的第一步。关于输入形式对语言习得的影响，学者有不同的看法，一种是双重编码理论（DCT），另一种是认知负荷理论（CLT）。DCT 认为，当信息通过音频和视频通道同时呈现到工作记忆中时，学生可以通过两个信息处理通道处理信息。由于工作记忆有两个处理通道，一个是听觉处理通道，它处理语言输入；另一种是非语言事物的视觉处理渠道（Paivio，1986）。在这种情况下，工作记忆的能力增强，学生的习得效果得到改善（Penny，1989）。然而，这两个通道的容量是有限的，当同时呈现相同的信息时，这两个通道可以在心灵和视觉信息之间建立连接并有效地处理它们（Mayer & Moreno，2002）。一些研究人员（Mayer & Anderson，1991；Baddeley，1992）通过不同的实验已经证明双模态——视听模态优于单一模态——视觉或音频模态。但是，当提供太多信息时，可能会导致冗余效应。当以不同方式输入太多信息时，学生必须同时处理所有信息，这增加了认知负荷并对语言习得产生负面影响（Chandler & Sweller，1996；Kalyuga et al，2004）。因此，双输入模态对语言习得的影响受输入信息量的影响。

本书主要研究视觉和视听模式。视觉形式是书面文字，视听形态是指听力和书面文字。在听力过程中，学生手中有单词列表，因此被视为视听模式。这两个是第二语言习得中最常见的输入形式。本研究试图探讨哪种输入模态在续写任务中的语言习得效果更好。

4.3.1.4 工作记忆模态

Baddeley（1992）声称工作记忆包括中央执行系统、语音环和视觉空间模板，它是一个用于临时保留和处理信息的大脑系统。视觉空间模板处理视觉信息，语音环存储和复述听觉信息。Baddeley（2003）指出当习得者接收到视觉信息时，语音环路需要对视觉信息进行发音复述并以语音形式存储它们，然后信息才可能保留在长期记忆中。当习得者收到音频信息时，可以直接存储这种信息而不需要复述，这样可以为大脑节省更多的空间和时间来存储更多的信息。该理论具有重要意义，为进一步研究语言输入模式提供了理论基础。

4.3.2 研究设计

在前人研究输入模式、续写任务和语言水平相关性的基础上，本研究扩展了续写任务的形式，结合语言水平，试图找到一种更好、更有效的语言习得方式。本部分主要介绍研究设计。首先提出研究问题，然后介绍本实验的被试和研究中使用的材料，包括阅读和听力材料、目标词汇表和词汇测试。最终阐述了研究的步骤以及数据收集和分析的方法。

4.3.2.1 研究问题

从以往研究的回顾中，我们可以看出，关于听力输入和阅读输入到底哪一个对词汇习得的影响更好目前存在争议。因此，基于之前的研究结果，该研究试图将输入模式应用于续写任务，探索以下研究问题：

问题 1：在续写任务中，不同的输入模式对词汇习得有什么影响？阅读和听力输入模式之间的词汇习得是否存在显著差异？

假设：这个问题的目的是探讨不同输入模式在续写任务中对词汇习得的影响。在前人研究的基础上，研究者预测在续写任务中不同输入模式对词汇习得有积极作用。词汇习得在阅读输入模式下的效果优于听力输入模式。换句话说，在续写任务中这两种输入模式之间的词汇习得效果存在显著差异。

问题 2：续写任务中语言水平对词汇习得有什么影响？对于不同语言水平学生而言，相同输入模式对词汇习得影响是否存在差异？

假设：这个问题旨在弄清楚语言水平在续写任务中对词汇习得的影响。研究者预测，不同的语言水平具有不同的词汇习得效果，语言水平越高，词汇习得效果越好。更重要的是，续写任务中听力输入对词汇习得的差异大于阅读输入对词汇习得的差异。

4.3.2.2 被试

河北省某高校英语专业二年级两个班 56 名学生参加了该实验，实验时他们是在大二的第二学期。年龄在 19～22 岁之间，无学生有国外留学或生活经历。笔者对两个班学期末三门课程：综英（包含词汇测试）、听力和写作成绩进行了单向方差分析，表明两个班英语水平无显著差异，（p 值依次为 p_1=.713，p_2=.698，p_3=0.742 均 >0.05），此外，借鉴 Ammar 和 Spada（2006）的实验设计，笔者根据每个班学期末多门课程综合成绩的中位数（即排序50% 的学习者的分数），将每个班学生分为 A——高水平组和 B——低水平组，每组 14 人（见表 4.1）。

表 4.1　被试信息

材料	续写任务	语言水平
材料 1	听后续写（n=27）	高（n=13）
		低（n=14）
	读后续写（n=28）	高（n=14）
		低（n=14）
材料 2	听后续写（n=28）	高（n=14）
		低（n=14）
	读后续写（n=27）	高（n=13）
		低（n=14）

虽然有56名学生参与了实验，但高分组有一人将续写任务写成了概要写作，为了确保数据客观有效，其数据无效。

4.3.2.3 实验工具

在这项研究中，研究工具包括两种阅读和听力版本的材料、词汇表、词汇能力测试、即时词汇测试、延迟词汇测试、问卷调查和访谈。这些材料均根据学生的语言水平进行选择，材料的听力版本由所在学校英语专业任教的来自美国的外教进行朗读录音。

1. 阅读和听力材料

王初明（2013）认为读后续写题型应满足以下要求：内容连贯有趣，利于发挥想象力，切合学生的语言水平，并有一定长度。根据此要求并考虑到交叉实验的设计步骤，笔者选取了两篇抹去结尾、水平相当的英文记叙文作为实验材料，长度均为500字左右。该材料在张秀芹和张倩（2017）的实验中已被使用。使用现有材料的一个原因是方便，另一个原因是进一步丰富续写任务的理论，旨在探索更好的语言习得方法。这两种材料都是叙事类型，每个故事大约有500个单词。由于材料的结尾被删除，因此阅读或听力部分最终约为300字。两个故事主要讲述家庭亲情，一篇文章讲述了一个渔夫父亲总是开着他的旧卡车在校门口接送孩子并给孩子告别吻，这让孩子感到尴尬。于是一天孩子对父亲表明他不喜欢在校门口与父亲吻别，然后被试被要求续写接下来发生的事情。第二个故事发生在父亲和女儿之间，女儿有一条塑料珍珠项链，她非常喜欢它。然而，父亲一次又一次地想要让女儿送给他，女儿一次又一次地拒绝，然后要求续写故事的结尾。整个故事是父母和孩子之间的一系列对话。在这两个故事中，结尾被删除，剩余部分作为输入信息，然后被试根据丰富的语境来续写故事结局。

2. 词汇表

笔者根据故事情节发展从两篇文章中分别选取了9个目标词，为确保学生对目标词掌握程度一致，参照大学生英语词汇表，笔者将材料中选中的目标高频词换成了低频词（见表4.2），实验后的问卷调查也表明所有被试实验前不认识目标词。鉴于被试习惯通过汉语记忆英语单词（牛瑞英，2009），且为了控制文中的生词量不超过全文的2%（Laufer，1997），笔者在词表中列出了每个单词的发音、词性和中文释义，同时对文内生词进行了标注，这既有益于被试理解故事内容，又能保证词汇习得效率（Laufer，1997）。最后由所在学校英语专业任教的来自美国的外教根据阅读材料朗读录音。实验中，每一名被试始终附有一个词汇表：两篇故事的词汇表包括目标词和文内生词，每篇均为17个：9个目标词和8个文内生词。读后续写任务因其可以接触到故事原文，在原文中也对文内生词进行了标记。根据Amma和Spada（2006）的观点，当材料少于400个单词时，新单词应限制在15～20之间，因此作者在词汇表中选择了17个新单词，包括9个目标词汇和8个新词。

表4.2 目标词汇表

序号	材料1	材料2
1	Piscatory（fishing）	endearing（pretty）
2	invigorate	emerald（pearl）
3	canvas	sundry（various）
4	rinse（wash）	errand
5	abominable（bad）	gracious（loving）
6	flinch（shrink）	adorn（have）
7	belch	apparel（outfit）
8	osculation（kiss）	tickle（brush）
9	discomfiture（embarrassment）	bauble（toy）

注：括号内为原材料中的高频词，目标词后无括号表明该目标词为原材料中的词汇，因其符合大学生词汇表中低频词范围而未作替换。

3. 词汇测试

本研究共有三次词汇测试，它们是正式实验前的词汇能力测试、续写任务后的即时和延时词汇测试。词汇能力测试在正式实验开始之前进行。测试共有 40 个词汇，包括 18 个目标词。被试被要求在 10 分钟内写出这些词汇的中文含义，同时被告知该测试不与任何分数挂钩。该方法可以使被试在不关注目标词汇的情况下检查他们是否熟悉目标词。

该实验包括两次词汇后测，后测一与后测二题型一样，为了降低测试效应，后测二对题型顺序进行了调整。后测主要测试词义和用法，首先要求被试写出英文目标词对应的中文释义，比如：flinch_____。然后利用给出的目标词进行填空，填空题所选的句子均来自词典，比如：He_____at the sight of the blood。每次测试限时 10 分钟。评分时，词义题、填空题每题均为 1 分，共 18 分。为便于比较，笔者将各项分值折算成百分制，即（所得分数 /18）×100。词义题意思相近即为正确，填空题不考虑时态问题，词性判断正确即可。比如：

（1）He often runs_____for his grandmother.

在该例句中学生回答出现两种情况：一种为 errands，做名词使用，另一种为 erranded，作动词使用。第二种用法尽管选词正确，但词性判断错误，为 0 分。

（2）The mountain____a lot of flotsam（废灰）at the first time.

该题正确答案为 belches，但部分同学没有意识到需要使用单数第三人称，填写为 belch，在这种情况下，选词正确即可得分。

为使评分结果更加公正，研究者邀请一名同事一起参与评分，如在评分过程中有分歧则通过协商解决。两人评分信度经 SPSS 17.0 检测达到 0.951，说明二者评分具有较高的一致性。

4. 问卷和访谈

笔者根据实验步骤自行设计了相应的问卷调查，调查内容主要涉及以下方面：①被试对目标词初始掌握情况；②实验过程中被试紧张程度；③被试实验结束后对词汇的加工情况；④被试在实验过程中对词义、句义或词性的关注度。前三个问题采取 Likert 五分量表的形式分级，从 1 到 5 同意程度依次递增。

如被试对目标词初始掌握情况：1——完全不认识；2——少部分认识；3——认识一半；4——大部分认识；5——全部认识。最后一个问题为开放式问题。问卷调查所有数据用 SPSS17.0 录入、处理。同时研究者每次完成实验后从各班随机选择 8 名学生进行半结构访谈，以了解被试对实验过程的感受和评价。

4.3.2.4 实验过程

本实验历时 4 周，第一周为试测阶段，主要对未参加实验的一平行班学生进行试测，该测试在课上进行，其目的在于检验目标词与实验步骤是否存在漏洞。根据试测结果，续写时间由原来的 20 分钟改为 25 分钟，每次后测时间由原来的 8 分钟调整为 10 分钟，并根据学生建议对后测题型作了相应调整。同时，为了考查被试对目标词的熟悉程度，笔者对被试进行了单词水平测试。第二、三、四周为正式实验阶段，实验前笔者对整个续写过程和要求对学生进行了说明，并强调续写字数要求 200 字以上，而且必须用到词表中的 9 个目标词汇，但学生未被告知续写完成后会有两次词汇测试。第二周主要完成故事一的续写任务和后测一。实验中，1 班参加故事一的听后续写实验，2 班参加故事一的读后续写实验，每个班续写任务结束后立即进行后测一。第三周进行故事二的续写任务及其后测一，除此之外，学生还应完成与上周续写任务相关的后测二，实验中，1 班进行故事二的读后续写实验，2 班进行故事二的听后续写实验。每个班续写完成后立即进行后测一；后测一结束后进行与上周续写任务相关的后测二。第四周为与故事二相关的后测二，测试时间为 10 分钟。

听后续写要求学生听三遍录音，两篇文章听力总时间分别为 6 分钟和 8 分钟，因故事二为对话形式，所以听力录音略长于故事一。该实验在听力教室进行，由教师统一播放录音材料，听力结束后学生保留词表，然后利用词表中 9 个目标词续写文章。读后续写要求学生 10 分钟内阅读文章，前测结果显示，学生在该时间内可以阅读 3～4 遍文章，为保证其与听力输入时间大致相同，学生在 10 分钟后被要求上交阅读原文，保留词表，然后利用词表中的目标词续写文章。两个班被试在每次续写完成后立即进行与其目标词相对应的后测一，续写实验结束一周后进行后测二，进行后测二的目的在于考察被试对目标词的保持情况。

4.3.2.5 数据收集

实验结束后，作者共收集了 112 篇文章，其中包括听后续写任务中的 56 篇和读后续写中的 56 篇。其中高分组有一人将续写任务写成了概要写作，因此数据无效，所以有效的听后续写和读后续写文章分别为 55 篇。研究者需要为每个词汇测试给出分数。为了保持评分过程公平，研究者邀请两位写作课教师共同批阅词汇测试结果，如果两人有争议通过协商解决。通过 SPSS 17.0 的分析，两人的得分可靠性为 0.951，证实他们的得分是高度一致的。同时，问卷调查结果显示参与续写任务的被试实验前对目标词掌握程度为零，实验结束后也未曾对目标词汇进行任何形式的加工。两位评分者评分结束后使用 SPSS17.0 进行数据录入与统计分析。

关于第一个问题输入模式在续写任务中对词汇习得的影响，研究者根据输入模式对两种词汇测试进行了划分，然后利用独立样本 T 检验比较了这两种输入模式之间词汇习得的差异。为了回答第二个问题语言水平对词汇习得的影响，研究者根据课堂成绩将参与者的词汇测试分为两组，然后进行独立样本 T 检验以探索这个问题。

4.3.3 小结

本部分概述了整个实验的理论基础和实验过程。理论基础包括互动假设、注意假设、输入模态和工作记忆模态。实验过程中包括研究问题、被试、实验材料、实验过程、数据收集和分析。实验结束后，所有数据将被收集并根据其分组进行分类。然后在 SPSS 17.0 的帮助下分析结果。整个过程的目的是探讨语言输入模式和语言水平对词汇习得的影响。

4.4 数据分析与讨论

经过一系列严格的正式课程实验，研究者收集了学生的续写文章和词汇测试结果。在同学和相关老师的帮助下，研究者根据实验前建立的标准对每个词汇测试给出分数。最终在 SPSS 17.0 的帮助下，从不同语言输入模式和不同语言水平的角度分析了两次词汇测试的结果。

4.4.1 两种输入模式下的词汇习得数据分析

根据实验设计，听力输入模式和阅读输入模式中分别有 55 个即时和 55 个延迟词汇测试数据；每个测试的分数都输入 SPSS 17.0。为了回答第一个研究问题，即续写任务中不同输入模式对词汇习得有什么影响，作者进行了描述性分析（见表 4.3）。并且，为了回答不同输入模式是否对词汇习得具有不同影响的问题，进行了独立样本 T 检验（见表 4.4）。

表 4.3　不同输入模式下的描写性数据

材料	任务类型	即时词汇测试		延迟词汇测试	
		平均数	标准差	平均数	标准差
材料 1	听后续写（n=27）	83.09	15.17	75.47	17.85
	读后续写（n=28）	81.27	16.17	74.74	15.47
材料 2	听后续写（n=28）	88.69	11.06	71.23	20.46
	读后续写（n=27）	85.80	16.48	67.90	29.57

表 4.4　不同输入模式下的独立样本 T 检验

材料	即时词汇测试		延迟词汇测试	
	t_1	p_2	t_1	p_2
材料 1	−0.429	0.670	−0.163	0.871
材料 2	−0.761	0.451	−0.487	0.628

注：* $Sig. < 0.05$

由表可知，尽管前测和问卷调查均表明学生实验前对目标词掌握程度为零，但实验后，两次后测平均得分均高于 60%，表明续写任务中听读两种输入模式均可以促进二语词汇习得。除此之外，即时词汇测试中词汇获取的数量优于延迟测试的数量，这受遗忘规律的影响。这一结果与姜琳和涂孟玮（2016）的研究一致，即学生可以通过读后续写任务习得词汇，它同时证明学生可以通过听后续写任务习得词汇。更重要的是，听后续写任务中两个词汇测试的平均值略高于读后续写任务，因此续写任务中词汇习得在听力输入中的效果可能优于阅读输入。

为了验证这一推论，作者对词汇测试统计结果进行了独立样本 T 检验。从表 4.4 中，我们可以看到故事一实验中，听后续写和读后续写在两次后测中词汇习得分数无显著差异（t_1=-0.429，p_1=0.670>.05；t_2=-0.163，p_2=0.871>0.05），故事二实验中听后续写和读后续写在两次后测中词汇习得分数也无显著性差异（t_1=-0.761，p_1=0.451>.05；t_2=-0.487，p_2=0.628>0.05）。因此，总体来看，同一语言水平学习者在听后续写和读后续写任务中词汇习得表现没有显著差异，但统计结果中的 t 值为负值，表明该测试中听后续写词汇习得数量略多于读后续写。

根据有关实验数据分析，听后续写和读后续写都可以促进词汇习得，这符合作者之前的假设。令人惊讶的是，当比较这两种输入模式时，独立样本 T 检验的结果验证了这两种输入模式之间没有显著差异，这与作者的假设不同，与 Yu（2013）、Brown 等的研究结果也存在差异，他们认为阅读输入对词汇习得的影响略好于听力输入。作者认为以下原因可以解释这种差异：

首先，两种输入模式导致学习者对词汇的关注程度不同。根据注意假设，注意是从输入转换为摄入的必要但不充分的条件（Schmidt，1990），这意味着注意目标内容是习得过程的第一步。在传统的听力方法中，学生大部分时间听文本完成填空或多项选择，对整个听力过程的兴趣和注意力较为被动，这就是为什么有些学生听力能力低的原因。然而，听后续写中被试在接触不到阅读材料原文的情况下，他们只能将注意力放在仅有的词汇线索上面，集中在目标词及其相关的语境方面，因此目的性更强，对词汇的关注程度更高。问卷调查结果还表明，学生更注重听后续写中词汇的意义和词性。一些学生在采访中表达了他们更多关注词性和意义，因为他们在听力过程中也在设计他们的续写任务。在第一次听的过程中，他们倾向于听全文的主要含义，然后第二次更多地关注文本中出现的词汇。一些学生进一步解释说，他们在听力过程中不像往常那样紧张，他们认为词汇表在某种程度上给了他们一些线索和信心。受访者表示他们在学校已经被教导如何做听力任务，习惯于在看到词汇表时采取这些策略，例如专注于词汇表并通过词汇表建立联系或者在词汇表的旁边做笔记。根据传统的听力教学方法，学生应在听力前快速扫描词汇表，并尝试在这些词汇之间建立联系，以猜测整个听力材料的主要含义。因此对于听力输入的学生来说，他们有更明确的目标，即专注于目标词汇，根据他们心中的图式猜测相关语境，并在词汇的一侧写上听力中的一些重要的内容。一旦连接建立，他们在听之前就会有一些线索，这可以帮助他们在听的过程中缓解或降低紧张焦虑的情绪。更重要的是，听力过程已经成为验证猜测结果的过程，因此在听力输入中，学生依靠词汇表来完成整个实验。

而读后续写中由于被试可以接触到输入的原文材料，学生在阅读中有更多的信息需要关注，这意味着他们的注意力分散到不同的部分。因此与听力输入相比，对目标词汇的注意较少。问卷调查结果表明，他们更注重句子意义，旨在了解整个故事的主旨大意和发展趋向。在采访中，他们认为对于理解整个故事并不重要的词汇可以忽略不计，有人甚至说，他们在阅读材料上标注了词汇的中文含义，并且在后续的续写任务中对词汇表的关注较少。当他们需要在续写中使用这些词汇时，会找到词汇并直接使用，这意味着词汇在写作过程中没有得到足够的重视。除此之外，在传统阅读教学的影响下，他们习惯于使用各种阅读策略，如扫描或略读技巧、根据语境预测词义或了解故事的大意等。词汇表只是一个辅助工具，可以帮助他们理解整个文本。注意的很大一部分由于续写任务而分配给文本的主要含义。由于要求学生必须在续写任务中使用目标词汇，学生在需要时会查找词汇表但对它们的关注较低。对文本的主要含义给予了如此多的关注而忽略了词汇及其用法，导致词汇获取效果降低。值得一提的是，读后续写的内容比听后续写的更完整、更具体，因此它也有提高写作技巧的优势。总之，对词汇量的不同注意导致这两种输入模式对词汇习得具有相似的习得效果，尽管这两种输入技能的发展在一开始是不平衡的。

聚焦型的续写输出任务对促进听后续写词汇习得也发挥了重要作用。听力输入在词汇习得方面不如阅读输入是因为听力输入的单线性和短暂性导致学习者在听到目标词时只能将其储存于短时记忆中，不利于词汇的长期习得（顾琦一、臧传云，2011），但听后续写任务通过听力输入与续写任务的结合弥补了其输入单线性和短暂性的劣势。事实上，互动过程正在续写任务中发生。根据Long（1983）的互动理论，习得第二语言的主要方式是互动，即与其他人交谈，特别是那些语言水平高于自己的人。在这个过程中，当沟通中存在困难和障碍时，有必要对意义进行协商。在缺乏真实语境的情况下，续写任务将真实的动态互动过程转换为静态互动过程，并为习得者输入可理解的信息。习得者需要做的是以静态方式与文本进行互动。当续写中存在问题时,他们只需要查看给定的文本,然后与给定的文本进行协商,进行一些调整。语言习得中的协同意味着学生可以通过文本中出现的词汇和句子结构使他们的语言形式比较轻易地受到影响。被试在使用目标词续写的过程中,需要投入更多的注意力和精力关注词汇使用与相关主题、语境是否相融,在此过程中,目标词得到了有效的凸显和足够的投入。关于词汇的访谈结果也表明,学生在听力过程中对目标词的认识停留于中文释义,而写作任务加深了学生对目标词的了解,多数学生认为他们真正习得目标词汇是在写作后完成的。这种聚焦型续写任务的实验设计也是导致该实验结论与前期研究结果存在差异的一个因素。

其次,输入模态也是影响词汇习得效果的因素。根据 Mayer(1997)的理论,输入模态是学生用来处理输入信息的通道。从输入模态角度来看,读后续写属于视觉输入模态,学生接触到的目标词为视觉词汇。而听后续写因其在听力过程中有词表作为参考,意味着学生可以边听目标词发音边看词表,在一定程度上属于视听双重输入,即视觉词汇和听觉词汇的双重输入。视听双重输入模态能引起学习者对语言输入的最大可能关注,与单一的阅读或听音模式相比,听读交互模式下词汇附带习得效果更好(Brown et al,2008)。因此,在听、读输入量和时间相同的情况下,听后续写任务在促进词汇习得方面可以产生与读后续写相当的效果。关于输入模态影响的研究领域,一些研究人员持有 DCT 的观点。该观点表明,当同时呈现听觉和视觉输入信息时,学生可以通过两个信息处理通道处理信息:一个频道处理非语言信息,另一个处理语言输入(Paivio,1986)。一旦两个输入模式由两个通道处理,工作记忆的容量就会增加,学生的习得效果也会提高(Penny,1989)。这一观点得到许多研究人员的支持(Baddeley,1992;Mayer & Anderson,1991),他们认为,当相同的信息以两种方式同时呈现时,大脑将同时处理这两种输入模式,习得效果将大大增强。然而,一些研究者反对这种观点,他们认为当通过不同的输入模式呈现太多信息时,可能导致冗余效应并增加认知负荷,从而对语言习得产生负面影响(Chandler & Sweller,1996)。研究人员(Mayer et al,2002;Kalyuga et al,2004)证实,当视觉搜索需求较小时,双输入模式可以提高习得效果。Brown 等（2008）也验证了双输入模态比单输入模态具有更好的词汇习得效果。在听后续写任务中，学生手中有词汇表，符合有限的视觉搜索要求，所以对学生的记忆没有太大的压力。在采访中，被试表示他们可以在听力过程中将听力材料和词汇表联系起来，并且他们感觉比传统听力容易。当被问及是否因为需要将一些注意力集中在词汇表上导致负担加重时，他们说词汇表给了他们一些信心并使任务在某种程度上变得容易。研究者认为学生的语言水平也发挥了一定的作用，因为这些被试来自一所在入学考试中需要高分的著名大学。这也表明，寻找适合学生水平的学习材料至关重要。总之，在具有相同输入时间和输入量的不同输入模式下，听力输入中的词汇习得效果与阅读输入相同。

最后，从记忆存储角度来看，按照人类信息处理系统，环境中的信息在经过感官记忆接收后进入工作记忆（Bourne et al, 1979）。而工作记忆是暂时存储和加工信息容量的有限记忆系统，工作记忆包括语音环、视觉空间模板、中央执行系统和情节缓冲器四个部分。其中，语音环对词汇习得具有重要作用，它包括两个主要成分——语音存储装置和发音复述装置（Baddeley, 2003）。在读后续写过程中，当信息进入工作记忆，工作记忆中的语音环路需要对视觉词汇进行发音复述然后语音存储以防遗忘，这一过程将占据一定的存储容量，导致存储目标词汇的容量减少（张晓东，2014）。而听后续写任务在语音编码方面占有优势，这意味着它有更多的时间和空间来存储目标词汇。因而尽管学生存在听力、阅读技能发展不平衡的问题，但在词汇习得方面，听后续写效果可与读后续写相匹敌。

4.4.2 不同语言水平的词汇习得数据分析

在第一个问题结果的基础上，研究者探讨了第二个问题，即续写任务中语言水平对词汇习得有什么影响？续写任务中相同输入模式下的词汇习得效果是否存在显著差异？为了回答这个问题，研究者统计了高、低水平组在两种输入模式下词汇测试的描述性数据（见表4.5），由表可知，续写任务中听读输入模式下词汇习得效果与学习者语言水平具有相关性。

表 4.5　不同语言水平下的描写性数据

材料	任务类型	语言水平	即时词汇测试		延迟词汇测试	
			平均数	标准差	平均数	标准差
材料 1	听后续写（n=27）	高（n=13）	90.68	14.26	84.62	17.74
		低（n=14）	76.03	12.70	66.98	13.63
	读后续写（n=28）	高（n=14）	84.37	14.21	78.57	16.57
		低（n=14）	78.18	17.90	70.91	13.81
材料 2	听后续写（n=28）	高（n=14）	92.86	11.20	78.97	19.75
		低（n=14）	84.52	9.54	63.49	18.71
	读后续写（n=27）	高（n=13）	85.90	20.86	76.07	21.44
		低（n=14）	85.71	11.88	60.32	34.58

为进一步验证此论断，研究者对不同语言水平被试在完成同一续写任务后的词汇测试成绩进行了独立样本 T 检验（见表 4.6），结果表明，听后续写任务中不同语言水平学习者词汇习得效果存在显著差异（故事一：t_1= -2.82，p_1=0.009<0.05；t_2=-2.91，p_2=0.008<0.05；故事二：t_1= -2.12，p_1=0.044<0.05；t_2 =-2.13，p_2=0.043<0.05），说明听后续写中词汇习得效果与语言水平显著相关，语言水平越高，词汇习得效果越好。而读后续写的独立样本 T 检验结果表明，读后续写任务在不同语言水平学习者词汇习得效果方面不存在显著差异（故事一：t_1= -1.01，p_1=0.320 >0.05；t_2 = -1.33，p_2=0.196>0.05；故事二：t_1= 0.028，p_1=0.978>0.05；t_2 = 1.43，p_2=0.166>0.05），说明相对于听后续写，读后续写词汇习得效果受语言水平的影响较小。

表 4.6　不同语言水平的独立样本 T 检验

材料	任务	即时词汇测试		延迟词汇测试	
		t_1	p_1	t_2	p_2
材料 1	听后续写	-2.82	0.009	-2.91	0.008
	读后续写	-1.01	0.320	-1.33	0.196
材料 2	听后续写	-2.12	0.044	-2.13	0.043
	读后续写	0.028	0.978	1.43	0.166

根据第四节关于实验的数据分析可以看出，语言水平对听后续写和读后续写任务中的词汇习得都有影响。更重要的是，在听后续写任务中，词汇习得效果对于不同的语言水平学生有显著差异，而在读后续写任务中，这种差异并不明显。该结果与之前作者的假设一致。语言水平对读后续写任务中词

汇习得的影响没有显著差异的原因可归结为以下因素：

该实验中读后续写要求学生在阅读原文的基础上利用指定目标词进行续写，不仅有利于提高学生的语言运用能力，而且在一定程度上使英语学习变得更加简单。对于中国学生来说，因为缺乏二语语境，阅读是其学习英语的主要途径（王初明，2016）。特殊的环境致使大多数学生习惯于通过阅读来习得单词和语言表达方式，所以在阅读材料难易适中的情况下，多数学生都可以进行阅读理解习得词汇，这也是造成读后续写的词汇习得效果在高、低语言水平学习者之间没有显著差异的原因。在听力输入实验中，大多数中国学生的听力能力相对低于阅读能力，因此学生之间的差异很大。考虑到学生的听力能力，研究者选择了两个相对容易的故事作为材料。同时，学生手中有词汇表，这种设计在一定程度上减少了听力的难度。因此，当听力材料适合学生的听力水平时，大多数学生可以通过听材料来习得一些词汇。然而，由于学生的听力差异较大，因此词汇习得效果受语言水平的影响明显。除此之外，作者还分别从每个小组中选择了四名学生进行访谈。学生表明这两个故事都在他们的阅读能力范围内，他们可以在词汇表的帮助下理解故事。由于任务是在阅读后完成故事，他们在整个过程中几乎没有压力。他们认为已经完成了多年的写作任务，并且当材料相对容易时，不同语言水平学生之间没有显著差异。总之，任务的设计和传统的习得方法使得不同语言水平学生在读后续写任务中词汇习得没有显著差异。

于翠红（2013）指出视觉状态下的词汇水平普遍稳定，听觉状态下的词汇认知个体差异显著。由此可见，在影响听后续写词汇习得效果的因素中，被试的个体差异不容忽视。被试语言水平不同，意味着他们的词汇量、句法理解能力、听力阅读能力、与语境相关联的能力均有差异。Schneider 和 Shiffrin（1977）指出所有技巧的习得过程包括两个阶段：被控制过程和自动化过程。被控制过程为尚未习得阶段，自动化过程为习得完成阶段。在完成听后续写任务中，高水平语言学习者能够较快地从被控制过程转化为自动化过程，而低水平语言学习者相对需要更久的时间。因此两次词汇习得后测结果表明，高水平学习者成绩明显优于低水平学习者，进而证实听后续写中词汇习得效果在不同语言水平学习者之间存在显著差异。这一结果符合 Hulstijn

等（1996）提出的语言水平高的学习者对词汇强化手段表现得更为敏感的论断。此外，问卷调查结果表明低水平语言学习者在听力过程中更容易紧张，听不懂的担忧一定程度上分散了他们的注意力。可见低水平学习者的焦虑状态也是影响其习得效果的因素之一。

4.4.3 小结

本节在对实验数据分析的基础上对研究问题给出了答案。首先，听后续写和读后续写都可以促进词汇习得，这两种输入模式对词汇习得的影响几乎相同，但有时听后续写中词汇获取的数量可能略高于读后续写。其次，在语言水平方面，词汇习得效果在听后续写任务中容易受到不同语言水平的影响，而词汇习得效果在读后续写任务中几乎不受影响。

4.5 结语

本研究首先比较了续写任务中阅读和听力输入对词汇习得的影响，之后探讨了语言水平在续写任务中对词汇习得的影响。为了解决这些问题，研究者设计了一系列实验并进行了相关的数据分析。结果表明，两种输入模式都可以促进词汇习得，听力输入对词汇习得的影响与续写任务中的阅读输入相比相同甚至更好。在语言水平方面，续写任务中词汇习得的高、低水平学习者之间的差异在听力输入中比在阅读输入中更明显。一般来说，受传统教学的影响，大多数学生的阅读输入能力比听力输入能力更强一些。但令人惊讶的是，当输入模式与续写任务相结合时，听力输入与阅读输入具有相同的效果。这一结果为改善听力和词汇习得找到了新的途径。除此之外，语言水平对不同的输入模式有不同的影响。听力输入任务很容易受到语言水平的影响，而阅读输入则不受影响，该研究结果对大学外语教师在设计续写任务时具有借鉴和指导意义，学习者的语言水平应被给予足够的重视。

4.5.1 研究结果

本研究有两个主要发现：

（1）续写任务中听力和阅读输入可以促进词汇习得。更重要的是，这两种输入模式的词汇习得效果无显著差异。因此，听后续写任务和读后续写任务中均可以习得词汇。但是，续写任务的过程中需要注意一些细节。例如，学生在实验中有词汇表，而且材料中的词汇对学生来说相对容易。

（2）在语言水平方面，续写任务中词汇习得效果与语言水平相关。在听后续写任务中，高水平学习者的词汇习得效果要好于低水平学习者，且呈显著性相关。读后续写中词汇习得与学习者语言水平之间无显著相关，因为大多数学生习惯于通过阅读习得语言。

4.5.2 教学启示

首先，该实验证实听后续写和读后续写任务可以有效地促进语言习得，所以这种方法可以用于以后的教学。续写任务可以为学生提供真实的语言环境，这可以看作是一个动态的互动过程。但在设计续写任务过程中我们应该谨慎。新词汇的数量、材料的长度和体裁、续写任务的时间限制，所有这些都可能影响习得效果。因此，教师应该在设计续写任务时做充分研究。一个明显的优点是续写任务为语言习得提供了一种新的方式，尤其是英语输出技能的学习。除此之外，教师和研究人员可以在续写任务中尝试一些其他语言输入，并找到更多的相关习得方法。在这项研究中，听后续写和读后续写任务已经被证实有利于语言习得。未来教师和研究人员可以将语言输入——听力和阅读与语言输出——说和写随机结合以创造更多适合学生水平的语言习得方法。

其次，听后续写任务更适合那些语言水平相对较高的人，尽管他们可能在听文章发现主要线索方面存在一点困难。在听后续写中，高语言水平的学生比低语言水平的学生能够习得更多的词汇。在实验后的采访中，他们表示续写任务的听力过程比在常规听力练习中更轻松一些，由于他们手中有词汇表和相关的图式作为参考，他们觉得整个过程相对容易。然而，对于低水平语言的学生而言，他们应该优先选择读后续写任务，因为他们习惯于逐字阅读材料，语言知识和其他相关能力不是很好。对于他们来说，听力的障碍很大，听力过程中情绪紧张。因此教师在教学中应该根据语言的熟练程度选择相应的续写任务类型。

最后，传统的听力教学方法应该做出一些改变。听力和阅读能力的不平衡发展不仅是因为真实语境的不足，还因为传统的教学方法不利于开发学生的能力。当条件有限，真实语境不能在短时间内改变时，教学方法应该做出一些改变。目前，续写已证明有利于语言习得。因此它可以应用于听力教学。并且其对语言习得的优势需要进一步探索，对原有的教学方法应该有更多新的尝试。总之，续写任务可以用于语言教学。在这个过程中，教师应该考虑输入模式和语言水平对语言习得的影响，充分考虑到续写任务在应用过程中的优缺点是必要且重要的。只有通过科学的教学设计，学生才能有真正的进步。

4.5.3 局限性

本实验探讨了不同输入模式下词汇习得效果，具有一定的理论与实践意义。但还存在一些不足，比如被试样本容量比较少。此外，本研究进行了两次后测，间隔一周，较短时间内词汇遗忘速度不是很明显，后续的实验中可适当增加词汇后测次数。最后，本实验材料均为记叙文，没有涉及其他体裁类型。因此，未来研究可以扩大实验材料的体裁范围，进一步探讨影响听后续写活动的各种潜在因素。

第5章 网络环境下不同输入模态的同伴反馈对续写修改质量影响研究

5.1 引言

本部分将进行简短的介绍，共包含四个部分。它们分别是研究背景、研究意义、研究目标，以及研究概述。

5.1.1 研究背景

在近些年的二语习得研究领域中，写作一直广受专家学者的关注。同时作为检测二语能力水平的方法之一，大多数二语测试中都包含写作。尤其在大学相关二语测试中，写作对学习者来说有着重要意义。而在我国的大学二语写作教学和习得的过程中，存在着许多的问题和挑战。首先，英语学习者缺乏与同伴或老师进行沟通交流的机会，更不用说与母语者进行互动交流。因为互动和学习是密不可分的，互动可以促进二语习得（Ekildsen，2012）。而当今的大学外语课堂上，由于时间限制，学习者并没有太多的机会与教师、同学进行互动交流，这也就大大降低了学习者的二语学习效率和质量。为了提高学习者的二语学习效率和质量，在Pickering和Garrod（2004）提出的互动协同模型的基础上，王初明教授提出了一种提高二语习得的方法——读后续写。此法具有超越其他许多外语学习任务的优点，模仿与创造相结合，学习与运用相结合，经常使用能够提高外语学习效率（王初明，2012）。作为学习者与文本互动的新兴练习方式，读后续写引发了学界的关注，它能将语言模仿和内容创造有机融合,既能凸显语言输入,又能优化语言输出,能够有效提升学习者的语言产出表现,是提高外语教学效果的可靠途径(王初明,2012;姜琳、陈锦,2015)。语言不仅是通过互动学会的,更是通过"续"学会的,"续"为互动源头,无"续"则无互动(王初明,2016)。

虽然读后续写的研究成果体现了它在二语写作学习过程中的促学效应,但由于读后续写对学习者自主要求较高,而且整个学习过程是单向的即"学习者与阅读材料单向协同",这种模式往往不能给学习者提供有效的及时反馈(王初明,2012)。因此,续写和前文互动不足,致使协同弱化,难以实现语言拉平效应最大化。"读后续写"互动存在于人和续写文本材料之间,而人和人之间存在的互动对语言的协同同样有帮助(王初明,2012)。由于我国外语学习环境中教师配比严重不均衡,对学生的写作反馈对教师来说也是一个巨大的挑战。同伴反馈作为一种形成性评价方式已被广泛应用于二语教学,特别是二语写作教学中,它早已成为二语习得和二语教学领域的热门研究话题(张军、程晓龙,2020)。之前"读后续写"的相关研究多集中在学习者和文本之间的协同上,较少研究关注学习者与学习者之间的互动对相关续写任务的促学作用。因此,同伴反馈对续作的修改影响研究还很少有人涉足。同时,之前的续写任务大多都是学习者在阅读文本输入材料后完成续作,很少对续写材料的不同输入模态(即二语课堂上常见的文本、音频和视频三种模态)进行研究。因此,本研究旨在研究续写任务过程中学习者之间的互动对续作的修改影响和同伴之间影响反馈接纳的因素以及续写输入材料的三种不同输入模态对续作修改影响的差异。

5.1.2 研究意义

最近几年,英语作为必备技能,被广泛应用于各行各业。在大多数学校,实用英语引起了越来越多的关注。在这种情况下,英语的基本应用技能听、说、读、写就显得更加重要。这一趋势也给老师和学习者的英语习得提出了巨大的挑战。外语学习的过程是一个学习如何用他人刚刚使用的语言表达思想的过程(Swain & Lapkin,1998),这个过程不能与模仿分开(王初明,2012)。传统的模仿练习指的是那些外语教学中的模仿如背诵单词、句子、短文、重述等（姜琳、陈锦，2015），效果并不理想，对学习者的语言能力提高不明显。在目前的外语教学中，只有两种外语练习能够将内容创造和语言模仿结合起来。一个是与母语者交谈，另一个是读后续写（王初明，2013）。"读后续写"是一种新的练习，它把理解和产出紧密地结合起来，很好地适应了中国外语教学的特点，即中国英语学习者很少有语言输出的机会，但却有很多语言输入的机会，它能促进学习者使用语言，发挥语境功能，从而在与输入材料的互动中促进二语学习。同时，在中国外语教学课堂环境中，由于时间限制，师生之间、学生之间的互动时间有限，很难给学习者提供及时的反馈。因此，在续写任务之中结合同伴反馈是非常有益的。

　　在续写任务中，输入材料的输入模态也会对续写的文本产生不同的影响，研究不同的续写材料输入模态，可以为学生提供更好的输入方式，从而促进与续写材料的协同。为了使学习者在续写过程中对输入材料的协同最大化，还可以引入同伴反馈给学习者提供有效的及时反馈，从而实现语言拉平最大化。学生在同伴反馈过程中扮演"脚手架"的作用，帮助他们的同伴跨越自身的障碍，并达到其潜在的发展水平。学习者的语言能力作为语言习得的重要因素之一（徐宏亮，2015），影响了互动过程中的信息处理，并导致语言输出的差异。因为在当今的大学二语教学课堂中，受客观环境的限制，很难真正地实现按照语言能力进行分班教学。即使一些学校为了贯彻因材施教的教学理念会根据学生的学习成绩进行分类，然而，该分类也是基于学生的总体水平，很难考虑到学生的个体差异或者单个学科方面的差异。本研究将输入模态与续写相结合，主要是文本输入、音频输入和视频输入三种输入模态，探讨输入模式差异是否会影响续写文本质量的修改。因此，本书的研究结果对续写任务方面的研究具有一定的启发意义，有助于外语研究者和外语教师明确不同输入模式下的续写任务对学习者的影响，为续写任务的教学和研究提供一定的启示。同时因为该研究结合了同伴反馈，即学习者之间对续写文本进行反馈，同样可以丰富同伴反馈研究的理论视角。另外，因为目前对学习者语言水平对续写任务中同伴反馈的接纳与否及影响因素缺乏研究，本研究还将探讨学习者语言水平对续写的同伴反馈影响因素。对这些问题的讨论对于大学二语课堂内外的教学活动具有很强的现实意义和指导作用，可进一步丰富"续"理论的研究内容和研究视角。

5.1.3 研究目标

在过去的十多年里，读后续写的相关理论引起了大量二语写作研究方向的专家与学者的注意。通过续写，学习者有机会与二语母语者进行书面沟通与交流，从而大大地提高了学习者二语习得的效率和质量。续写通过写作这一过程为学习者提供语言输出的机会，同时避免了学习者与母语者沟通时的焦虑，降低了理解续写材料的难度，便于学习者在写作时对输入材料进行协同，最终掌握相关的二语表达。因此对读后续写相关理论进行研究十分必要且有指导意义。先前的相关研究大多集中在学习者与续写材料的单向互动上，因互动不仅存在于人和文本之间，还存在于人与人之间，有效的互动更能提高学习者的二语习得。然而我国的二语习得中人和人互动基本上都是存在于学习者和学习者之间或学习者与教师之间。由于教师和学习者数量差距庞大，让教师和每个学习者进行互动显然难以达到。而同伴互动作为一种有效的互动方式，恰好可以为学习者彼此提供帮助。在同伴反馈过程中，学习者有着双重身份，分别是作者和读者。这一转变可以让学习者从不同的角度发现自己的问题，同时在阅读同伴的写作材料时从中学习，从而更好地促进他们的二语习得。

多项续写研究表明，续写任务完成可能受到多种因素的影响。主要包括文本材料的趣味性、文本语言难度、文本复杂度和文本材料话题熟悉度及体裁等（薛慧航，2013；彭进芳，2015；辛声、李丽霞，2020；赵方，2019；张秀芹、张倩，2017）。而续写材料的不同输入模态（即文本输入、音频输入和视频输入）由于输入模态的差异，对续写修改是否存在影响也需要进一步实证研究。研究三种输入模态对续写修改存在的影响差异，有助于帮助二语教师更好地选择输入模态，从而更好地提高学习者的二语学习效率和质量。本研究将不同输入模态的续写任务与同伴反馈相结合，探索不同输入模态（文本输入、音频输入、视频输入）对学习者续作修改的影响以及同伴反馈在提高续写修改质量中所起的作用，并探讨哪种输入模态下的同伴反馈更有利于促进续写文本质量的提高，同时探索影响学习者在续写任务中采纳同伴反馈评语的主要因素。因此，本书的研究结果对二语教师在续写任务和同伴反馈方面的探索具有一定的启发意义，同时也有助于二语研究者和教师明确不同输入模态的续写任务对学习者语言习得的影响，为续写任务输入材料的选择和研究具有一定的指导意义。

5.1.4 研究概述

本研究包括五个部分，第一部分为介绍，陈述了研究背景、研究意义、研究目标及研究概述。第二部分是文献综述，主要对相关研究进行梳理和总结，并在此基础上进行述评。第三部分是相关的理论基础和实验设计，理论基础包括互动假设、输入理论、输出理论和写作同伴反馈。实验设计部分讲述了研究问题、被试、研究工具、实验过程及整个实验的数据整理。第四部分汇报实验结果并对其进行讨论与分析。第五部分总结了研究结果，分析了该研究的缺点与优势，并指明了未来和"续"相关的研究方向，同时也为二语写作教学提出了相关建议。

5.2 文献综述

本章主要阐述以下几个概念："协同"与"读后续写"相关研究、输入模态相关研究、同伴反馈互动研究、网络环境互动研究。首先介绍了协同与读后续写任务，主要包括它的定义、对L2学习的促进作用和相关研究的变量。接着回顾了输入模态相关研究，同时对同伴反馈互动研究方面相关的文献进行了梳理；之后呈现网络环境互动研究相关的文献；最后对整章的内容进行了总结。

5.2.1 协同与读后续写相关研究

"协同"这一概念最早出现在20世纪60年代，开始时被应用到不同的领域。在第二语言习得领域，许多学者从心理学和认知科学的角度对其进行定义并研究。Pickering 和 Garrod 于2004年基于协同在对话中的作用提出互动协同模型（IAM）。他们认为协同是会话双方对彼此语言的协同。他们的研究也指出会话双方在交谈过程中,当会话背景与语言结构方面的心理表征启动时,协同便会发生。简而言之,协同是对话双方在谈论过程中情景、语法、结构和词汇使用趋于一致的现象。因此,Atkinsion 等(2007)从社会认知角度出发,认为协同在第二语言习得过程中具有重要意义。学习者通过与会话对方的情景互动,在语言上向对方的话语靠近,经过使用,从而习得相关的语言表达。而且他们还指出协同的定义范围不仅局限在人与人之间,同样存在于人与外界环境等相关因素的互动中。国内最早研究协同与二语习得的专家学者是王初明教授(2012)。他认为"协同是指所产出的语言与所理解的语言趋于一致,是语言输出向语言输入看齐,是由低向高拉平,缩小差距"。随后王初明和王敏(2014)通过实证研究得出,"协同"同样还存在于人与文本的互动之中,即学习者借助"读后续写任务",阅读缺少结尾的文本并将结尾补全,在这一过程中刺激学习者借鉴文本中的语言表达,然后输出语言,从而达到掌握该语言表达的目的。"读后续写"操作简便,通常的做法是从外语读物中截留一篇结尾缺失的材料,让学习者读后写全内容(王初明,2012)。读后续写能够释放学习者的想象力,培养学习者的创新思维能力,促进学习者与阅读材料和作者互动,激发学习者在语篇中使用语言。在续写过程中,学习者要理解他人提供的信息,并创造产出语言,"续"使得两者紧密结合,因互动而协同,因协同而拉平,近距离强力拉高语言产出水平,提高学习者的语言学习效率(徐富平、王初明,2020)。此外,接"续"学习省时高效,基于前面内容表达自己的思想,学习者往往有话可说,还可借用既有表达方式,显著降低语言学习难度(王初明,2019)。外国学者(Eskildsen,2012)也证实了互动和学习不可分割,互动能够促进学习,互动对外语学习具有不可置疑的促进作用。

纵观国内以"续"为中心展开的研究,王初明(2012)率先运用互动协同理论阐释续作的促学语言功效。之后很多学者通过实证研究证实"续作"在二语学习中的确存在协同效应(王初明,2015;王启、王凤兰,2016;徐富平、王初明,2020)。而在所有的"续论"研究中,"读后续写"一直是众多学者的研究重点。读后续写的协同效应研究在词汇(姜琳、涂孟玮,2016;徐富平、王初明,2020)、句法(王启、王初明,2019)、语篇(缪海燕，2017；王启、曹琴，2020）和语境（姜琳、陈燕，2019）等方面都有涉及。关于文本特征方面，薛慧航（2013）、彭进芳（2015）、辛声和李丽霞（2020）、赵方（2019）分别对文本材料的趣味性、文本语言难度、文本复杂度和文本材料话题熟悉度等做出实证研究，研究结果显示续写文本的趣味性影响后续的写作，读物的语言难度应适合二语学习者的产出水平，位于学习者最近发展区内的句法结构更容易发生协同，续写高熟悉度的二语文本可增强词汇和句法结构层面的协同效应。学者张秀芹和张倩（2017）证实不同体裁的读后续写协同效果存在差异。议论文续写的协同效应更强，语言偏误频率更低，更有利于语言准确性发展；而记叙文续写对语言产出量具有更为积极的影响，更有利于语言流利性提高。还有学者（Wang & Wang，2014）开展了文本阅读材料的语言输入对二语读后续写的影响研究，结果表明二语输入比母语输入的促学效果更好。除了对"续写"对语言层面的促学效应进行研究外，学者张琳（2020）还考察了"读后续写"对学习者写作焦虑和写作能力的影响。

在"读后续写"中，学习者和阅读材料的互动是单向协同，这种单向协同的互动强弱决定了语言学习的效果。张素敏（2020）通过实证研究学习者在"多轮续写"模式下的学习效果，证实了学习者与文本互动强度越大，促学效果越显著。语言的学习离不开互动，创造条件促进阅读文本理解与续作产出互动，撬动拉平，强化协同，是提高外语运用能力和学习效率的不二法门（王初明，2011）。而与"续论"相关的研究基本上关注的都是人和文本的单向协同互动，忽略了人与人之间互动对续写任务的影响。

5.2.2 输入模态相关研究

20世纪50年代后，视听教学法的出现打开了语言教学输入模式的新大门。因为在此之前的二语教学方法都是通过阅读和听力输入的方式。视听教学法的特点是同时为学习者提供听力输入和视觉输入，展示人们交际的真实场景。由于结合了视觉和听觉，视听教学法是最早的多模态教学方式。顾曰国（2007）指出，模态所指的是人类通过感官系统（如视觉、听觉）和外部的环境（如人、物品、动物）互动的方式。而现代教学所使用的多媒体则是多模态语言输入的载体，它借助文字、图片、声音等多种方式呈现信息（蔡宁、王敏，2017）。根据 Mayer（2005）和 Paivio（1986）的多媒体认知理论和双码理论，人类通过两个独立的认知子系统分别表征、提取、储存和处理语言及非语言信息（如表情、手势及交际环境信息等非语言信息）。从这一角度看，输入语言的模态差异会影响学习者的信息处理，输入模态含有的信息越多，信息处理的程度越高，从而理解的信息也就越多，这一结果被多位研究者所证实。学者戴劲（2007）通过对四种不同的输入方式（读、听、视听及字幕视听）的研究，得出这四种输入方式之间存在显著差异。而学者蔡宁和王敏（2017）也通过实证研究对比文本＋视频、视频、文本这三类输入模态下二语学习者口头复述的任务，发现输入模态对任务的协同效应存在差异。张秀芹和武丽芳（2019）通过实验对比同一续写任务中不同输入模式（文本输入和听力＋单词文本输入）对词汇习得的影响。这些不同的实证研究均证实不同的输入模态下学习者的二语促学效果不同，可以看出输入模态越多元化，即多种模态结合，最后的效果越好。因此我们认为现代二语课堂上最常用到的三种模态——文本阅读、音频听力、影片视频对学习者的输入影响应该存在差异，但具体在哪些方面有所不同还需做进一步实证研究。本研究通过一项实验考察三种输入模态（即文本输入、音频输入、视频输入）对大学英语专业学习者续写任务中的续作修改提高的影响差异。

5.2.3 同伴反馈互动研究

反馈具有评价、传递知识、促进学习的功能（Jarvis，1978）。外语写作课堂上的人一人互动主要分为教师反馈和同伴反馈。写作反馈是指读者针对作者的作品提出的修改建议，其目的是为作者修改文章提供信息（Keh，1990）。教师反馈指教师通过各种手段对学生文章提出修改建议；而同伴反馈则是由学生对同伴的写作提出修改建议。同伴反馈的理论基础是 Vygotsky（1978）的最近发展区理论和 Wood（1976）的支架理论。最近发展区理论认为学生的发展有两种水平：一种是学生的现有水平，指独立活动时所能达到的解决问题的水平；另一种是学生可能的发展水平，也就是通过教学所获得的潜力。两者之间的差异就是最近发展区。Vygotsky 认为教学应着眼于学生的最近发展区，为学生提供带有难度的内容，调动学生的积极性，发挥其潜能，超越其最近发展区而达到下一发展阶段的水平。而支架理论则是指在学习的过程中学生可以借助父母、老师、同伴或其他人所提供的帮助来完成目前还无法独立完成的任务，在完成任务的过程中逐渐培养自己的能力。考虑到中国的二语教学课堂教师与学生比例严重不平衡，一个教师的精力难以在有限的课堂上对所有学生的写作给出反馈。而且 Tsui 和 Ng（2000）认为与教师反馈相比，同伴反馈具有独特的积极作用：首先，同伴反馈包含更大的信息量，更加接近学习者的水平，反馈结果更能引起同伴的兴趣；其次，同伴反馈有助于提高学习者的读者意识；再次，同伴小组讨论还可促进组内成员相互学习，扬长避短。此外，互改使学生意识到作文质量的重要性，并在写和评的过程中担负起更多责任，减少对教师的依赖。所以学习者之间进行同伴反馈是有益的。同伴反馈已被广泛应用在我国外语教学之中，研究者也从不同角度揭示了其作用和成效，同伴反馈的教育意义及价值已经得到了我国外语界的肯定和重视（张军、程晓龙，2020）。国内很多学者通过实证对比研究发现教师反馈与同伴反馈的反馈利用率、写作修改成果等方面均没有明显差异（纪小凌，2010；许悦婷、刘骏，2010；张福慧、戴丽红，2011；周一书，2013）。基于同伴反馈的优点，研究者以此为切入点，结合"读后续写"任务，让学习者使用同伴反馈为同伴的续写文本提供修改建议，从而解决续写任务中学习者与续写材料单方面协同缺少及时反馈的缺陷。

5.2.4 网络环境互动研究

网络环境下的互动研究始于 20 世纪 90 年代初期，研究结果表明，网络互动学习对学习者的语言学习有积极的影响和促进作用，它与传统课堂教学相比具有更多的优势，如平等的交流机会、较低的交际焦虑、足够的处理输入信息和修正语言输出的时间等（Beauvois，1992；Kern，1995；Chun，2006）。网络互动，特别是文本互动有助于以形式为中心的语言修正，使得交际过程中出现较少的语言错误和比较准确的信息传递（Shekary & Tahririan，2006）。网络互动可以明显提高学习者的语言输出量，同时还能提高学习者的学习策略意识和使用频率（Sotillo，2005；Smith，2008）。

国内网络文本交际互动的研究始于21世纪，研究数量少，且多数研究围绕网络文本交际互动对写作能力的影响（郑佩芸，2011；张秀芹等，2015）。相关研究表明，网络辅助英语教学条件下，学习者的学习兴趣与动机比较高，对写作技能的发展以及学习自主性均有积极的促进作用。

基于续论开发出来的各种续作活动极大地丰富了大学外语教学手段（王初明，2019），但这些续作的教学环境多是传统的外语课堂，网络环境下的续作研究还未引起学者的足够关注。"00后"逐渐成为2020年之后的大学生主体，他们对网络熟悉而热爱，对技术接受能力强，对互联网终端和手机依赖性很强，具备网络环境下进行互动教学的可行性。大学生中使用普及度较高的聊天工具如微信或QQ可提供实时或非实时续作活动，并可实现实名或匿名互评，具有增强互动、促进协同的极大潜力。利用搭建好的网络平台，学习者可以灵活地安排时间，随时随地与同伴进行互动。精心设计的同伴反馈活动还有利于培养学生的批判性分析、阅读和自我修改能力（Bitchener & Ferris，2012）。将续作任务延伸到网络环境下进行既与时俱进又符合大学生的互动交流习惯。此外，当前仍旧紧张的疫情使得网络环境下的促学互动研究与实践显得更加重要与迫切，网络环境下的应用研究值得投入更多的关注。

5.2.5 小结

在二语习得的过程中，互动的促学效果不可取代，因此在二语教学中起着至关重要的作用。也就是说互动的效果越好，二语习得效果越好。本章简单介绍了"读后续写"、输入模态、同伴反馈、网络环境互动相关的研究。可是在目前的中国大学二语课堂上，学习者与教师和同伴进行互动的机会就十分有限，更不用说与二语母语者进行交流。同时，作为中国学习者语言输出最常见的渠道——写作，我们必须充分发挥这一特点。因此，在使用"续写"任务促使学习者增加语言产出的同时，还需为他们提供及时有效的反馈促进语言的规范。组织学习者同伴之间互相反馈不失为一个好办法，学习者互相给续作修改提出反馈，在给出反馈和接纳反馈的同时提高自身的二语习得水平。庞颖欣（2014）也已证实在学习者与文本互动的同时，引入学习者之间的互动可以增强互动程度，并且学习者在续写任务中对续写材料原文的协同更多。因此对续写任务中同伴对续作修改的影响研究确有必要。在此之前，许多学者已经证明，读后续写任务可以促进学习，但是对于续写任务中的续写材料输入模态的研究相对较少。文本、音频、视频三种模态是现如今二语课堂教学过程中最常用的三种教学手段，那么哪种模态对续作的修改提高效果最显著则应进行研究。同时，学习者的语言水平会影响二语习得效果，同样重要的是，在续写任务中，不同语言水平学习者对续写修改的同伴反馈接纳与否是否受自身语言水平所影响同样需要研究证明。

综上所述，本研究在网络环境下将同伴反馈引入续写任务中，探讨不同的输入模态对续作修改的影响差异、同伴反馈对续作修改有无作用以及语言水平对反馈接纳的影响。这些问题的研究将对大学二语课堂内外的写作及互动活动具有较强的现实意义和指导作用，并进一步丰富其研究内容。

5.3 理论基础与研究设计

上一节主要介绍了许多与协同、"读后续写"任务、输入模态、同伴反馈互动以及网络环境互动相关的研究。从这些研究中可以明显看出语言的习得与学习任务、输入模态、同伴反馈相关。在这些方面研究所取得的成果，也为本研究提供了依据。但是关于续写任务与同伴反馈互动结合方面的研究还很少见，尤其是基于网络环境的研究。上述的研究也同样表明，包含续的任务能够促进学习者的二语习得，激发学习者兴趣和鼓励他们使用二语表达是一种促进二语学习的好方法。但是这些研究基本上都只是关于"读后续写"任务，研究一些影响协同效果的因素，很少涉及输入模态对二语习得的作用。因此，本章将在研究基于不同输入模态下的续写任务的同时，引入同伴互动反馈续作，以及学习者语言水平是否会影响学习者对续写同伴反馈的接纳与否。在这一章中，首先介绍了互动假设、输入假设、输出假设和多模态理论。基于这些理论，笔者设计了相应的实证研究，并对研究问题、参与者、材料、过程和数据收集等方面进行详细的介绍。

5.3.1 理论基础

本部分将介绍与本研究相关的理论，包括 Long 的互动假设、Krashen 的输入假设、Swain 的输出假设和输入模态理论。本研究选取每个理论的一些观点来解释本实验的结果。

5.3.1.1 Long 互动假设

1981 年，Michael Long 把 48 名母语者和 16 名非母语者分别分为 A 组和 B 组，A 组由 16 对母语者对子组成，B 组则由 16 对非母语者－母语者对子组成。每组按照相应的顺序完成一系列互动任务，结果显示，B 组的互动作用大于 A 组。随后通过进一步的研究，Long（1983）提出了互动假设，他认为二语学习者在与二语母语者沟通交流的过程中，通过互动协商使学习者意识到自己所说的二语中所存在的问题以及自己与目标二语所存在的差距；之后学习者便会修改自己的语言表达，从而提高二语习得效果。为了整个互动过程的顺利进行，Long 还认为需要满足三个步骤：首先是具备察觉语言存在错误并纠正的意识，其次是适合学习者能力的语言输入，最后是正确的推断。值得注意的是，Long 不仅强调互动的重要性，他也认为合适的语言输入必不可少。在互动中提供合适的输入，的确能帮助学习者提高二语习得水平。不同的是，由于中国学习者数量庞大，这就导致了大量的学习者没有机会与母语者沟通交流。但是他们却有很多机会阅读和书写，基于这一特点提出的"续写"就非常地贴合中国学习者的需要。在"续作"任务中，续写材料给学习者提供了足量的输入，学习者也可以与续写材料互动，从而更好地促进二语习得效率与效果。

5.3.1.2 Krashen 输入理论

最早在 1982 年，Krashen 所发表的著作中提出了第二语言习得理论，主要包括：习得－学习假设、自然顺序假设、监控假设、输入假设和情感过滤假设。其中的输入假设是整个二语习得理论的核心。输入假设的主要内容为输入语言时要遵守"i+1"原则，且要保证输入是有效的。"i+1"中"i"指的是学习者现有的语言水平，而"+1"指的是输入语言的难度应比现在实际的语言水平略高。并且在之后的语言输入过程中每次的输入难度均比上次要高一点，学习者通过有效的输入促进语言提高。而语言输入要有效则是说输入语言的难度应该合适，输入学习者已经掌握的语言或者太过复杂的语言材料均不适合学习者。Krashen 同样还强调，语言输入要满足以下几点：①输入语言材料是可理解的；②输入语言材料需要是与语言相关且有趣的；③输入语言材料的程序不必非得按照语法顺序安排；④输入语言材料的量要充分。根据输入理论的主要内容和特点，我们得出在二语习得过程中，充足且合适的语言输入对二语习得是有益的。语言学习过程中的语言输入可以通过听和读，而语言环境对语言习得起着重要作用。在中国，语言学习者有很多机会阅读，却很少有机会听，更不用说与二语母语者交流。基于输入理论的"续写"任务学习者可以利用续写材料来输入语言，从而促进语言习得。

5.3.1.3 Swain 输出理论

Swain（1995）在对加拿大以法语为二语的学习者进行沉浸式教学研究时发现，在课堂上，大多数时间都是教师在讲，学习者在听的同时记录笔记。并且学习者在学习过程中听力和阅读材料输入的水平接近母语者的水平，而他们口语和写作输出的水平却与母语者水平存在差距。出现这样的现象，Swain 认为这是由于学习者缺少机会进行语言输出。基于 Krsahen 的语言输入理论，Swain 提出要想充分开发学习者的语言能力，光靠语言输入是不够的，还需要为学习者提供语言输出的机会，即让学习者在使用语言的过程中达到精通这一语言的目标。输出理论详细地阐明了"输出"在语言习得过程中的作用，它们分别是：①注意/触发功能；②假设验证功能；③元语言功能。首先，注意/触发功能指的是在语言输出过程中，学习者先意识到想用的表达方式，然后意识到自己的表达与目标语表达所存在的差距。假设验证功能则指的是学习者验证自己所选择的语言表达，确认表达是否正确，从而调整自己语言表达的过程。而元语言功能指的是学习者用语言描述和分析语言。从以上三个语言输出的作用可以得到，语言输出对语言习得确有帮助。它帮助学习者找到语言产出过程中存在的问题，然后修改纠正，最终实现语言的正确习得。从这一点看，在有续写材料做参考的前提之下，学习者可以使用"续写"任务中的语言表达，然后通过输出的方式掌握该表达。因此，"续写"的相关任务可以促进语言习得。

5.3.1.4 输入模态理论

输入模态是学习者在处理输入信息的过程中使用的处理通道,如听觉输入模态、视觉输入模态和视听输入模态(Mayer,1997)。语言输入对语言学习的重要性不可言喻,那么输入语言的形式也就显得格外重要。不同的理论学家意见不同,早期较著名的有双码理论(Paivio,1986)和认知负荷理论(Sweller,1988)。Mayer 等在双码理论和认知负荷理论的基础上建立了多媒体认知理论,这一理论主要强调多媒体教学环境中需要根据学习者的学习特点进行教学。多媒体认知理论有三个假设:①学习者有两个独立的信息加工通道,分别加工听觉信息和视觉信息;②每个通道可以加工的信息数量是有限的;③在信息加工过程中,学习者是主动的。也就是说在使用多模态输入语言时,学习者通过视觉和听觉处理整合信息,从而达到提取信息的目的。文本阅读、听力音频、视频是现代常见的三种输入模式。然而这三种输入方式所涉及的信息处理通道存在差异。从多媒体认知理论来看,我们可以假设视频输入下的学习者更能获得全面的信息,但与之相关的研究还鲜少有人涉足。本研究通过一项实证研究分析三种输入模态(文本输入、音频输入、视频输入)对中国二语学习者续写任务中续作修改提高的影响差异。

5.3.2 研究设计

在前人研究输入模态、续写任务和语言水平关系的基础上,本研究基于网络环境扩展了续写任务的形式,引入同伴反馈,结合语言水平,试图找到一种更好、更有效的语言习得方式,本部分主要介绍研究设计。首先提出研究问题,然后介绍本实验的被试和研究中使用的材料,包括阅读、听力和视频输入材料,之后是同伴反馈标准,最终阐述研究的步骤以及数据收集和分析的方法。

5.3.2.1 研究问题

本研究探讨的具体问题是:

(1)同伴反馈对提高续写修改质量有何影响?

(2)哪种输入模态下的同伴反馈更有利于续写修改文本的提高?

(3)学习者语言水平对续作任务中同伴反馈评语的采纳与否有何影响?

5.3.2.2 实验被试

本研究的被试来自河北省某高校 79 名英语专业学生，实验时被试就读大二第一学期，学习英语的平均时间为 11 年，年龄在 19～21 岁之间，无学生有国外生活或学习经历。他们来自三个平行班，每班人数为 26～27 人（见表 5-1）。三个班在英语教材、学时数、教学内容、教学方法以及教学进度等方面均保持一致，并且本次研究是在大二学年第一学期进行，学生之间已经互相熟悉，避免了紧张和焦虑，确保了语料的真实性和可靠性。实验开始前首先对 79 名学生进行语言水平测试分组。该测试选取 2019 年 4 月份全国大学生英语四级测试中的写作、听力和阅读（close reading）部分，分别占最终成绩的 35%、35% 和 30%。测试完成后邀请该校两名有经验的写作课教师对试卷的写作部分进行评分，每位学生的作文分数取两位教师的平均分，两位教师之间的评分信度为 0.90，说明二者的评分具有较高的一致性。然后对三个班学生的前测成绩两两进行独立性 T 检验，p 值均大于 0.05（见表 5.2），说明三个班的学生水平不存在显著差异，具有可比性。之后再将学生按照测试成绩进行排名，前 30 名学生为高水平被试，后 30 名学生则为低水平被试（该排名仅是本次实验过程中的水平情况），同等语言水平组的被试分数差 ≤ 5 分，高低水平被试之间的分数差 ≥ 15 分。79 名学生中最终符合实验条件的被试共 62 人，其中不同语言水平组的被试为 30 人（高低水平各 15 人），组成混合语言水平组共 15 组，相同语言水平组的被试为 32 人，组成 8 组高水平语言组和 8 组低水平语言组。剩余的 17 人也同样参加此次实验，但他们的实验文本未被纳入本次研究数据进行分析。由于要研究视频输入、音频输入和文本输入这三种不同输入模态下的同伴反馈，于是将已经分为高水平、低水平和混合组的 62 名学生再次分到三个不同的组别，分别为视频输入组（20 人）、音频输入组（22 人）和文本输入组（20 人）（见表 5.3）。

表 5.1　被试前测描述性统计

班级	人数	平均数	标准差
1 班	26	342.92	44.37
2 班	26	337.38	68.52
3 班	27	336.59	57.39

表 5.2 被试独立性 T 检验

	1&2 班	1&3 班	2&3 班
Sig. 值	0.731	0.656	0.964

表 5.3 实验被试信息（$n=62$）

输入材料	续写任务	语言水平
文本材料	读后续写（$n=20$）	高（$n=4$）
		低（$n=6$）
		混合（$n=10$）
音频材料	听后续写（$n=22$）	高（$n=6$）
		低（$n=6$）
		混合（$n=10$）
视频材料	视后续写（$n=20$）	高（$n=6$）
		低（$n=4$）
		混合（$n=10$）

5.3.2.3　研究材料

文章趣味性（薛慧航，2013）以及体裁（张秀芹、张倩，2017）等因素会对"续"产生一定影响，考虑到被试为英语专业大二学生，且为了刺激学生的积极性，选择的续写材料内容与学生的生活相关。研究文本输入、音频输入和视频输入这三种不同输入模式下的续写修改，为避免其他不相干因素干扰，三种输入模式下续写的输入内容一致。本实验材料选自一部英文电影故事片段。作者删掉了该电影片段的字幕作为视频输入材料，该片段的音频作为听力输入材料，该片段的文字部分（650 字）则作为文本输入材料。

5.3.2.4　研究过程

该实验过程共用时 3 周。首先在实验开始前，研究者以管理员的身份在网络 QQ 平台组建相对应的输入模态群，并相应命名，然后要求学习者以真实名字为备注申请入群。第一周实验开始时，课题组三位成员同时将三种模态的输入材料分别发送到相对应的群中，即文本输入模态为一篇 650 词的英文故事，音频输入模态为一段时长为 4 分 52 秒的听力，视频输入模态为一段没有字幕时长同样为 4 分 52 秒的视频，三种续写材料输入时间均为 10 分钟，该时间可保证音频输入和视频输入的被试可以重复播放输入材料至少两遍，而文本输入模态下的被试文本阅读速度控制在每遍 5 分钟之内，被试每读完一遍均在所属的输入模态群中发信号示意。之后学习者有40分钟时间独立完成续作,在此期间,三种输入模态下的被试均可重复阅读或播放输入材料,40分钟结束立即将续作上传至所在的群中,续作长度没有规定。上传完成后同一输入模态下的对子被试可相互阅读彼此的续作,且必须要在第二周内对自己对子同伴的续作给出反馈,同伴反馈的内容和重点有以下几个方面:①词汇和语法结构是否准确;②是否有效使用了上下文衔接手段、意义是否连贯;③续写内容是否与原文情境相融洽。(具体同伴反馈见表5.4)同伴反馈需单独发给对子同伴,文字或语音均可。反馈完成后,被试可依照同伴给出的反馈完成续写修改并在第三周内二次上传修改后的续作。为了使被试能够认真对待此次实验,该实验的续写一稿和修改后的二稿记入他们的平时成绩。研究者将学习者完成的续作一稿、修改二稿和同伴修改反馈评语分别进行下载、保存并相应命名,便于后续研究(研究过程可见图5.1)。实验结束后,笔者还在网上对愿意参加访谈的被试随机抽取9组进行一对一半结构式访谈,他们分别来自三种不同的输入模态小组,且语言水平也不同。访谈内容主要了解影响被试接受评语与否的主要因素以及他们对各自输入模式和同伴反馈的感受和评价。

表5.4 同伴反馈主要内容

(1) 词汇和语法结构	如:拼写、标点符号、大小写、时态、搭配、句法等方面是否存在错误
(2) 上下文衔接和全文的连贯性	如:续文是否有效使用段落间、语句间的衔接手段,全文结构是否前呼后应,意义是否连贯
(3) 是否与原文情境相融洽	如:续写内容是否合理、富有逻辑性,与原文情境融洽程度(高、中、低)

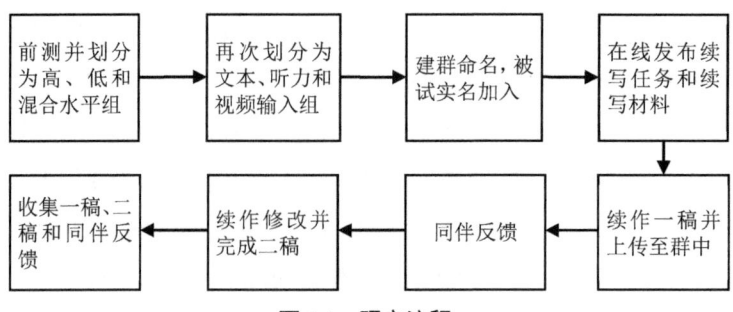

前测并划分为高、低和混合水平组 → 再次划分为文本、听力和视频输入组 → 建群命名,被试实名加入 → 在线发布续写任务和续写材料 → 续作一稿并上传至群中 → 同伴反馈 → 续作修改并完成二稿 → 收集一稿、二稿和同伴反馈

图5.1 研究流程

5.3.2.5 数据收集与分析

本研究的数据来源是 62 名被试的一稿和二稿各 62 篇，合计 124 篇。作者需要为被试的续作一稿和二稿给出分数。为了保证评分过程公平，作者邀请两位有着丰富写作教学经验的老师共同批改，如果两人有争议则进行协商解决。通过 SPSS 23.0 的分析，两人的得分可靠性为 0.96，证实两人的得分是高度一致的。之后研究者对参加实验的 62 名被试所给出的续作同伴反馈意见和接纳反馈数量分别进行统计。

针对研究问题一：同伴反馈对提高续写修改质量有何影响？笔者根据被试的续作一稿和二稿得分得出两次写作的得分差值，然后利用配对样本 T 检验对比续作修改前后的两次文本是否存在显著差异。针对研究问题二：哪种输入模态下的同伴反馈更有利于续写修改文本的提高，研究者根据被试续写一稿和二稿的得分差值，然后使用单因素组间方差分析得出三种模态下续作修改提高存在的差异。而针对研究问题三：学习者语言水平对续作任务中同伴反馈评语的采纳与否有何影响？由于参加实验的被试得到的同伴反馈数量有差异，不方便直接进行比较，于是同伴反馈评语采纳与否的统计被转化为同伴反馈评语接纳率（即用被试采纳修改的同伴反馈数量除以他们得到的同伴反馈数量再乘以 100）。研究者通过直接比较三种不同的对子组合同伴反馈接纳率，得到学习者语言水平对续作任务中同伴反馈评语的采纳与否有何影响。

5.3.3 小结

在这一章中，我们可以看到，这一研究的理论基础是 Long 的互动假设、Krashen 的输入假设、Swain 的输出假设和输入模态理论。本章详细地介绍了本研究的内容，包括研究问题、研究被试、研究材料、研究过程和数据收集。笔者统计了被试续作前后两稿的得分和得分差值，以及被试同伴反馈评语数量和接纳反馈评语的数量，并利用同伴反馈接纳率作为研究参数，研究学习者语言水平的差异对同伴反馈评语的接纳与否有何影响。数据采用 SPSS23.0 和 Excel 进行分析。本研究将课堂续写任务延伸至网络环境中，探索同伴反馈在提高续写修改质量中所起的作用以及不同输入模态（文本输入、音频输入、视频输入)下的同伴反馈对学习者续作修改的影响,通过对比研究发现三种输入模态下的同伴反馈对续写文本质量修改的影响差异,同时探索续写任务中影响学习者采纳同伴反馈评语的主要因素。

5.4 数据分析与讨论

前一节介绍了理论基础以及具体的研究设计。为了回答研究问题,研究者从三个方面分析了被试的续写及续写修改内容:第一个是先统计被试的第一次续写文本和第二次修改文本的得分,然后得到两次文本得分差值,用SPSS 23.0 进行配对样本检验,显著水平设置为 0.05;第二个是按照三种输入模态将被试续写一稿和修改二稿得分进行统计,然后用 SPSS 23.0 进行单因素组间方差分析,显著水平同样设置为 0.05;第三个是用 Excel 统计被试同伴给予的续作修改反馈数量和被试接纳的同伴反馈数量,由于反馈接纳不易直接比较,于是研究者将被试接纳同伴反馈与否转换为百分比。然后研究者对三个研究问题的结果进行讨论分析。

5.4.1 同伴反馈互动对提高续写修改质量的影响

根据实验研究,所有被试都需要完成三项任务并完成续写和续作修改两篇写作。因此,同伴反馈互动对续写修改质量的提高能够以续写一稿和修改二稿的得分差值表现出来。研究者将每位被试的续作一稿、二稿得分和两次成绩差值都输入 SPSS 23.0。为了回答第一个研究问题"同伴反馈互动对提高续写修改质量有何影响?"研究者进行了描述性分析(见表 5.5)和配对样本 T 检验(见表 5.6)。

表 5.5 续作一稿和二稿描述性分析

	平均值	个案数	标准差	标准差误差平均值
一稿成绩	6.6	62	0.80	0.10
二稿成绩	8.0	62	0.60	0.08

表 5.6　同伴反馈互动对续作修改提高的配对样本 T 检验

	平均值	标准差	t 值	p 值
一稿成绩 & 二稿成绩	-1.47	0.48	-24.18	0.00

表 5.5 展示了被试两次续作的平均得分情况，可以看到，被试的续写一稿平均得分为 6.6，通过同伴反馈互动后对续写进行修改，他们所完成的续作二稿平均分提高到了 8.0 分。这表明被试在经过同伴反馈互动后所修改的续作二稿文本质量得到了提高。为了进一步找出第一次续写文本和第二次修改文本得分方面有无显著性差异，研究者进行了配对样本 T 检验。结果表明，经过同伴反馈互动，被试第一次续写文本和第二次修改文本的得分之间存在显著性差异（$p=0.00 < 0.05$），因此被试在经过同伴反馈互动后，续作修改的质量会得到明显提高。

由表可见，被试续作的一稿和二稿得分上的变化说明同伴反馈互动对续写修改提高有积极影响，这一结果与学者庞颖欣（2014）的相关研究结果相同：同伴反馈互动可以提高学习者二语写作水平。从整体上来看，被试的续写修改二稿质量提高与本实验的任务设计有关。根据 Krashen 的输入理论和 Swain 的输出理论，可理解输入和语言产出对语言习得有重要影响。在本研究的同伴反馈互动过程中，被试同伴之间的互动反馈可以为他们彼此提供可理解性输入，而任务中的续作修改并完成续作二稿则为被试提供语言产出的机会。因为语言产出可以使被试有意识地注意到自己的写作所存在的问题，促使他们进行纠正，从而提高语言的准确性。研究者在对被试的一对一半结构访谈中也了解到：基本上所有的被试都表示这种同伴反馈续作修改的写作任务能够提高自己的续作质量。被试还强调他们和同伴进行的反馈总是下意识地围绕输入材料，彼此提出自己认为对方续写文本中存在的问题或与输入材料存在差异的地方，这些反馈帮助他们更好地理解材料，然后被试会根据同伴给出的反馈进行相应的修改，在续写修改过程中将自己的注意力集中在自己的语言输出上，从而以较高的质量完成续作二稿。此外，在本研究中，被试之间通过同伴反馈互动，对双方的续写文本进行评判性阅读并给出修改建议，在相互学习和相互协商过程中促进语言习得，这进一步证实了 Long 的互动假设。被试在互动反馈过程中，扮演"专家"和"新手"的角色，互相搭建"支架"解决问题。在本次实验研究过程中，被试既是反馈的给予者也是反馈的接纳者，他们的双重身份在同伴反馈中凸显了学生续作构思、计划、初稿、反馈、修改等一系列的过程。这个过程使被试有机会进行续写文本意义上的协商和文本信息交换，提高了他们的理解和语言产出质量，促进了同伴之间的相互学习和相互促进。在同伴反馈互动的帮助下被试达到完成修改二稿的能力阶段，具体表现在被试的续作修改质量提高。研究者还在访谈过程中发现，被试强调最多的就是同伴可以提供情感支持。本研究同伴反馈互动是建立在同伴合作的基础之上，不是传统的个体式和竞争式学习模式。在同伴合作学习模式下，被试都处于主导地位，提出自己的想法和意见为同伴提供修改意见和修改帮助，从而锻炼他们自我解决问题的能力，激发学习热情，在友好的学习环境中提高二语运用能力。还有被试表示在这一反馈过程中，他们可以直观地看到同伴的续作，感受彼此之间存在的写作问题，反思自己是否存在相同的错误，从而作出相应的修改，高效提高作文的修改质量。这与学者蔡基刚（2011）、刘兴华和纪小凌（2018）的研究结果相一致，同伴反馈可以增强读者意识，学习同伴写作长处，培养反思能力，能明显提高学习者的作文内容和语言质量。综上所述，在同伴反馈写作修改任务中，被试的文本质量能够显著提高。

5.4.2 三种输入模态下的同伴反馈对续写文本修改的促进作用

如表 5.7 所示，三种不同输入模态下的续作一稿平均分从高到低排列为文本输入模态 6.95、视频输入模态 6.40、音频输入 6.34。而续作二稿的平均得分一次排序为文本输入 8.20、音频输入 7.98 和视频输入 7.90。在表 5.8 中，三种不同输入模态下的续作提高平均值从高到低依次是音频输入模态 1.64、视频输入模态 1.50、文本输入模态 1.25。单因素组间方差分析结果显示，在经过同伴反馈后，三种不同的续作输入模态对续作修改质量的提高具有显著差异 $[F(2, 59) =3.81, p < 0.05]$，即三种输入模态下同伴反馈对续作修改质量的提高均有不同程度的促进作用。通过多重检验发现，音频输入模态下的续写修改提高显著高于文本输入模态，而音频输入与视频输入、文本输入与视频输入之间没有显著差异。

表 5.7　三种输入模态的一稿和二稿平均得分（n=62）

	文本输入 n=20	音频输入 n=22	视频输入 n=20
一稿平均成绩	6.95	6.34	6.40
二稿平均成绩	8.20	7.98	7.90

表 5.8　三种输入模态的续作提高差异（n=62）

	文本输入 n=20		音频输入 n=22		视频输入 n=20		F（2，59）	PostHoc （Tukey）
	M	SD	M	SD	M	SD		
续作提高成绩	1.25	0.34	1.64	0.47	1.50	0.54	3.81	（2）>（1）

注意：M 指的是续作提高的平均数；SD 指的是续作提高平均数的标准差；F 指的是显著性；PostHoc（Tukey）指的是多重检验；* 指的是显著性小于 0.05；*p<0.05。

由统计数据可知，三种输入模态下被试的续作修改质量都有所提高，但不同的输入模态下续作修改质量提高有显著性差异，这一结果与很多学者（张秀芹、武丽芳，2020；蔡宁、王敏，2017；戴劲，2007）的研究结论即不同的输入模态对语言习得的影响存在差异相一致。之后的同伴反馈互动中，被试在阅读同伴的续作和进行反馈互动时能以同伴的续写为参照，校正自己对续写材料理解是否有误，同时思考自己是否会存在同样的错误，并在修改二稿中作出相应修正，使所有被试都能够提高续作修改二稿的质量。但是续作二稿修改质量提高的程度取决于之前续作一稿的完成质量，即被试续作一稿完成得越差、问题越多，二稿修改质量提高就越明显。那么影响被试续写一稿完成质量的原因主要有以下几点：首先，输入模态影响被试的续写输入材料信息理解。根据 Mayer（1997）的研究，输入模态是学习者在处理输入信息的过程中使用的处理通道。在本研究中，文本输入属于视觉输入模态，学习者接触到的输入材料为视觉材料。音频输入属于听觉输入模态，学习者通过听觉捕捉输入材料内容。而视频输入则为视听输入模态，学习者在听输入材料的同时有视觉的画面辅助，意味着学习者可以边听输入材料边看画面内容。如表 5.7 所示，三种输入模态下被试的续作一稿平均得分有差异，音频输入模态下的续写一稿质量最差，视频输入次之，最好的是文本输入模态。这可能是因为音频输入模态下以单一的听力呈现信息，被试提取信息的程度完全取决于听力水平。而视频输入则是以听力提供语言信息、视觉捕捉画面信息两种方式获取信息。非语言的画面信息可以弥补少量由于听不懂而漏掉的信息。而在文本输入模态下，输入材料以文字的方式直观地呈现给被试，被试可以充分利用阅读能力理解材料。最终表现为文本输入模态下被试的续作完成度最好，视频输入模态次之，最后是音频输入模态。其次，三种输入模态也会导致被试在理解材料时对材料的关注点不同，根据注意假设，二语习得过程中注意内容是习得的第一步。以续作修改提高均值最高的音频输入模态为例，在收集的音频输入模态下的续写一稿中许多被试的续作文本和续写输入材料原文存在的偏差较大。尽管所有的被试输入时间相同，但被试的注意力主要集中在听觉上，他们会格外注意那些听不太懂的词汇，这样就分散了他们的注意力，致使材料输入效果不理想，造成没听懂或者理解不透之处，从而使他们的续作一稿完成得较差。这一点不仅在一稿平均得分上表现出来，更在与被试的访谈中得到证实，音频输入组的被试表示，在听输入材料的过程中，他们会格外注意那些听不懂的词汇，从而漏听部分输入材料，影响自己的续作完成质量。而被试在视频模态下完成的续作一稿好于音频输入模态下的续作一稿，这可能是因为视频输入相比音频输入要相对简单，视频输入模态下被试的注意力主要集中于听觉提供的语言信息和视觉提供的非语言信息上，然后被试整合这两种信息并理解输入内容。当听力出现困难时，非语言的视觉信息可以为他们提供帮助，最终也能使他们对输入材料有相对完整的理解，从而以较高的质量完成续作一稿。关于这一点，视频输入组的被试同样表示，虽然与音频输入组一样依赖听力，但他们有视觉的非语言信息即人物的表情、手势、环境变化等作为辅助帮助他们理解材料内容。而在文本输入模态中，学习者只需将注意力放在直接呈现出来的文本材料上，他们更直观地注意并理解重点词汇以及内容上的转折，对续写材料有困惑或者理解偏差的地方相对较少，因此也就能以较高的质量完成续写。在与文本输入模态下的学习者进行访谈时，他们也同样表示，文本输入的续写材料与阅读紧密结合，发挥了他们擅长的英语阅读技能，对续写材料较深入的理解使他们更容易完成续写任务。由此可见，不同输入模态下信息呈现方式和注意力重点的不同会造成学习者对续写材料的理解程度存在差异，从而导致续写完成的文本质量存在差异,在经过同伴反馈互动后,续写修改文本质量提高程度也因此存在差异就不难理解了。

5.4.3 学习者语言水平对续写任务中同伴反馈评语采纳与否的影响

研究者对 62 名被试续写的一稿与修改二稿进行仔细比较,统计续作一稿+反馈数量和二稿+接纳反馈数量。由于参加实验的学生得到的反馈数量有差异,同伴反馈评语采纳与否的统计被转化为同伴反馈评语接纳率(用学生采纳修改的评价数量除以他们得到的评语数量再乘以100%)。

数据的统计结果如表5.9所示,从反馈数量上看,混合水平组得到的反馈数量最多,平均为7.4个反馈,其中较高水平被试平均得到的反馈为4.1,较低水平被试平均得到的反馈为10.7,之后是低水平组,平均为6.5个反馈,高水平组最少,平均为5.6个反馈。而平均接纳反馈数量的排序从高到低也是混合组、低水平组、高水平组,相应的接纳反馈率为86%、81% 和77%。而混合语言水平组中较高水平被试平均接纳反馈数量为2.1,较低水平被试的平均接纳反馈数量为10.6,他们的反馈接纳率分别是51%和99%。

表 5.9　不同语言水平组得到和接纳反馈均值(n=62)

	高水平组（16）	低水平组（16）	混合组（30）	混合组高水平被试（15）	混合组低水平被试（15）
平均得到反馈数量	5.6	6.5	7.4	4.1	10.7
平均接纳反馈数量	4.4	5.3	6.4	2.1	10.6
反馈接纳率	77%	81%	86%	51%	99%

根据实验的统计结果得出,同伴反馈接纳率与被试的语言水平相关,高水平语言组的反馈接纳数量少于低水平语言组,混合语言水平组的同伴反馈接纳率最高。混合语言水平组的同伴反馈接纳率最高主要是低水平被试所作的贡献,高水平被试的反馈接纳率在三个被试组中最低(见表5.9)。经过具体分析被试的同伴反馈,研究者认为出现这样的结果,主要有以下几个原因:首先是学习者的语言水平。混合语言水平组被试在给出反馈和接纳反馈时,由于他们自己的语言水平和同伴的语言水平存在差异,给出的反馈数量和接纳反馈数量之间也因此存在较大差异。在混合组中,较高水平的学生因语言水平相对较高,他们更容易看到较低语言水平同伴续作中的问题,从而给出

较多的反馈。而较低水平的学生则因有限的语言水平，相对较难看出同伴续作中存在的问题，能给出的反馈数量相对较少。其次，对较高水平的学生来说，因他们的水平较高，他们会对得到的反馈进行判断，从而决定接纳与否。另外，因较高水平学生通常对同伴给出的反馈持怀疑态度，接纳意愿因此相对较低。而较低语言水平的学生，他们也因自身有限的语言水平，在对待较高水平的同伴给出的反馈时基本是持学习、接受的态度，以采纳为主。对被试的访谈也印证了这一点，混合语言组水平较高的学习者表示他们能较容易地看出同伴续作中存在的问题并给出相应的解决方法；而当他们在对待同伴给出的反馈时则多是不予采纳，认为同伴的水平不如自己，给出的反馈可信度不高。而混合组水平较低的学习者们则表示，由于他们自己的语言水平有限，因此比较相信同伴给出的反馈，愿意接受、采纳同伴反馈并据此做出修改。同等语言水平情况下，由于他们和同伴之间语言水平差异较小，因此无论高水平语言组还是低水平语言组的被试给出的反馈数量和接纳同伴的反馈数量都相差不大。高水平组的学生语言水平都比较高，续作的一稿的质量相对来说比较好，存在的语言问题相对来说也比较少，因此互相给出的同伴反馈数量不多，可接纳的反馈也相对有限。而对于低水平组的学生来说，他们的语言水平都不高，续作的完成质量不是很理想，同时因他们的语言能力有限，故在给出同伴反馈时不大能看出同伴续作中存在的问题，也就无法给出较多的反馈。低水平组的被试在访谈中表示，当看到同伴反馈时会质疑其反馈的准确性，从而限制了同伴反馈的接纳意愿。该研究结果与之前一些学者（高瑛等，2018；冯美娜，2015；郑佩芸，2011）的研究结论一致，即高低配对组的同伴反馈是最佳的反馈方式，同伴二语水平的非对称组合最有利于文本修改，高水平的学习者可以为低水平的学习者提供正确的反馈，帮助其克服语言障碍，而低水平的学习者在同伴帮助下逐渐达到新的语言水平高度，最终实现语言习得，对续写二作的文本质量的提高有明显的促进作用。

  本研究的被试同伴反馈配对方式也会对学习模式造成影响，进而影响被试在续写任务中同伴反馈评语的采纳。这个原因与之前学者的研究（张秀芹、王迎丽，2020）一致，即不同语言水平的学习者配对方式会对同伴互动模式造成差异。研究者通过被试的同伴反馈记录和后期的访谈发现，在互动模式上，混合语言水平组大多为专家/新手型。混合语言水平组中的语言水平较高的被试表示：他们能够较轻松地在同伴续作中发现不足之处并给出反馈，这个过程增强了他们学习的自信心。而较低语言水平的被试则说：能从同伴的反馈中学到很多东西，不怎么会质疑同伴的反馈。同样，在混合语言水平组中，高水平的被试能够给同伴提供正确反馈，而低水平的被试也容易依赖同伴，从而形成专家/新手型互动模式，使他们的同伴反馈接纳率最高。混合语言水平组中的低水平被试也在访谈中表示：在与高水平的同伴进行互动活动时，因为同伴的语言水平比自己的高，他们会采纳高水平同伴的反馈帮助自己更准确地进行续作修改。而在相同语言水平组的被试包括高-高水平组和低-低水平组两组，他们的互动过程基本为合作型，高水平组的被试会因自己同伴的水平较高而认可同伴的续作表达，从而给对方的续作修改反馈较少。而低水平组的被试则会因自己水平有限而给出很少的反馈，从而使同伴能够接纳的反馈也很少。由此可见，互动模式——专家/新手或合作型很大程度上影响了被试的同伴反馈及采纳意愿。

5.4.4 小结

本章解释了出现该实验结果的原因，总体来说，实验结果符合语言学理论。在续作文本的修改提高方面，同伴反馈评语与续写修改质量的提高具有显著相关；三种输入模式中续作修改提高均值最高的为音频输入，然后是视频输入模式，最后是文本输入模式；此外，学习者的语言水平对他们是否接受或采纳同伴评语反馈作用存在差异，相同语言水平组的学习者对同伴反馈评语的采纳低于混合语言水平组的同伴反馈评语的采纳。

5.5 结论

本研究将同伴反馈互动引入续写任务中，探讨了在网络续写任务中不同的输入模态和同伴反馈对续作修改的影响，以及学习者语言水平对同伴反馈接纳的影响。研究结果表明：在续作文本的修改提高方面，同伴反馈评语与续写修改质量的提高具有显著相关；三种输入模态下的续作质量修改均得到了提高，质量提高最多的为音频输入，然后是视频输入，最后是文本输入。此外，学习者的语言水平对他们是否接受或采纳同伴评语反馈作用存在差异。相同语言水平组无论是高语言水平组还是低语言水平组，学习者对同伴反馈评语的采纳均低于混合语言水平组的同伴反馈评语的采纳。

5.5.1 研究结果

本研究探讨了在网络续写任务中不同的输入模态和同伴反馈对续作修改的影响，以及学习者语言水平对同伴反馈接纳的影响。结果表明学习者之间的同伴反馈互动可以提高续作修改文本质量，使学习者增加互动，促进语言学习，是一个能够提高学习者写作能力的有效方法。此外，三种不同的输入模态对学习者的续作修改的影响方面也存在差异。音频输入模态下，由于学习者只能依赖听力感官，他们的续作初稿完成得不好，从而给续作修改留出了较大的空间；而视频输入模态下，学习者通过多模态的输入，画面作为视觉输入弥补了纯听力输入的不足，使学习者的续作初稿完成较好，从而相应的修改提高空间有限；而在文本输入模态下，单一直观的视觉输入使学习者充分发挥擅长的阅读技巧，因此，他们的续作一稿完成得最好，续作修改能提高的空间就最少。这一结果表明，在续作修改任务中，选择合适的输入模态非常重要。最后，学习者的语言水平会对他们接纳同伴反馈与否造成差异，因为语言水平造成同伴之间互动模式的差异，包括他们本身语言水平的差异都会影响最终反馈的接纳。该研究结果表明，选取合适的同伴反馈组合方式十分重要，将不同水平学习者混合组合互动学习效果最佳，这进一步证实了郑佩芸（2011）的研究结论，即混合水平小组中较高语言水平的学习者可以为较低语言水平的学习者及时提供有效反馈，搭好"支架"，从而显著提高语言准确性。

5.5.2 教学启示

同伴互动能够促进语言学习，二语教师在组织学习者完成写作任务时，应当多安排学习者之间进行互动反馈。此外，语言水平是影响学习者输出、协同效果和学习效果的潜在因素。因此，教师在进行续写修改任务的相关练习时，需要注意学习者语言水平的差异。学习者本身的语言水平，以及语言水平造成的互动模式差异和互动强度差异会影响学习者对同伴反馈的接纳。在该任务中，学习者的语言水平是不同的，因此，作为重要的影响因素之一，学习者的语言水平应该被考虑到。最后，输入材料的输入方式对续写修改的影响同样值得重视。研究者通过实验得出音频输入模态下学习者的续作修改质量提高最明显，视频输入次之，文本输入最少。那么二语教师在续作修改任务中要根据教学目标选择输入模态。对于续作修改质量提高最明显的音频输入模式，教师不妨多使用，在提高学习者写作水平的同时促进听力水平的发展。本研究通过续作修改任务得出同伴反馈互动、不同输入模态、学习者语言水平均会使续作修改质量产业差异，说明学习者在对语言输入理解不深入或有困难时，反馈互动有助于他们理解或澄清之前存在疑惑的地方，对续作修改的效果更好。续写任务中同伴反馈评语采纳与否的主要影响因素与分组有关，混合语言水平分组更有利于学习者采纳同伴反馈评语。该研究结果可为续论在外语教学实践中如输入模态的选择及互动反馈分组等方面的应用提供借鉴和参考。

本研究既包含了人与学习材料的互动，也涉及了人和人之间的互动。当学习者对学习材料的理解存在问题时，通过同伴反馈互动，可以得到另一个学习者的帮助。这种人际互动可以更好地反映语言使用的交互性，它使学习者的语言学习能力在互动过程中始终处于紧张状态，有利于促进二语习得（王初明，2007）。目前，我国大学外语教学的一个严重缺陷是学习者与母语者进行互动的机会有限，从而导致学习者的口语输出和写作输出发展不平衡。虽然相关的"续"任务可以弥补这一缺点，但是缺乏人和人之间的互动难以使学习效应最大化。通过同伴反馈互动续写修改任务，研究学习者在互动过程中续作修改质量提高的原因，可以将学习效应进一步扩大，同时本研究也证实同伴反馈互动续写修改任务可以成为大学二语学习中一种新的方式。语言学习是一个复杂的过程，任何微小的因素都会对学习者的学习效果造成大的影响（Larsen-Freeman，1997）。学习者的语言水平是影响语言习得的重要因素之一（徐宏亮，2015），它能够影响学习者的整个信息互动过程，从而影响语言的最终输出结果。因此，教师应根据学习者的学习需求，考虑学习者的语言水平，选择不同的互动配对方式，使学习者能够充分发挥自身优势，从而提高学习者的二语水平。

5.5.3 局限性

本研究存在一定的局限性。首先，研究材料为叙事体裁，只用一种体裁来比较续作修改任务中同伴反馈互动、不同输入模态、学习者语言水平对续作修改质量的影响，其他类型的材料，如说明文材料和议论文仍然需要进一步研究。未来研究可以尝试在同伴反馈互动续写修改任务中采用更多的体裁，为外语学习和教学提供更加可靠和有效的依据。其次，本研究的被试人数相对较少。被试共62人，研究结果缺乏泛化能力，进一步的研究可以增加被试数量。最后，本研究的实验周期相对较短。由于本实验只做了一次实验，所以还不足以回答同伴反馈互动、不同输入模态、学习者语言水平在续写修改任务中是否具有可持续性。未来的研究可以增加实验轮次，并注意更多的语言形式和结构，从而找出更多影响语言拉平效果的潜在因素，并探索在第二语言中影响拉平效果的更多条件，如学习者的学习动机、学习策略、写作技能和语言能力上的变化都应该被纳入其中，从而为外语教学中的续写任务提供更多的证据。

第6章　网络环境下不同互动组合和语言水平对协同及续写质量影响研究

6.1 引言

本小节概述研究背景、研究意义和研究目标，以及介绍整个研究的概述。

6.1.1 研究背景

现代信息技术对社会的进步和发展起着越来越重要的作用，影响着人们的生活方式和交流方式。在当今新冠肺炎疫情影响下，网络已成为学生学习必不可少的工具，手机和网络终端带来的便捷已被学生、家长以及老师广泛认同。即使疫情结束，在网络技术日新月异的时代，线下、线上混合教学模式也将是未来教育发展的必然趋势。网络于20世纪90年代开始出现并逐渐在教学中发挥着重要作用，中国在教学方面对于网络的应用大部分是基于写作，尤其是二语习得方面。近年来随着各种便捷电子设备和App的产生，网络为更多的互动交流提供了机会，如今网络环境下的同伴互动已经成为网络外语教学不可或缺的重要部分（徐锦芬，2020）。

英语是融入国际、促进学生综合发展必不可少的学科，其中英文写作是学生表达思想、提高思辨的一项重要能力。当下基于协同互动的理念而产生的读后续写能有效提高学生的英语写作水平，读后续写把内容模仿和语言创造有效结合，学习者承接他人的表述表达自己的想法，在推动交流的过程中使前后内容协同并产生拉平效应（王初明，2016）。但是读后续写大多是基于传统环境下的人与文本的单一互动,且中国大学生学习外语缺少人际互动的真实环境(王初明,2005),网络的应用正好弥补了这一不足,提供了一个互动学习的平台,所以基于网络环境的读后续写多人合作互动模式的应用值得深入探究。

随着互动学习的不断发展,合作写作越来越受到重视,被更多地应用到写作过程中。合作写作指由至少两人共同创作文本的写作方式,它与写作教学中常用的同伴互评等教学方式不同,其最显著的特征是写作者对最终写作成果拥有共同所有权(Storch,2011)。大多数人对合作写作都持积极态度,二语学习领域也越来越认识到用合作方式进行写作的重要作用(Swain,2001;Storch,2005)。研究发现合作写作在为二语学习者创造学习环境和发展语言能力方面能起到积极作用(Storch,2005),合作写作不仅能通过提高学生对语言形式的关注来提高语言应用的准确性,而且能提供机会来共享资源和解决问题。因此合作写作的模式近年来被越来越多地应用于二语学习任务中,并受到二语写作领域的关注。但在进行合作写作任务时,学习者的语言水平差异会对合作写作产生影响(Storch,2005)。目前在我国英语课堂教学中,小组合作学习已成为一种广泛的学习模式,通常采取同桌就近组合或自由组合的对子互动或小组互动方式,但很少考虑学习者的水平差异。如果根据英语水平进行配对学习,采取哪种搭配方式值得进一步探究。所以积极地探索读后续写的互动模式中有关水平搭配的模式可以为续论研究提供有意义的启示。

人际互动能体现语言使用的互动本质,使学习者的语言学习能力在互动过程中一直处于应激状态,有利于促进二语习得(王初明,2007)。除此之外,由于语言学习具有动态性、复杂性和非线性特征,学习者内外部任何微小的变化都可能引发截然不同的语言学习结果(Larsen-Freeman,1997)。学习者的语言水平是影响语言习得的重要影响因素之一(徐宏亮,2015),它会影响互动过程中的信息加工处理,造成语言产出上的协同差异。因此,本研究启发我们去探索互动模式以及不同水平组合是否会影响协同效果及作文质量。具体而言,本研究采用对子互动与个人独自续写无互动相比较的方法,探讨两种续写方法对协同效果及作文质量的影响差异。

自 2009 年读后续写提出以来，引起了许多学者和语言研究者的注意，它不仅仅是一个简单的写作，还是一个认知与写作结合起来的二语习得过程。它以互动协同为理念，将内容创造和语言模仿结合起来，能有效促进语言学习（王初明，2012）。读后续写在词汇、语法、语篇等多方面都存在协同（王敏、王初明，2014；姜琳、涂孟玮，2016；辛声，2017；缪海燕，2017），并被证实具有明显的促学效果。虽然读后续写促学效果很好，但是读后续写是基于人与文本的单一互动，缺少多边互动。

合作能有效促进学习效率提高（Swain，1995），而且不同语言水平的互动模式对语言的促学效果也得到了证实（郑佩云，2011）。我国大学生学习外语缺少人际互动的真实环境（王初明，2005），但是网络的发展弥补了这种不足，尤其是各种便携式电子设备的出现，为多边互动提供了广阔的平台。网络互动辅助课堂早在 19 世纪就出现于西方国家，20 世纪在我国兴起，网络辅助教学可以提高学习兴趣和学习动机，其对英语学习的积极影响和促进作用得到证实（郭晓英，2009；张秀芹，2015）。读后续写在传统环境下对多方面的促学效果及影响因素都得到了证实，但是基于网络环境下对于不同水平互动模式的探讨不多。本研究的目的在于发现网络环境下哪种互动形式以及哪种水平搭配能更好地促进读后续写。

6.1.2 研究意义

外语学习是一个建构性的创造过程，人们在交际意图和交际需要的驱动下学习用他人的语言表达自己的思想，将他人的语言变为自己的语言，达到创造与模仿的完美结合（王初明，2012）。但是学习者更多是对语言结构的机械模仿，学会一门语言还需要配合其他不可或缺的动态因素，即把模仿和创造有机结合起来，所以如何更好地习得一门外语还需要更深入的研究。

语言习得不是对语言规则的习得，而是对意义潜势（meaning potential）的习得（Halliday，1973）。在对话中，学习者不断创造新内容，新内容驱动语言运用，从而产生新对话并促进语言能力的发展。其中语言的创造性产出和语言的理解密不可分，即语言输出要向语言输入看齐，将内容创造与语言模仿相结合，二者趋于一致产生协同，提高语言的学习效率。目前，在我国外语学习中，将内容创造与语言模仿相结合的方法有两种，一种是跟本族语者交流。跟本族语者对话是利用语境创造性发展语言能力的有效方法，但是在我国直接跟本族语者交流条件有限，不能很好地应用。另一种方法是读后续写，读后续写源于互动协同模式（Interactive Alignment Model，Pickering & Garrod，2004），此模式是指在日常生活人际交流的过程中，为了使双方的对话能够顺利进行下去，需要两者相互配合，必要时输出的语言需要进行一定的动态调整，从而使双方的对话语言不管在语言层面还是情境层面都能够做到趋于相同，从而产生协同效应。读后续写是基于人与文本的互动，提供的读物材料相当于仿真的语言环境，既满足我国缺少与本族语者交流的机会且中国学生内向腼腆不愿开口讲英语的学情，又实现了模仿与创造的完美结合，产生了积极有效的促学效果。

对话是一种人类社交互动活动，互动需要相互合作，合作需要相互协同（alignment），协同是对话互动的一个重要机理，并且协同不仅发生在情境模式层次，在语言结构层次也同样发生（Picking & Garrod，2004）。对话者之间的互动配合促使他们在词语的选择上相互适应并利用，因而常常重复自己或对方用过的语言结构。由此可见协同是第二语言能被习得的关键，学习就是学习者与社会认知环境不断协同的过程，并将这种学习体验融入自己的学习模式、策略等知识应用结构当中。Atkinson 等（2007）从更宽泛的社会认知角度界定协同现象，认为协同是人类心智和身体与外部世界互动、协调并动态适应身边环境的复杂过程，协同不仅发生在人与人之间，而且还发生在人与物理环境、社会情境、工具等互动参与变量之间。可见协同体现在互动中（Pickering & Garrod，2004），无互动便无协同，互动强，则协同强；互动弱，则协同弱。互动堪称为语言结构与语境结合、增加语言结构学习应用概率的黏合剂，尤其是对话中的双向互动可以显著提高语言的协同效应。读后续写不同于单一的阅读，它有助于强化读者与读物的互动，强化读者和读物情节之间的协同，强化习作语言与读物语言之间的协同。

二语互动过程是一个理解与产出紧密结合的过程，既涉及会话者在自身知识和能力基础上的话语产出，又包含会话者在有效理解对方话语基础上的交流与互动（Kasper & Wagner，2011）。互动能拉平不同水平所造成的输出和理解之间的差距或不对称性，有效互动能起到积极的促学作用。互动有多种方式，既可以对子合作也可以多人合作，合作对象也可同水平或跨水平，促学效果不尽相同。随着21世纪的到来和科技的日新月异，互联网学习的普及增加了课堂学习环境和学习模式的多样性和丰富性，互动对象和互动方式都发生了巨大变化，现代信息技术和内容语言环境融合下的同伴互动研究会成为未来新的研究方向和趋势（徐锦芬、张珊珊，2019）。学习者可通过文字、语音或视频开展互动，也可以灵活组合几种方式。互动中可以融入文本、图片、音视频、超链接等多种元素，以多模态的形式呈现互动内容。另外，面对面互动要求双方同时在场，而网络互动突破了时空限制，既可以即时互动也可以非即时互动。基于读者与文本单边互动的读后续写在网络环境下可以实现多边互动，既弥补了我国缺少人际交往环境的缺陷，也为读后续写的促学研究打开了新的大门，此外不同互动模式的探究也为更好地组织续写任务提供了借鉴和指导。

6.1.3 研究目标

本研究旨在将续写任务与不同语言水平的互动形式相结合，通过网络进行写作叙事，探讨其在协同和续作质量上的差异。本研究旨在帮助第二语言教师和研究人员更好地理解网络环境下不同语言水平的互动形式对语言学习的影响，特别是续写任务的协同和写作质量，从而找到更合适的英语学习方法。

6.1.4 研究概述

本节是对本研究的概述。第二节介绍一些相关的研究，包括第二语言学习中协同、续写、互动模式和网络互动的研究综述。第三节是理论基础，包括输入和输出理论、互动及协同理论。第四节是研究设计，描述了实验过程，包括参与者、续活动流程、数据收集。第五节为数据分析，详细报告实验结果。第六节从续作的协同及续作质量方面探讨产生这些结果的潜在原因。第七节给出对外语教学的启示，讨论本研究的局限性，并对未来研究提出一些建议。

6.2 文献综述

近年来，读后续写成为促进二语习得的有效方法之一，引起了许多语言学家和教育学家的兴趣。读后续写的机理是互动协同，互动是课堂教学最基本的方面，课堂中的一切活动都通过人与人之间的互动来体现（Allwright, 1984），互动需要合作，合作需要协同。Picking 和 Garrod（2004）首次提出 Interactive Alignment Model，并解释了互动协同在语言中作为处理机制的作用，更证明了互动在二语习得中的重要性。如今网络发展为互动提供了更多可能性，也为读后续写发展开拓了广阔的空间。有关读后续写、互动协同及网络下互动的发展的研究如下。

6.2.1 协同与二语习得

这一部分将介绍协同及其效果，并阐述其在二语学习中所发挥的作用。

语言运用中的协同效应开始作为一种普遍的心理机制被提出，旨在揭示潜在的人际交流机制，这对二语习得具有十分重要的意义。不同的研究者从不同视角给出了不同的协同定义。Picking 和 Garrod（2004）从认知角度出发提出了 Interaction Alignment Model，认为协同可以保持人际交流顺利通畅地进行。该模式指出对话者在交流过程中相互协调配合，在了解对方语言信息传递的意图之后给出恰当的反馈从而保证对话的顺畅。协同可以产生于语言和情境两个层面。在对话过程中，说话者尽量去理解对方的情境模式和表达方式，并不断调整自己使自己与对方趋于一致来引起情境模式和语言结构层面上的协同产生。而 Atkinson 等（2007）从社会认知的角度出发，拓宽了协同的定义，他认为协同不只发生在人际对话中，也存在于人与社会环境、情境和工具中，随后又将协同研究窄化到协同与二语习得中。协同实质是一种学习的过程，在这个过程中人类心智和身体与外部世界协调、互动并逐渐适应（Wang, 2010; Atkinson, 2007）。

语言学习最有效的方式是与本族语者对话，而对话产生的机理是互动协同。大部分学者倾向于用互动协同模型来解释协同的发生。互动协同模型认为，人们在人际对话的互动过程中会产生情景模式和语言结构的协同，从而促进语言习得。由此可见，协同是语言习得的关键。在对话中，交谈双方会在不同层面产生协同，且一个层面的协同会促进另一个层面的协同（Picking & Garrod，2004），也就是说交流双方在一个层面的协同越强，其他层面的协同效果也会越好。例如词汇层面的协同会促进句法层面的协同，用相同词汇交流的双方更倾向于使用相同的句法。句法启动贯穿于理解和产出的全过程，在这个过程中相同的句法表征不断被激活从而促进交流的正常进行（Mackay，1982）。

一般来说，协同的发生是直接的、自动的、无意识的。当本族语者之间进行交流时，当说话者某个层面表征被激活后，听话者的相应层面表征也会被自动无意识地直接激活。交谈者的协同发生在多个方面，比如词汇、语音、语义、语速、句法、身体动作等（Whitehust et al，1974；Weiner & Labov，1983；Bernieri，1988；Braniganetal，2007；Bock & Griffin，2000；Fowler et al，2003）。即使交谈者之间的理解不够深入，他们也会通过模仿来达到协同从而保证对话的顺利进行（Garrod & Anderson，1987）。然而二语学习者由于本身语言知识与目的语之间存在差距，在与本族语者交流时会出现不同层面的不协同，比如词汇、句法、语速等（Costa et al，2008）。此时情境模式的协同对成功交流具有促进作用，因为交谈者之间的情境模式是非直接作用，要通过语言表现出来（Branigan，2004），当对话者双方情境层面趋于一致时，语言表征也会趋于一致。

国内二语习得研究者将互动协同理论应用于具有实操性的续论中。基于互动协同模式，王初明（2010）提出有关外语习得的有效途径，即互动—理解—协同—产出—习得。一般来说，在语言习得过程中，人的语言理解水平与语言产出水平是不对称的，语言理解水平总是高于语言产出水平，在这种情况下进行的互动会产生语言协同效应，又被称为语言拉平效应（王初明，2010）。协同是促进产生拉平效果的催化剂，协同效应越大，拉平效果越好，学习效率越高。这一思路为协同的二语习得研究开辟了新方向。研究表明协同效应不仅存在于人际对话中，还可以发生在人与文本、视频、音频等输入材料的互动中，且促学效果已得到证实（王敏、王初明，2014；许琪、董秀清，2018）。研究发现，通过文本与学习者、视频与学习者之间的互动，"续作"会相应产生各方面的协同，能够在不同方面，如口头产出、翻译等方面产生促学效果,并显著提升语言习得效果(许琪,2016;张秀芹、王迎丽,2020)。整体而言,互动协同模型在二语教学中的运用正处于不断发展的阶段,"续论"的研究有极大发展空间。

6.2.2 读后续写和互动协同

本部分将详细介绍续写任务,包括续写任务的起源、互动协同及互动协同之间的关系。

读后续写已经被应用很多年,它的机理是互动协同,这也是二语习得的关键。在 20 世纪 90 年代,我国出现了类似读后续写的写长法来鼓励学生写长文(王初明,2000)。写长法是利用激发性的任务设计写作来促进学生进行学习的一种方法,即"以写促学"。我国缺少外语交流的真实环境,中国大学生表达能力欠缺(张秀芹、杨莉、张宇,2015),而写作是提高学生表达能力的有效方法之一。写长法为学生提供了一定的前文语境依赖,拓展思路、发展潜力,降低了写作压力,提高了写作兴趣,以写长文来加速知识的内化和习得从而提高了学生表达自己思想的能力。研究也证明此种教学方法能够帮助学习者克服情感障碍、减少焦虑、增强成功感和学习外语的信心(吴斐,2005;郭燕,2011;张秀琴、杨莉,2010)。

之后王初明(2009)结合国外提出的互动协同理论提出"学伴用随"原则,并阐释了外语教学和互动协同之间的关系(王初明,2010),续论的促学价值被重新发掘,受到我国语言学家和教育学家的重视。它具有明显的促学效果,比如激发学习动机、提供语境、互动促学等。

续论包含两个基本理念:①语言是通过"续"学会的;②语言学习高效率是通过"续"实现的。所谓"续"是指说话者在语言交际使用中承接他人的表述,阐述自己的思想,前后关联,推动交流(王初明,2016,2017)。在对话过程中,说话者双方在共同遵守合作原则的基础上,以"续"的方式回应对方(王初明,2018),这个过程也被称为人际互动。续写是对话"续"功能的模拟运用,读后续写是结合阅读理解进行写作练习的一种方法,它将内容创造与语言模仿有机结合起来,使"续"成为理解与产出之间的桥梁,由此引起交流互动,进而产生拉平效应,将别人使用的语言变为自己也会用的语言，在释放使用者想象力的同时提高其准确运用外语的能力（王初明，2012，2015，2016）。像上面提到的，理解和产出结合越紧密，效果越好（王初明，2012，2013）。在进行读后续写任务时，学习者先充分阅读并理解去掉结尾的材料，然后借助大脑已有知识理解材料构建情境，最后创造性地拓展所理解的内容。拓展内容要保持逻辑清晰、内容连贯，而且学习者拓展部分的语言风格及内容要与原材料保持一致。

读后续写是基于人与文本的互动，属于个体内互动（王初明，2018），学习者通过回读前文促进语言产出与阅读理解产生互动，并在互动过程中自发产生协同，互动与协同紧密相关，互动强，则协同强，互动弱，则协同弱。"续"为互动源头，无"续"则无互动，无互动则无协同。

6.2.3 续写任务中互动协同效应的发展和影响

本部分将详细介绍互动协同效应在读后续写任务中的发展和影响。

近年基于续写开展的研究越来越多，尤其是有关协同效应的研究，研究证实协同效应存在于语言学习的多个方面，王敏和王初明（2014）的研究表明读后续写的协同效果显著。他们选取 20 人为研究对象并进行了为期 2 周的教学实验。有两组主题，一组完成英文版续写任务给定的话题，一组完成汉语版续写任务给定的话题。结果表明读后续写不仅存在协同效应且读英续英效果要好于读汉续英，该效应来自理解和产出的紧密结合。所以续写任务符合语言学习的规律，是一种内容创作与语言模仿完美结合的学习方法。在语言输入方面，读后续写通过提高学习者的注意形态，从而提高语言的生产质量效率。在输出方面，它通过优化语言输出，提高学习者的注意形态，从而提高了输出的语言质量。

读后续写在二语词汇方面协同效果显著，而且优于概要写作。姜琳和涂孟玮（2016）用实验验证了读后续写对词汇的协同促学作用。他们以假词作为目标词，进行为期 3 周的实验，并从词形（form）、词义（meaning）和用法（use）三个维度考查被试对目标词的习得情况。结果表明读后续写对词汇的意义和用法具有明显的促学效果。读后续写协同促学不仅存在于英语二语词汇习得中，也存在于汉语词汇习得中。王启和王凤兰（2016）对母语为韩语的学习者进行了汉语读后续写实验，学习者高频使用原文里出现过的词语、词块，表明读后续写对汉语二语词汇习得也具有明显的促学作用。近期有研究表明，在复诊任务中读后续写对于属于专门用途汉语的医学词汇术语的习得也有显著的协同促学作用。徐富平和王初明（2020）通过设置实验组和对照组进行复诊续写任务，结果表明实验组在词语理解和产出方面明显优于对照组。读后续写在语法、句法、语篇方面也存在协同作用，辛声（2017）的研究表明读后续写的协同能有效促进学生对虚拟语气的习得且对简单语法结构的虚拟语气比复杂语法结构协同促学更好一些，而且辛声、李丽霞（2020）的研究表明读后续写在文本复杂度层面也存在协同，位于学生最近发展区的句法结构更易发生协同；缪海燕（2017）的研究表明写作互动的语篇层面也存在协同效应，但受内外部互动语境制约。

此外有研究表明读后续写的协同效果也会受到材料体裁、趣味性及语言水平影响：议论文读后续写协同率高于记叙文且错误频率更低，趣味性强的材料更易吸引学生注意力，从而产生更强的协同效应，而且不同语言水平组协同效果优于同等语言水平组（薛慧航，2013；张秀芹、张倩，2017；张秀芹、武丽芳，2020）。读后续写中不仅语言水平会产生影响，不同输入模式也会产生影响。研究发现不同输入模式及语言水平对英语词汇习得有影响，对语言习得的准确性、复杂性和流利性也有影响（姜琳、陈锦 2015；张秀芹、武丽芳、张倩，2019）。他们在实验中将同一续写任务中不同输入模式及同一输入模式下不同语言水平对学习者产生的影响进行对比，结果表明听后续写词汇习得效果好于读后续写，且听后续写中词汇习得受语言水平影响显著。姜琳和陈锦（2015）在实证中采用 T 单位（T-unit）对续写组及命题组的作文进行评价，结果表明，续写组被试的写作语言的准确性和复杂性优于命题写作且续写组语言流利性效果与命题写作相当。虽然这些研究成果证实了续写的协同促学效应，但是还有一些问题有待研究。其中有关互动的问题比较突出，读后续写是基于文本—人的互动，缺少符合语言实际交际的人际互动。

6.2.4 网络环境下的互动研究

在二语习得领域，互动是促进语言习得的重要途径，一直受到语言学家和教育学家的重视。互动起源于 Long 对外国腔的研究，他于 1985 年提出"互动假设"理论（Long，1981，1985），此后互动理论受到国内外学者的热门讨论，成为语言研究领域的核心理论（顾伟勤，2010）。互动包含认知互动和社会互动，认知互动强调学习者的认知机制与语言环境互动，从而促成语言习得；社会互动则强调人际交流互动促使语言习得发生。由于二者很难区分，很多研究者专注于范围比较小的课堂互动来进行研究。根据 Krashen 的输入假设和 Swain 的输出假设可得出结论二语习得是外部语言环境和内部加工机制共同作用的结果。学习者不仅语言输入环境受到内部加工机制的影响，而且语言输入的质量和数量也受到大脑内部机制的影响，而互动可以使输入输出达到动态平衡。

语言学家 Vigotsky（1978）从认知角度解释了互动对语言习得的重要性，他认为人类认知的发展离不开个体之间的社会互动。根据 Long（1981）的互动假设可知，互动交流可以促进语言习得。但并不是所有的互动都对语言习得有意义，一些必要的简化的语言结构并不能产生有意义互动，能产生有意义互动的是与本族语者的交流。很多研究者也认为在课堂学习中，学习者利用目标语言与其他同伴共享或者获取信息及经验来进行课堂互动是促进语言学习的好方式。Allwright（1988）提出"课堂教学只有通过互动才能进行下去"，课堂互动一方面能促进学习者对二语的接触和理解，另一方面能提供给互动双方使用二语的机会（Ellis，1990）。

Edward 和 Mercer（1986）对语言课堂的互动作了定义，即教师和学生在课堂上运用课堂所教的知识来分享信息的对话方式。他们强调群体的认知，认为教学的发展在于群体形成相互理解的话语形式。Chaudron（1988）认为互动就是教师及学生间的对话互动，重点在于学生有练习目标语的机会。总之课堂互动是教师和学生或者学生和学生之间针对学习需求进行交流从而习得语言的一种方式。

根据互动对象，课堂互动可以分为三类：学生—教师互动，学生—学生互动，学生—语境互动（Moore，1989）。学生—教师互动指学生和做好教学准备的教师或者教员之间的互动，这种互动可以引导、激励学生以促进教学活动的进行和教学策略的实施；学生—学生互动指一个学生和其他学生之间一对一或者小组形式的互动，教师既可以在场也可以不在场；学生—语境互动指学生和学习语境或者学习目标之间的互动。除此之外，课堂互动还可以启动—回复—反馈（Ur，2002）模式来分类，首先通过问问题来启动互动，这个环节既可以是老师也可以是学生来进行，然后学生对问题进行回答，最后对回答进行反馈。除此之外，课堂互动还可以用语言互动和非语言互动进行分类。语言互动指运用目标语言进行课堂互动，非语言互动指运用面部表情和身体动作等进行课堂互动。

我国课堂互动研究从 20 世纪 90 年代开始兴起并逐渐增多。在外语教学课堂互动模式研究中，比较有影响力的是李素枝（2007）的"中外教师英语课堂互动模式对比研究"。研究表明在中国教师的课堂上，教师—学生—教师的互动模式频率明显高于以英语为母语的教师，这说明中国教师在课堂上更倾向于控制课堂。而在教师和学生的话步频数方面两组课堂却没有显著差异，研究还发现由学生启动话步的模式能促进学生的课堂参与程度，有利于提高学生的交际能力。针对生生互动，结对是最常见的方式。徐锦芬和曹忠凯（2012）将学生分为固定组和非固定组进行外语教学实验，研究发现固定结对对语言输出的数量和质量更有益。后来蔻金南（2016）根据 Storch（2002）归纳出的英语课堂的四种小组互动模式进行实验，即合作型、轮流型、主导/被动型和专家/新手型，研究发现不同的小组互动模式在进行任务时各具特色，并也证实不同互动模式对学习者的二语发展会产生不同影响，即合作型和专家/新手型起促进作用，轮流型和主导/被动型未能产生积极影响。除此之外，学生结对或是小组合作也可以根据语言水平进行，研究发现，不同语言水平结对也会对二语学习结果产生一定影响（邓元、牛瑞英、邓华，2021）。因此教师可以通过有效组织互动模式，指导学生形成有效的课堂互动。

课堂互动中的写作互动也可以理解为合作写作，近年来也成为二语教学研究的热点。Stroch（2011）定义合作写作为"两个及以上的作者共同完成一篇文章"。目前有关合作写作的研究主要集中在两个方面：一方面是比较合作写作与独立写作对作文产出所产生的影响；另一方面是探究在合作写作中言说对二语学习效果的影响。本研究属于第一方面的研究，此类研究关注合作写作与独立写作的比较，如在文本准确性、流利性等方面的差异，并分析影响产出文本质量的因素。

许多研究者比较了合作写作与独立写作所产生的文本差异，并证实合作写作确实存在一定的积极影响。比如 Storch（2005）对中等水平的成人在 ESL 课堂的合作写作文本和独立写作文本进行了比较，发现合作写作更有助于汇集想法和提供反馈，所以合作写作在任务完成和语法准确性等方面优于独立写作。后来 Storch 和 Wigglesworth（2007）又研究了高水平成人 ESL 学习者，并比较了搭对合写和独立写作的文本，发现二者的语法准确性有显著差异，而流利性和复杂性差异很小。Shehadeh（2011）对 EFL 环境中英语水平均为中低程度的学习者进行了实验来对比合作写作和独立写作，结果表明合作写作的学习者组在内容、结构、词汇方面均好于独立写作的学习者，但在语法上没有明显差异。

国内学者也对合作写作进行了深入的研究。顾卫星（2011）针对非英语专业大学生写作的情绪障碍问题，进行了合作写作与独立写作的对比实验，结果表明合作学习能够有效降低非英语专业大学生英语写作的总体焦虑、评价焦虑与躯体焦虑，但对回避行为与自信焦虑无明显作用。除此之外，合作写作对语言产出的影响也得到证实。桑紫林（2017）研究了合作产出对英语学习者书面表达的准确性发展的影响，结果表明实验组的学习者在接受合作产出后，书面语准确性显著提高，且发展速度显著高于对照组。目前合作写作的促学效果已得到广泛认可，研究开始集中到合作的模式上来，不少学者关注进行合作写作的学习者的语言搭配，并证实水平配对会影响学习者的语言片段的解决和语言水平的保持（岑海兵、王静茹，2021）。

网络的发展更是为互动提供了广阔的平台，为二语教学带来了机遇和挑战。基于网络环境的教学研究在国外开展较早，20 世纪 90 年代初就有研究表明网络辅助学习对学习者语言习得有积极的影响，比如可以提高趣味性、缓解学生的压力、提高学生的参与度、提供更多交流机会等（Smith，2003；Beauvois，1994；Bloch，2002）。Sullivan 和 Pratt（1996）将传统课堂与网络辅助课堂两种英语写作环境下的学生进行对比实证研究，结果表明写作质量在计算机辅助的课堂上确实提高了，证明了网络辅助能切实起到积极作用。之后许多研究将计算机与语言课堂创造性地结合起来（Kern & Warschauer，

2000），此外，许多促进语言学习的网站也建立起来（Gardner & Miller，1999）。

在我国直接用外语交流的条件相对欠缺，符合外语环境的听说机会较少并且外语环境下与本族语者交流机会不多（王初明，2005），而人际互动能使学习者的语言能力一直处于应激状态，有利于二语习得（王初明，2007）。有研究表明计算机技术的飞速发展和普及改变了学习环境，为语言习得提供了互动平台，利用网络为学习者提供更便利的语言输出机会，弥补大学英语课堂交际互动的不足已成为互动研究的一个新方向（徐锦芬，2010）。

由于国内网络技术兴起较晚，国内基于网络学习的研究也相对较晚，多数研究始于 21 世纪。而且大多数研究是针对网络环境下的写作探究，比如早期基于博客环境的写作模式设计和实践，后来 QQ 兴起有外语写长法在 QQ 空间的应用模式研究，而且研究表明网络辅助教学可以提高学习兴趣和学习动机，其对英语学习具有积极的影响和促进作用（郭晓英，2009；张秀芹等，2015）。近年来，随着移动技术的飞速发展，基于移动终端设备的移动语言学（Mobile-Assisted Language Learning，MALL）逐渐兴起，受到国内外专家学者的关注。MALL 指的是学习者利用便携式移动设备进行正式或非正式的语言学习，具有泛在性、及时性、交互性、多媒体特性等特点（McCarty，2017）。许琪、董秀清（2018）将续论与 MALL 结合，进行了基于微信平台的视听续说教学活动设计，研究表明视听续说活动可有效促进学习者之间的互动交流，可以提升学习者的口语交际能力及整体英语水平。

研究表明学习者之间的互动交流还会受到语言水平的影响，不同的语言水平会影响互动过程中的信息加工从而导致语言产出有协同差异（徐宏亮，2015），而成功的交流会自动使学习者理解信息的意义（Krashen，1982），并且有学者指出，在可理解性输入的过程中，当学生积极参与意义的磋商时，他们会产生可理解性语言输出，即合作式学习能有效促进同伴间的学习效率（Swain，1995，2002），因此不同语言水平分组的合作模式会对互动产生影响。Arnold（2012）在一项合作写作项目中发现两类同伴互动模式，一类在互动中专注修改自己完成的部分，一类通过互动关注整篇写作的修改和完善。有研究证实小组合作中低水平组和高水平组词义激活时间和加工强度存在明显差异（余清萍、田筱润，2019）。而且由于不同语言水平的学习者在网络中可以更加灵活地开展同伴互动，更加丰富多样的互动模式形成了。按照语言水平，学生通常有三种配对方式：高－高水平配对、高－低水平配对和低－低水平配对（邓元、牛瑞英、邓华，2021）。研究证实利用计算机进行网络多边互动确实可以提高学生的自主学习能力（杨纯丽，2003），并且郑佩云（2011）根据不同语言水平对网络书面交流的互动模式进行研究并证实不同语言水平的对子互动合作模式会对学生的语言输出产生（积极）影响，说明结对子或组队的方式会对同伴互动模式产生影响。而针对读后续写的网络互动模式的研究几乎没有，本研究将读后续写互动模式与网络相结合，旨在发现其对学习者的协同性及续作质量的影响，对续论研究具有很强的现实和指导意义。此外，网络环境具有方便、快捷等优势，学习者在网络上的相互学习和互动反馈也更加轻松自在。将续写任务延伸到网络环境下进行既与时俱进又符合大学生的互动交流习惯，读后续写在网络环境下的应用值得投入更多的关注。此外，当前新冠肺炎疫情也使得网络环境下的促学互动研究与实践显得更加重要与迫切。

6.2.5 小结

协同是二语习得的关键，协同性与学习效果呈正相关，协同性越强，学习效果越好。协同体现在互动中（Pickering & Garrod，2004），无互动便无协同，互动强，则协同强，互动弱，则协同弱。在中国的外语课堂中，学生之间用外语进行的互动较少，互动的缺乏导致协调性弱，可理解性输入不够，从而产生输出障碍，因此二语习得效果不好。读后续写提供了互动的机会，其多方面存在的协同性也得到研究证实。然而读后续写只是基于人与文本的互动，缺乏多方面的人际互动。互动存在多种模式，不同水平搭配对二语习得的效果也不尽相同。而今网络的兴起为读后续写搭建了一个新的互动平台，不仅打破空间的限制缓解了学生的紧张焦虑，也为读后续写的多方面互动提供了机会，尤其在疫情的影响下。那么网络环境下不同水平及互动模式对读后续写存在什么影响？协同会有什么差异？续作质量会有什么差异？本研究旨在探究基于网络环境的不同水平及互动模式对续作协同及质量的影响差异，希望能为网络环境下读后续写互动发展提供一定的实践依据,并对二语教学有所启发。

6.3 理论基础

本节将介绍该研究的相关理论,包括 Krashen 的输入假设、Swain 的输出假设、Long 的互动假设、Picking 和 Garrod 的互动协同理论。本研究选取每一假设的一些观点来解释本实验所产生的结果。

6.3.1 Krashen 的输入假设

20 世纪 80 年代,Krashen 提出输入假设理论,为促进二语习得研究方面提供了借鉴。输入假设包括四方面:第一,语言输入假设与 learning 无关,与 acquisition 有关。Acquisition 是无意识的自然而然的过程,是获得语言的主要途径;而 learning 是自觉的有目的的,可以获得有关的语言知识,但不能获得有效交流的语言,仅仅起到测验和校正的作用。第二,理解比目前语言水平略高的语言输入是人们获得语言的最佳途径。Krashen 把语言输入归结为公式"i+1","i"代表学习者目前的语言水平,"i+1"代表略高于学习者目前语言水平的输入,即将要学习的新知识。第三,输入假设理论指出,流利的口语表达能力不是直接传授就能获得的,只有学生理解了输入并具备了语言能力之后才能获得。第四,可理解输入量足够时,"i+1"会自动产生。

Krashen(1982)认为,最佳语言输入必须具备四个基本条件:第一,输入必须是大量的,以便使学习者在丰富的语言环境中得到渲染和熏陶。第二,输入应该是可理解的,以便引起二语学习者的兴趣并提高积极性。第三,输入应该是有趣且密切相关的,以便充分考虑到学习者的心理因素。第四,输入不应该过分强调语法,不必按语法程序安排教学。

6.3.2 Swain 的输出假设

Swain(1985)在调查了加拿大的法语沉浸教学后发现"除了必要的可理解性输入外,学习者必须有机会使用所学的语言,这样才有可能达到流利、类似母语的水平"。所以输入与输出相辅相成，缺一不可。在注重输入的同时，也要认识到输出的重要性。一方面，输出是对学习者输入基础上形成某个假设的检验，对吸收成果的反馈；另一方面，输出使学习者从语义分析转到句法分析。在理解输入的时候，学习者可以借助语境、策略来促进理解，但在表达的时候，说话者就不得不有意识地关注语言表达的形式，这对理解输入提出了更高的要求。

Swain（1985）的可理解性输出假设理论明确指出语言输出对于二语学习者流利准确地使用语言具有促进作用。输出性的语言运用手段可以给学习者施加压力，从而调动运用知识的积极性，实现可理解输出。

可理解输出有三个功能可以促进二语习得：

（1）注意与触发功能。在用目标语表达时，学习者会意识到想表达和能表达之间的差距，认识到自己的语言问题。此时由于学习者的认知过程受到刺激，学习者有意识地去关注自己的语言形式并对输出进行分析修正，从而提高输出的准确性，促进语言知识的控制和内化。

（2）假设检验功能。学习者把语言输出作为一种途径来验证在学习过程中形成的有关语言形式和结构的新假设。学习者不能确定自己输出语言的准确性，输出验证了学习者对自己所输出语言准确性的猜测。

（3）元语言功能。元语言是指学习者的语言知识的总和。元语言功能是指二语学习者使用目标语对交际中的目标语的形式进行协商，在输出过程中主动调动学过的知识去尽力表达自己的思想。学习者通过反思实现对目标语的控制和内化。

6.3.3 Long 的互动假设

互动假设来源于 Michael Long 对 foreign talk 的拓展性质疑。Long 认为 "foreign talk" 混淆了输入和互动两个相关但不同的语言现，Foreign talk 应该区分输入调整（modified input）和互动调整（modified interaction）。Long （1981）通过 16 对本族语者以及 16 对本族语者与非本族语者搭配进行对话及游戏实验指出互动调整能够更好地解释输入调整在二语习得中的作用。因此 Long 于 1981 年正式提出互动假设：非本族语者和本族语者借助互动调整，进行对话交流是二语习得的必要充分条件。

互动假设是在输入假设（Krashen，1980）的基础上提出的，输入假设强调可理解性的输入，而互动假设强调互动的过程，即意义协商。意义协商指学习者之间为达成沟通的相互调整，包括输入和输出两方面。后期 Long 发表观点指出：意义协商尤其是由本族语者或语言能力强的会话者作出的互动调整，有利于语言习得。这是因为意义协商将输入、学习者的内在机能联系起来，尤其是有选择地将注意力和输出以语言产出的形式联系在一起。因此，近阶段的二语习得研究非常注重注意力这一概念及其相关的注意行为。此后，Swain 也对互动假设作了进一步的研究。发现学习者在互动过程中，不断调整语言输入，加强语言理解，同时也促进了语言输出。语言输入和语言输出正是在互动过程中得以连接，最终达到语言知识的内化。

在互动假设中，可理解性输入是不可或缺的部分，而互动对于输入的可理解性具有重要作用。二语交流最有效的方法是与本族语者进行双向互动，但我国缺少与本族语者交流的真实环境，中国学生大部分处于哑巴英语的现状，书面练习比较多。读后续写针对学情，将内容创造与语言模仿相结合实现人与文本互动，解决了学生不愿开口及交流资源不足的问题，促进了二语习得（王初明，2013）。

6.3.4 Pickering 和 Garrod 的互动协同理论

Pickering 和 Garrod（2004）认为，协同性是对话中成功沟通的基础。换句话说，成功的沟通与对话者中相似表征的发展密切相关。协同是由 Pickering 和 Garrod（2004）从心理语言学的角度定义的，它被称为机械心理学，当对话者在一定程度上有相同的心理表现时，就会出现协同现象，即对话者在相互交流时的互相调整，选择相同词汇、短语和句子结构。

人类使用语言最自然、最基本的方式是对话，语言使用的机理潜藏在对话中（Pickering & Garrod，2004）。对话产生于互动，互动需要合作，合作产生协同，即对话的顺利进行离不开互动协同模式（IAM）（Pickering & Garrod，2004）。该模式强调协同源于互动，互动过程中产生的协同不仅仅发生在情境层面，也会发生在语言结构层面。话语双方在话轮互动中，常常重复自己或对方用过的语言结构。心理语言学中称为"结构启动"的这一现象，由交际需要驱动，有助于流利表达意思。另外，一个层面的协同往往引发其他层面的协同，如语言结构的协同会引发情境模式的协同，反之亦然（王初明，2010）。

　　协同对二语习得起到至关重要的作用。学习者与社会认知环境的不断协同，将二语学习体验融入自己的学习模式和学习策略中，便习得了新的语言。互动与协同相互影响，互动强则协同强，互动弱则协同弱。人际交往活动中，对话是最为显著的互动协同模式：对话中听和说的活动都是在说话双方协同情境模式的过程中进行的，由协同驱动。在互动协同过程中，学习者加强自身与交流者的互动来更好地理解他人话语，从而创造性地使用习得语言，缩小了自身语言水平与他人语言水平之间的差距，进而提升了自己的语言水平。王初明（2015）也指出，学习效果就是在互动过程中，学习者的产出不断向理解趋同，最后产生拉平效应达到的，IMA 的核心观点中提到的对话中理解和产出的共用表征（parity effect）也阐释了这样的观点。

6.4 研究设计

　　本节前一部分对本章的相关研究进行了回顾并且对本章的理论基础进行了详细的解释。前人对读后续写及互动的研究为本研究奠定了基础。他们已经证明读后续写是利用互动协同原理有效促进二语习得的方式，而且基于网络平台的互动提供多边交际的机会也具有明显的促学效果，能弥补读后续写单边交际的不足。基于前文提到的输入和输出理论、Long 的输入假设及 Peckering 和 Garrod 的协同理论，作者进行了为期 2 周的实验，并将研究的问题、参与者、材料、程序和数据的收集和分析在本章进行了详细介绍。本部分将详细介绍实验和方法。它从研究问题开始，接着是被试、材料、步骤和数据收集。

6.4.1 研究问题

　　研究问题和假设是基于网络环境的读后续写任务的教学实验，探讨的具体问题是：

（1）不同互动组合形式对学习者的词汇协同及续作质量有何影响？

假设：这个问题是为了弄清网络环境下有无人际互动对读后续写的协同及续作质量有何影响。本研究试图通过比较协同词汇数量及作文得分来回答这个问题。预测的答案是对子组和个人组在协同及续作质量上存在差异，由于网络互动的丰富性和无限制性，假设对子组会产生更多的协同且续作质量更好，即对子组产生更多的协同词汇，作文得分也更高。

（2）不同互动组合中学习者语言水平对词汇协同及续作质量有何影响？

假设：这个问题是为了弄清不同语言水平搭配会对对子组协同效果及续作质量产生何种影响。本研究试图通过比较协同词汇数量及作文得分来回答这个问题。预测的答案是水平高的对子组合协同效果及续作质量会更好。水平高的人本身具备较多的知识储备，交流通常更为流畅，所以预测水平高的对子组会产生更多协同词汇且作文得分更高。

6.4.2 被试

本研究的被试是河北省某高校 113 名非英语专业学生，实验时被试处于大二第二学期，学习英语的平均时间为 10 年，无学生有国外生活或学习经历。他们来自同一专业的两个英语教学班（每个英语教学班分别由两个自然班构成），年龄在 18～21 岁之间。笔者对被试进行前测并根据前测结果对该 113 名学生进行成绩排名，前测成绩排在前 37 名的学生作为高水平被试，前测成绩排名位于后 37 位的学生则为低水平被试，这里的高、低水平划分是相对于本实验被试的整体情况而言的，是一种相对水平。同等语言水平的被试成绩差 ≤ 5 分，高低水平被试的成绩差 ≥ 20 分（T 检验，$P=0.000$，$T=7.380$），即高低水平被试的分数存在显著差异。最终有 68 位学生满足本次教学实验要求，其中 36 人组成高低对子组合 6 组、高高对子组合 6 组、低低对子组合 6 组，另有 32 名水平不等的同学分别作为高水平和低水平被试独自完成续作，他们没有配对组合互动活动。另外 45 人也被分到了对子组和个人组参与了本次实验，但他们的实验结果未被纳入本次研究数据进行分析。

6.4.3 材料

前测材料为 2018 年 6 月份的大学英语四级真题，选取题型为写作和阅读。实验材料为一篇删掉结尾的共 720 词的英文小故事，考虑到体裁（张秀芹、张倩，2017）和趣味性（薛慧航，2013）等因素会对被试续作产生影响，而且根据 Krashen（1982）的输入假设中所提出的最佳语言输入应该是有趣且密切相关的以便符合学习者的心理构建，所以实验材料为记叙文且与学生的生活、学习相关。而且考虑到非英语专业学生的水平，以及任务过于复杂会对被试记忆以及习得准确性产生负面影响（靳红玉、王同顺，2021），同时与被试水平相当的阅读材料能提供相关参考帮助学生构思提笔（张琳、秦婷，2020），因此选取的材料简单易懂，并用汉语注明困难词汇。

为了充分了解被试对网络互动续写／独自续写活动的评价和想法以作为对定量数据的补充，实验结束后进行一对一汉语半结构访谈，访谈问题包括：①网络环境下互动／个人续作对协同和续写有何影响？②互动同伴的语言水平对网络交流及续写有何影响？

6.4.4 研究步骤

整个习得实验历时两周，本研究开始前一周研究者对被试进行了一次语言水平测试即前测，客观题部分按照答案评判打分，主观题部分邀请两名教授写作课的教师（两个教师的评分信度达到 0.96）共同阅卷，他们分别对写作进行评分，最终得分取两个阅卷教师评分的平均分。基于该测试成绩将被试按照其语言水平分成不同的互动小组。之后经过与学生协商后选择在一个学生无课的周日下午进行续写实验。参加实验的两个班的阅读教学由课题组小组成员之一任教。为保证续写任务的完成质量，该续写任务计入平时作业成绩。

整个实验过程持续 45 分钟，每组平均阅读时间为 15 分钟（包含思考和讨论），续写时间为 30 分钟。研究者于网络发放续作前文阅读材料和任务指令，被试在阅读输入材料之后用英语以语音或文本的形式展开讨论。对子小组在讨论互动中两个组员需根据个人的理解给出自己的续作思路，在讨论结束后每人可按照自己的思路或借鉴同伴的思路完成个人续作，续作完成后学习者必须在规定时间内把个人续作上传到小组群中。个人独自完成续作的学习者则没有和同伴讨论续作思路的过程，续作完成后直接上传。研究者在网上下载每位学习者上传的续作，之后进行数据统计分析。续作收集完成后研究者从不同小组随机选取 8 名学生通过 QQ 语音进行半结构访谈，了解学生对续写互动过程的评价与感受。

6.4.5 数据收集

本研究共收集了 19 组共计 68 篇读后续写的文本，为了回答有关协同的研究问题（不同互动形式和语言水平的学习者协同效果是否存在差异），研究者手工计算了协同词和搭配词的数量。研究人员是外国语言学和应用语言学专业的研究生，已经学习协同近一年。首先，研究人员手工计算逐字排列的单词和搭配，然后仔细逐字比较单词和搭配与原始阅读材料中的单词和搭配的协同，以确保它们具有相同的上下文，只有在相同的语境下，它们才可算作是协同的单词和搭配。协同单词及搭配的例子如下：

例 1. 原作：This is an emerald necklace which Helga's mother had given her.
　　学生续作：She recognized it as the necklace her mother had given her.

例 2. 原作：This is an emerald necklace.
　　学生续作：Helena was just the woman who gave emerald necklace.

例 3. 原作：She gave it to Helena on her wedding day.
　　学生续作：It's the one she had given to the crying lady.

例 4. 原作：Helena cannot be allowed to go into his wife's room.
　　学生续作："Why Mr Desmond doesn't allow me to go into this room?"

研究者反复对续写内容与原文材料进行对比，统计出被试与原文词汇和短语的协同数量，此外，由于每组续写长度不同，所以最终统计方式采用协同率，即协同词汇和短语的数量除以所属内容总字数，然后乘以 100%。续作质量方面则还是由之前评阅实验前测作文的两位老师进行评分，根据续作的相关性、完整性及词汇和语法结构的准确性给出分数，两位评阅教师所给分数的平均值作为学生的续作成绩。本研究将协同率作为语言水平和互动模式在读后续写任务中对学习者协同影响的研究参数,将分数作为语言水平和互动模式在读后续写任务中对学习者作文质量影响的研究参数,运用 SPSS25.0 对数据进行分析,显著水平定在 0.05。

实验结束后从对子互动和个人续作组分别随机选取了 8 名被试进行了一对一汉语半结构访谈,访谈问题包括:①网络环境下互动/个人续作对协同和续写有何影响?②互动同伴的语言水平对网络交流及续写有何影响?访谈旨在充分了解被试对网络互动续写/独自续写活动的评价和想法以作为对定量数据的补充,之后对访谈数据进行归纳整理和分析。

6.4.6 小结

本节提供了研究设计的详细信息,包括研究问题、参与者、材料、程序和数据收集。所有协同的词汇数量由经过培训的高可靠研究者进行统计,协同数量被转换成协同率进行计算,作文质量由两位信度高的资深老师进行评判。所有数据更可靠更具有可比性。所有的数据分析都是在 SPSS25.0 的帮助下进行的,整个设计的目的是探究互动形式及语言水平对协同及续作质量的影响。

6.5 数据分析

前一节介绍了详细的研究设计。为了回答两个研究问题,研究者分析了被试的续作。从以下几个方面进行:一是在两组文字中比较计算协同词的数量,然后协同数量被转化为协同率,以进行可靠性的对比分析。二是评判续作分数来衡量作文质量。所有的分析都在 SPSS 25.0 的帮助下执行。

6.5.1 不同的互动组合形式对学习者的词汇协同及续作质量的影响数据结果

由于所有的数据都被输入电脑,所以不同小组的平均值及方差很容易被计算出来。根据前面的介绍,不同小组每名被试需要完成一篇记叙文的续作,共有 19 组 68 篇续作,其中对子组 36 篇,个人组 32 篇。借助 SPSS 25.0 软件对对子组及个人组的平均协同数及作文平均分进行计算。表 6.1 和表 6.2 显示

了独立样本 T 检验的结果，据统计，对子组 36 篇续作的平均协同率为 0.060，SD 为 0.015，作文平均分为 27.06，SD 为 1.24；个人组 32 篇续作的平均协同率为 0.042，SD 为 0.007，作文平均分为 27.17，SD 为 2.14。所以不同互动形式的学生的单词词组协同量有显著差异（t=3.948，df=18.938，$p<0.05$）；对子组学生的单词词组协同量显著高于个人组学生（MD=0.019）；不同互动形式的学生的作文得分没有显著差异（t=-0.11，df=6.30，$p>0.05$），但个人组学生的作文分数均高于对子组学生（MD=-0.10）。

对于本次实验中的续写任务，研究者对于词汇及句式没有具体要求，学生只需要根据阅读材料尽可能写得逻辑通顺、内容连贯。根据结果，对子组产生的续作词汇协同量要远远高于个人组的词汇协同量，且两组之间有显著差异。这表明网络环境下互动形式会影响协同，对子组的互动对协同有显著积极影响，但是对子组的互动对作文质量的影响并不理想，低于个人组，这为网络环境下读后续写的教学提供了启示，即互动与质量的平衡。

表 6.1　不同互动形式各组单词词组协同量差异

	对子组（n=36）		个人组（n=32）		MD	t（18.938）
	M	SD	M	SD		
单词词组协同量	0.060	0.015	0.042	0.007	0.019	3.948*

注：*$p<0.05$

表 6.2　不同互动形式各组作文得分差异

	对子组（n=36）		个人组（n=32）		MD	t（6.30）
	M	SD	M	SD		
作文得分	27.06	1.24	27.17	2.14	-0.10	-0.11

注：*$p<0.05$

6.5.2　不同语言水平的互动对学习者的协同性及续作质量的影响差异数据统计结果

前一部分展示了对子组与个人组的协同及作文得分情况，本部分对于对子组内部不同水平搭配的各个组的协同数及作文得分的结果进行详细展示。

如前文所述，本部分协同数量是由学习过协同的研究者详细对比续作与原材料得出的结果，作文分数则是由信度很高的两位老师共同评判得出的。采用 SPSS25.0 进行数据统计分析，本部分对于对子组内的不同语言水平搭配组合 3 组共 36 篇续作进行单因素方差分析。

表 6.3 和表 6.4 是单因素组间方差分析，结果显示，高－高组平均协同量为 0.055，SD 为 0.017，平均分为 27.50，SD 为 0.84；高－低组平均协同量为 0.079，SD 为 0.003，平均分为 27.75，SD 为 1.26；低－低组平均协同量为 0.054，SD 为 0.007，平均分为 26.17，SD 为 1.17。所以不同语言水平分组的各组学生单词词汇协同量有显著差异 [$F(2, 13)=7.000$，$p<0.05$]，高低组学生的单词词汇协同量显著高于高－高组和低－低组的学生，分别为 MD=0.024 和 MD=0.025。但高－高组和低－低组的学生单词词组协同量无显著差异；不同语言水平分组的各组学生作文得分没有显著差异 [$F(2, 13)=3.39$，$p>0.05$]，但高－低组学生的作文得分均值均高于高－高组和低－低组的学生。

如上所述，在网络环境下的读后续写任务中，不同语言水平搭配的互动组合的协同及写作质量有差异，高－低组学生在词汇协同及作文分数方面均高于高－高组和高－低组，尤其在词汇协同量方面提高程度更显著。因此，对于正在研究网络环境下续写任务的外语教师来说，如果想让学生产生更强的协同效果以及更好的作文质量，高－低语言水平的学生搭配组合更合适。

表 6.3 对子组合中不同语言水平各组单词词组协同量差异

	高－高组 (n=12)		高－低组 (n=12)		低－低组 (n=12)		F (2, 13)	Post Hoc (Tamhane)
	M	SD	M	SD	M	SD		
单词词组协同量	0.055	0.017	0.079	0.003	0.054	0.007	7.000*	高低组 > 高高组 高低组 > 低低组

注：*$p<0.05$

表 6.4 对子组合中不同语言水平各组作文得分差异

	高－高组 (n=12)		高－低组 (n=12)		低－低组 (n=12)		F (2, 13)
	M	SD	M	SD	M	SD	
作文得分	27.50	0.84	27.75	1.26	26.17	1.17	3.39

注：*$p<0.05$

6.5.3 小结

本节对实验结果进行了详细的描述，并根据统计和表格，对两个研究问题进行了简单的回答，不同互动形式及语言水平的被试在词的协同和作文质量方面确实存在差异，而且在词的协同上差异显著。一般来说，互动会产生更多的协同，但个人无互动组，被试的作文质量更好。因此，外语教师在网络环境下研究续写任务时，可以根据不同的目的选择更适合学生的互动方式。

6.6 讨论

前一节根据实验数据详细报告了实验结果，它能简单地回答两个研究问题。一般来说互动有助于协同的产生，所以网络环境下对子组协同性更好，然而个人组写作质量更好，但是对子组合中高低水平的搭配在协同量及写作质量方面促学效果最佳，所以网络环境下高低水平搭配的互动模式值得借鉴。

6.6.1 不同互动组合形式对学习者的词汇协同及续作质量的影响

研究结果表明对子组与个人组续写的文本均与原文材料存在单词词组的协同，此结果与姜琳、涂孟伟（2016）读后续写二语词汇习得一致，验证了读后续写在二语词汇习得方面的促进作用，这与实验材料选取有很大相关性。该实验材料为记叙文，记叙文续写对语言产出量具有更为积极的影响（张秀芹、张倩，2017），选取材料贴近生活且趣味性强，情节丰富，极大地激发了被试的想象力，增强了被试表达的意愿和交流的积极性，促使被试不断进行回读，因此无论是对子组还是个人组均有意识地与文本产生了较强互动，产生协同。

对子组在单词词组协同均值上之所以高于个人组且存在显著差异，主要在于对子组合同伴之间在读后续写中互相交流促进构建类似的语境，根据IAM (Picking & Garrod, 2004)，语言层面的协同也受情景层面协同的影响，情景层面协同的增强会对语言层面的协同产生促进作用。这是由于语境经历会影响与语言信息相联结的情绪信息加工，丰富的语境体验交互会使学习者产生愉悦并对语言进行高效加工（张素敏，2019），为学生模仿原作使用新语言提供促进性环境（杨华，2018），从而帮助学生内化输入、加深记忆、优化输出，进而产生协同。在访谈中对子组合也表示，在网络互动交流的过程中，为了提高效率，大家都尽可能采用简单词汇和短语进行交流，然后以讨论中涉及的重点单词、词汇为记忆点不断回读再进行讨论，并在续写过程中仍不断回读前文以确保词汇使用能够准确无误。该结果进一步验证了姜琳、陈锦（2015）的研究结论，即回读过程能引起学习者对语言形式的注意，激发认知比较，从而使学习者意识到自身语言水平与外语文本的差距，并通过模仿协同去有意识地学习目标语言来弥补差距。此外为了能更快构思续作内容，选择延用原文的词汇既省时又省力，因为模仿协同可以缓解信息加工能力的不足（王初明，2015），这与张秀芹、王迎丽（2020）的研究结论相吻合，即被试为了减轻负荷高效省力，通过模仿、协同进行互动，对子组合既可与前文文本互动而产生协同，又可通过同伴互动触发产生更多的协同。而个人组被试由于没有多方面的人际互动，缺少同伴点拨，在只与文本单一互动的情况下语言输入形式过于单一且容易记忆缺失，导致对原文词汇延用较少，因此协同较弱。根据姜琳等学者（2021）的研究结果，互动越强，语言层面和情景层面的协同就越强。所以个人组由于互动缺乏，导致各层面协同较弱，产出协同词汇较少。

　　对子组和个人组虽然在作文质量方面未呈现显著差异，但个人组作文得分均值高于对子组，此结果与假设不符。个人组好于对子组的原因与网络互动形式有关：个人组由于没有同伴互动，所以会更专注于与文本互动，更专心于自己续作从思路到语篇的构思，更从容地选词酌句，使得他们在作文中相比对子组使用了更多复杂句及比较正式的书面表达，因而句式表达和内容连接方面更加流畅。此外，个人组学生对于文本更专心的阅读促使他们更容易进入深度阅读，而深度阅读有助于发挥原文支架作用，从而促使中高水平语言习得者使用高于自身水平的语言（杨华，2018）。根据Long（1981）的互动假设，个人组的深度阅读所产生的与文本的深度互动可促进输入的可理解性，从而加强理解促进输出。而小组网络交流限制了交流的丰富性，交流过程中减少了他们独立思考的时间，在作文中对于句子的表达倾向于用同伴交流时所使用的简单句或者只是轻微修饰,这一点在与学生的访谈中也得到了进一步确认,学生表述在网络环境中同伴交流互动多采用简单句或表情符号,这些省时省力的互动交流限制了交流的丰富性,对写作质量的促进作用不明显,这一研究结果与郑佩云(2011)研究一致,及时快速的互动促进语言的流利性而不是准确性。所以在作文质量上,个人组比对子组更好一些。

6.6.2 不同语言水平的互动对学习者的协同性及续作质量的影响

在文本协同中,对子组合中的不同语言水平组(高-低组)在单词短语协同数量和作文得分均值上均高于相同语言水平组(高-高组、低-低组),两组的单词、词组协同量均值方差呈现显著差异,但作文得分均值方差未呈现显著差异。

对子组合中不同语言水平的被试在协同数量方面好于同等语言水平组且呈显著差异的原因有以下几个方面:首先在不同语言水平组合中,高水平学生在与低水平学生交流时,能够更快速地识别并使用与文本相协同的词汇或短语,通过与低水平学生的互动交流将这些词汇短语与低水平学生共享,而低水平学生通过这些输入也能较快地识别并在续写中应用高水平同伴在交流中提供的词汇,在这个互动的过程中,他们在接受输入的同时也通过与同伴分享续写思路促进语言输出,从而产生拉平效应。根据 IAM(Picking & Garrod,2004),协同是理解和产出的紧密结合,并且互动对理解具有促进作用,那么拉平效应则是互动促进理解和产出结合的完美诠释,这也表明了不同语言水平组互动效果比较好。此外,不同水平学生的互动交流对高、低水平学生的语言能力均有促进作用,高水平学生在互动交流中更加自信,在同伴交流中起着引领或榜样的作用,因此在互动中更加积极主动,而低水平学生在高水平学生的启发带动下语言输出水平也相应提高,这一点也通过与学生的访谈得到了进一步确认。该结论证实了 Huong(2007)的研究结果,即高水平学习者在促进低水平学习者语言发展的同时也能在此过程中得到自我提高。不同语言水平组协同量相对较高更重要的一点还在于高水平学生为低水平学生提供的无论是词汇还是续作思路的语言输入对低水平学生来说都是可理解性输入,使低水平学习者能够较完整地接收并接纳这些输入并通过互动不断提高语言运用能力,使得不同语言水平组产生话轮交替比较多,所以互动多、协同强(王初明,2018)。相同语言水平组协同数量较少的原因也与他们的语言水平相关:其一是相同语言水平组竞争意识更强,特别是高-高组之间的竞争意识和自信程度都较高,更相信自己的认知能力和语言运用能力,因此更偏向于不采纳对方意见而独立完成任务;而低-低组学生则缺乏自信,不愿意与同伴互动或阐述对阅读材料的理解方面的疑惑,导致互动少,因此协同数量也相应降低。有被试在访谈中也表示:"之前有过不愉快的合作经历,不太愿意去进行互动。"不愉快的经历是指在互动中低水平被试的建议或看法被忽视,不被采纳,而且据研究表明不愉快的情绪会影响情绪的调节从而抑制信息的高效加工(张素敏,2019)。还有被试表述不愿意与不熟悉的同伴搭档,由于同伴之间不太熟悉,双方互动的意愿不强,导致话轮交替相对较少,这会影响同伴之间主体间性的建立,同伴之间由于没有深度交流分享很难建立深度联结,因此也不能提供针对性或者建设性意见(王菲,2019)。范玉梅、徐锦芬(2021)的研究结果也进一步证实了这一点,即熟悉度对同伴交流会产生影响,陌生同伴在交流的过程中会尽量避免提出困难疑问而出现尴尬场面来保全双方的面子。由此可见,相同语言水平组互动弱导致协同弱,协同量也相对较低。

除此之外,虽然对子组合中不同语言水平组和同等语言水平组在作文成绩方面都未呈现显著性差异,但对子组合中的不同语言水平组在作文得分均值上均高于相同语言水平组,对子组合中不同语言水平组作文质量方面好于同等语言水平组的原因有以下几个方面:首先相对于不同语言水平组来说,由于相同语言水平组学生双方水平差异不大,交流时"i+1"的输入缺乏,对于语言相关片段得不到解决,导致学习者在输出时注意功能得不到有效启动,语言实际表达与理想表达存在差距,不能有效进行意义协商。因此不同语言水平组合在续作词汇表述方面正确率高于相同语言水平组。此外不同语言水平组中高水平学生在访谈中表示,在与低水平学生交流时会更注意自身语言表达的准确性以免误导同伴,低水平学生也因此能够提高他们语言表达的准确性。此处 Krashen 的"i+1"假设也得到印证。这与郑佩云(2011)的研究结果一致,水平高的学生能帮助水平低的学生挖掘潜能,突破现有水平,从而达到更高层次。而同等语言水平组被试在访谈时表示，小组中大家水平相似，有些错误辨别不出或者为了面子不指出错误从而导致语言使用方面的错误数量没有减少，所以不同语言水平组作文质量方面高于相同语言水平组，这与之前的相关研究结果（徐锦芬、曹忠凯，2012）是一致的，即不同语言水平组相对于同等语言水平组更容易建立积极合作关系，而积极互助的关系会提高小组凝聚力，小组凝聚力与小组表现是显著正相关的。此外，不同语言水平组学生在交流时会面对更大压力，因此会更加积极主动地参与交流。高水平学生需始终关注自己的语言输出，发挥互动中的引导和榜样的作用，而低水平学生则需要在互动中更加努力才能跟上高水平学生的互动节奏。正如学生在访谈中所表示的，"不想拖后腿"。

6.6.3 小结

本节解释了实验结果产生的原因。总的来说实验结果与互动理论一致，互动产生更多协同。从理论上讲互动越强，协同越强，学习效果越好，但个人组的作文质量更好，这是因为网络环境下学生交流的有限性和干扰性。而在互动组合中，高低水平搭配产生的协同效果最强，而且作文质量也较好。因此网络环境下互动模式的选择及语言水平的搭配对提高学生学习效果具有重要意义，为网络二语教学提供了深刻借鉴。

6.7 结论

本研究探讨了网络环境下互动形式及语言水平对协同以及续作质量的影响。结果表明对子组和个人组都产生了不同程度的协同，因为读后续写任务具有理解和产出紧密结合的特点。一般来说，互动强协同就强，所以互动多的对子组比个人组产生更多协同，从而导致两组存在显著差异，但对子组写作质量低于个人组。除此之外，中高低水平搭配而成的对子组协同及作文质量高于其他语言水平搭配的小组，且在协同方面两组存在显著差异。所以，高低水平的搭配有益于网络环境下的续作任务。本研究结果可为研究网络环境下的续写任务的教师提供一些启示。

6.7.1 研究结果

本书有以下两个主要发现：

本研究探讨了网络环境下不同互动模式及不同语言水平对读后续写的影响。研究结果表明：

（1）网络环境下，由于被试心理焦虑程度较低，且文章材料趣味性强，能够促进被试与文本互动，使得不同互动形式下和不同语言水平组在单词和短语层面均产生了不同程度的协同。统计数据表明，互动形式对学习者的协同性有显著影响，对子组合在协同数量均值方面好于个人组，而在作文质量方面则是个人组好于对子组，但是无显著影响。

（2）语言水平对协同性也有显著影响，不同语言水平组在协同性方面也好于相同语言水平组且呈现显著差异，而语言水平对被试续作质量的影响未呈现显著性差异，但不同语言水平组作文得分均值均好于相同语言水平组。为促进学习者与文本产出更强的互动和协同，应尽可能采用不同语言水平学习者小组互动的形式，以提高互动、增加协同。

前一部分对互动形式及语言水平对协同及续作质量产生影响及差异的原因进行了解释和讨论。

6.7.2 教学启示

首先，互动是影响协同效果的一个关键因素，教师在做续写任务研究的时候需要注意互动的影响。在网络环境下，互动模式不再局限于人与文本的单一互动，互动形式可以是多样的。对子互动、小组多人互动、同水平小组互动、不同水平小组互动都可以应用到网络环境下的续写任务中，从而使互动形式多种多样，学习者可以互相交流、取长补短，尤其在词汇句式应用方面。在本研究中，研究者比较了网络环境下互动形式及不同语言水平小组所产生的不同协同效果及续作质量，希望提供一些教学建议。

协同效果可以通过多方面来促进，但是增强互动是提高协同效果的最好选择。在进行多边互动的续写任务时，被试产生的协同要比与文本单一互动效果好。王初明教授（2010）已经证明，协同体现在互动中，互动强则协同强，互动弱则协同弱。而且网络环境下的互动合作任务有助于学习者克服情感障碍，减少焦虑与紧张感，增强学习者的积极性和自信心，从而促进学生交流互动。有了这些优势，学习者之间互动交流构建类似语境，并不断进行多轮交流，因此，频繁的交流互动加速了可理解性知识转化为表达性知识的过程，增强了对前文词汇的理解和创造性应用。因此，网络环境下的对子互动对协同效果有显著促进作用。如果教师想在网络环境下做续写任务来提高学生的协同，对子合作是更好的选择。

然而，协同性与续作的质量没有直接关系。对子组合虽然协同性高于个人组，但续作质量却低于个人组。所以，选择出最有促进效果的语言水平搭配的互动形式是必要的。张秀芹等（2019）研究证实语言水平会影响词汇习得效果。邓元（2021）的研究发现，不同水平配对进行互动合作一项任务时会显著影响语言相关片段的解决结果。因此，要注意语言水平的搭配，本研究结果显示语言水平搭配是存在于互动之中影响续作任务的因素之一，高低水平搭配所产生的协同效果及续作质量好于其他水平的搭配。在人际合作中，同水平之间由于竞争意识强烈反而会影响合作，而高水平与低水平之间存在榜样力量与急于证明自己不想拖后腿的需求，加快了语言输入与输出的轮次，提高了输入与输出的准确性，从而提高了协同与输出质量。如果教师希望学生写出协同效果好且准确性较高的续作，在网络环境下进行续作任务时，可以选择高低水平学生进行合作学习。

总的来说，教师在组织学生进行读后续写时既要考虑互动环境也要考虑语言水平搭配，使学习者能够充分交流，提高运用语言的能力。

6.7.3 局限性

本研究讨论了网络环境下不同互动模式及语言水平对读后续写协同及作文质量的影响，具有一定的理论与实践意义，然而，也存在局限性。首先，它只比较对子组和个人组的协同及续作质量的差异，其他形式组合比如小组多人组合等仍需进一步研究。因此，进一步的研究可以尝试在网络环境下的续作任务中组织多人互动的形式为外语学习和教学提供更可靠、更有效的证据。其次，本研究的实验时间仅为2周，不足以证明此种互动形式的持续性影响，因此进一步的研究可以进行更长时间的实验来验证结论，并关注更多的互动形式。最后，样本容量小，后期需进一步扩大研究样本，同时增加不同体裁续写活动的互动实验，以期为网络环境下的读后续写互动模式提供更可靠的实践依据。

第7章 读后续译的篇章强化及互动引导任务对协同效应影响研究

7.1 引言

如何高效提升译者的翻译水平是现阶段翻译教学的难题。因此，找到一种既能激发译者学习兴趣，同时又能高效提升译者翻译水平的方法尤为重要。有鉴于此，我国学者王初明教授提出了一种外语促学新理论——续论。续论是一种语言习得观，认为语言是在"续"中学会的，学习高效率是在"续"中实现的（王初明，2018）。

目前，许多学者的研究成果已证实续论中读后续写任务在词汇、句法及语篇层面的协同效应及促学效果（Wang & Wang, 2015；王敏、王启、王凤兰，2016；张晓鹏，2016；缪海燕 2017；王初明，2014，2016，2017，2018；任伟，2021）。但在读后续译领域，相关研究仍不够充分，亟须进一步探索。为此，本研究尝试探究篇章强化及互动引导任务对读后续译协同效应的影响，以进一步拓宽续论的研究视角和领域。

7.2 文献综述

外语学习是一个在交际意图和交际需要的驱动下动态演进的过程。在此过程中，学习者理解水平总是超出其产出能力，二者之间具有永恒的不对称性。因此，将理解与产出相结合是提高语言水平的不竭动能（王初明，

2016)。若在语言学习任务中注入"续"成分,将理解与产出关联起来,引发拉平效应,可显著提高语言学习效率。王初明(2012)指出:"(理解和产出)结合产生协同效应,结合得越紧密,协同效应越强,外语学习效果也就越佳。"当学习者与一位语言水平较高的学习者互动,学习者通过理解高水平语言输入,同时进行语言产出,两者因交集而产生拉平效应,近距离强力拉高语言产出水平,持续拉高带来语言的高效习得(王初明,2018)。

协同不仅发生在人与人之间,也发生在人与社会和物质环境之间,这是习得第二语言的关键。因此王初明教授(2018)指出:协同效应不仅发生在人际互动的对话过程中,阅读时学习者与所接触的阅读材料互动也能产生协同效应。现阶段在我国英语教学过程中,学习者同英语本族语者直接互动较少,学习环境并不理想,因此续论中提出的增强学习者同文本的互动这一方法为外语教学开启了新思路。

读后续译的方法是选取一段材料及其经典译本,供学习者研读。学习者需仔细阅读双语前读文本,认真学习译文的翻译方法,然后继续阅读源语前读文本未翻译部分的内容,并将其译为目标语。读后续译任务符合语言习得的有效路径:互动→理解→协同→产出→习得(王初明,2011)。为完成续译,学习者需获得源语背景知识,学习前文译者的优秀语言,进而在接下来的续译中尽可能模仿前译者的表达风格,使自己的译文贴合前文优秀译作,以求达到衔接效果。在此过程中理解与产出紧密结合,协同效应得到强化,学习者容易注意到自己的译文与优秀译作之间的差距,进而可高效提升翻译水平。

在读后续译领域,许琪(2016)是国内首位开展实验的研究者。该实验选取维汉翻译作为实验对象,被试为新疆喀什地区某双语中学两个平行班的50名高一学生,其母语均为维吾尔语,汉语为第二语言。研究者向实验组学生提供维汉双语前读材料,要求其完成读后续译任务,将该维吾尔语材料后续部分译为汉语;向对照组学生提供相同维语文本,要求对照组将该材料末尾段落译为汉语。实验结果证实:读后续译存在协同效应,续译组学生能够将前文汉语译文中的词汇、短语和句型运用到续译部分,且译文质量明显优于非续译组学生的译文质量。问卷调查结果显示读后续译这一翻译学习方式得到绝大多数被试的认可,进一步证实读后续译在维汉翻译教学方面具有较好的接受度与促学效果。黄洁与肖娴（2021）则将读后续译这一促学形式拓展至汉英翻译领域。该实验以朱自清散文《荷塘月色》为源语，朱纯深译本为英语前读文本，聚焦被试译文中词汇与结构的协同情况。实验结果证实在汉英读后续译中同样存在协同效应，被试不仅能够借用前读文本中的词汇与结构，还可在此基础上达到对译文语言风格及翻译技巧的灵活协同，但此两项研究均未对影响读后续译协同效应的相关因素进行探讨。增强读后续译的协同效应以提升促学效果是翻译教学的关键，因此有必要对此进一步进行教学实验和探究。

  目前对影响读后续译协同效应因素的研究较少，但学术界已逐步开展对续论中其他领域影响协同效应因素的探究。在续写研究领域，薛慧航（2013）的研究证明读物的趣味性会对续写的协同效应产生影响，即前读材料趣味性越强，越能提升二语学习者对材料的关注，进而提高协同效应。彭进芳（2015）发现语言难度也是影响协同效应的因素之一，在续写的实际应用中，前读材料的语言难度应与二语学习者的产出水平相适宜。张秀芹和张倩（2017）的研究结果证实，不同体裁对续写的协同效应影响存在差异，对语言能力的发展也有不同作用。相较于记叙文，议论文续写中二语学习者的偏误频率更低，协同效应更强，但记叙文续写的语言产出量大于议论文续写。王敏等（2021）通过对比多轮续写与单轮续写两种不同的任务模式下句法协同的差异，揭示出二语结构协同与互动强度有关，互动强则协同强。在续说研究领域，姜琳等（2021）的研究证实了读后续说任务中存在协同效应，且互动越强，语言层面和情境模式层面的协同效应越强，学习者的口语产出越连贯准确。

  王初明（2017）指出读后续写是续者与前文协同，自我监控较弱，若无外部压力或自我约束，在具备一定表达能力的情况下，学习者有可能仅凭自己的兴趣和想象续写下去，随意发挥，规避前文用语。虽然在读后续译时，学习者受源语文本内容限制，必须基于源语进行续译，新内容产出强度略低于读后续写与读后续说，但翻译时仍需揣摩前读文本中的用词与翻译技巧，模仿前读文本的翻译风格。若在无监控与引导的情况下，同读后续写存在的问题相似，学习者可能规避源语较难的语言结构，放弃前文语言风格，按照自己原有的翻译习惯进行翻译，导致续译部分与前文优质译本语言协同降低，所期望的拉平效应因此弱化，翻译水平难以有效提高。

互动引导任务即教师介入读后续译过程，在学生阅读文本后、续译任务开始前，教师有意识地把控阅读过程，设置目标语言形式相关练习，以增强学生与前读文本互动，并及时处理学生反馈信息，而后再由学生进行续译任务。篇章强化则通过排印方式来凸显某种语言形式，以吸引学习者的注意力从而达到促学效果。篇章强化和互动引导任务同属于外显学习。与之相对的是内隐学习，即无意识获得刺激环境中复杂知识的过程（Reber，1967），单纯的读后续译过程即是内隐学习。

国内外学者研究多次证明外显教学法对于提高成绩有着更好的效果；而内隐教学法更为学生所接受。将外显与内隐相结合的教学法不仅有着更好的效果，而且学生们对其接受度更高（朱韵讓，2015）。在读后续写研究领域，辛声（2017）的研究使用了任务指令和篇章强化两种方法来提升学习者对前文中语言形式的注意。结果显示，强化续写可以显著提升学习者对目标形式的协同，但两种续写方式都不能有效促进复杂语法形式的习得，学习者仍倾向使用简单语法形式。顾菁和周玉梅（2018）研究发现，互动引导续写能提升学习者对目标语言项目的理解和运用能力，学生能够更好地模仿前文中的目标语言形式。

Long（2015）认为对语言形式的注意可以是自发的，也可以是被引发的，甚至是被明示的。这提示我们在读后续译任务中，教师能否将读后续译这一内隐学习的方式同外显教学手段相结合？学生能否因此更好地模仿并习得优秀译文的语言形式？因此，本研究拟对比篇章强化和互动引导任务两种方法，探究如何提升读后续译中译者对指定目标结构的注意，以提升协同效应，在实际翻译教学中达到高效促学目的。

7.3 研究设计

7.3.1 研究问题

本章拟研究以下问题：

（1）篇章强化及互动引导任务对词汇协同效应的影响是否存在差异？

（2）篇章强化及互动引导任务对科普翻译文本中被动句的翻译协同是否存在差异？

（3）在读后续译过程中，篇章强化及互动引导两种任务的顺序对特殊句型的翻译协同情况是否存在差异？

7.3.2 被试

王初明（2016）认为读后续译过程中学习者无须自主创造内容，仅需斟酌文字和篇章结构，易引发母语干扰，因此读后续译这一方法适用于具有一定外语水平的学习者。基于此项原因考虑，本研究被试选取48名河北省某高校英语专业二年级的学生。此48名学生来自A、B两个平行班（两个班学生人数分别为24人），通过对实验前两组被试最近一次的综合英语考试成绩进行独立样本T检验，证明两组被试的英语水平相当，没有显著差异（$p=0.769>0.05$）。实验时被试年龄在19～21之间，均无国外生活或学习经历，且实验前无续译体验。

7.3.3 实验材料与步骤

本研究实验材料为两篇英汉对照说明文，选自科学普及出版社出版的《英语科普文选》系列丛书，英文材料一为《How Foods Are Preserved》，文章介绍了四种常见的食物储存方法。英文材料二为《Oil》，文章介绍了油的种类、开采及应用。两篇科普文章中被动句占比较高，适宜作为针对被动句读后续译材料。实验前笔者通过美国蓝思阅读测评体系对两篇英文文章的蓝思指数进行了检测，结果显示两篇文章的蓝思指数相同，均处于810L～1000L范围内，整体水平相当且符合被试的英语水平。为强化差距意识，以他译为样板，近距离模仿优秀译作，强力拉高翻译水平（王初明，2018），实验中两篇文章分别选取庄绎传译本（2002）、朱美玉和李鹏飞（1989）译本作为优质中文前读材料。

实验共进行两周，为避免"霍桑效应"，实验过程中教师并未提及实验相关信息，两周实验均在课堂上以随堂练习的形式完成。第一周使用材料《How Foods Are Preserved》，前读部分英文367字，中文645字，需续译英文212字。A班在第一周完成篇章强化读后续译任务，在该任务条件下，测试时前读文本上方有黑体字注明文章中加粗画线部分涉及被动语态翻译，需注意学习后完成剩余部分翻译，测试时长为 30 分钟，测试前后教师均不予讲解答疑。B 班在第一周则进行互动引导读后续译任务，即阅读完前读文本后，教师引导学生观察前读文本中频繁出现的被动语态用法与其对应译文，鼓励学生归纳前读文本中译者的处理方法。随后学生当堂完成 15 组被动语态翻译任务，核对答案并经教师答疑后，完成读后续译任务，因学生已阅读完前读部分，因此续译时长适当缩减至 20 分钟。第二周实验使用材料《Oil》，前读部分英文 356 字，中文 576 字，需续译英文 206 字，A 班完成互动引导读后续译任务，B 班完成篇章强化读后续译任务。在翻译过程中，被试均独立完成翻译任务，不允许使用字典查阅单词。两周实验结束后，发放调查问卷一份，主要调查两种任务指令对被试翻译过程的影响，发放问卷 48 份，回收有效问卷 45 份。

7.3.4 数据收集与分析

本实验共收集了两组被试续译文本共 96 篇，针对研究问题（1），笔者统计两篇文章前读部分与续译部分重复的词汇，发现两篇文章共计 10 个重复词汇，并分别对两组被试的词汇协同情况进行汇总。针对研究问题（2），续译文本中被动语态语句翻译协同率可以作为检验习得效果的重要指标，因此笔者分别统计第一周两组被试续译文本中含被动语态的句子翻译与前文协同的数量进行对比。为回答问题（3），笔者统计两周两组被试续译文本中被动语态句子翻译与前文协同数量以供分析。计分方法为：与前文协同，准确地翻译被动语态句子记 1 分，被动语态部分翻译错误记 0 分，含被动语态句漏译记 0 分，与被动语态翻译无关的错误忽略不计，包括汉字书写错误、标点符号使用错误等。

7.4 数据分析与讨论

7.4.1 篇章强化及互动引导任务中词汇的协同效应

通过检索，两篇文章内共计 10 个词汇在前读文本与续译文本中重复出现，表 7.1 为两组被试词汇协同数量统计。

表 7.1 词汇协同数量统计表

词汇	提炼	汽油	沥青	润滑油	储存	酸度	湿度	变质	微生物	生长	总计
篇章强化组	11	21	22	22	8	10	4	10	15	20	143
互动引导组	7	21	23	13	7	13	7	8	15	18	132
差值	4	0	-1	9	1	-3	-3	2	0	2	11

经 SPSS 25.0 统计结果显示在两种任务条件下，两组被试在词汇协同方面并无显著性差异（$p=0.523>0.05$），这一现象可能与"天花板效应"有关。认知心理学认为人的知识分显性与隐性两种，其中隐性知识是无意识的、只能在实际运用中表现出来的知识，而本实验被试为英语专业二年级学生，英语水平基本处于中级或以上，有一定的词汇量，研究表明在言语的理解过程中存在结构启动（Thothathiri & Snederker, 2008）。部分单词作为被试已内化的隐性知识在阅读过程中自动启动，因此在测验时间有限的情况下，被试会放弃反复回读原文，而直接从已掌握的知识中提取词义，例如"preserve"一词在前读文本中曾出现 4 次，前读文本译者将其译为"储存"。但由于该词属于被试已掌握的常见词汇，阅读续译文本时被试已启动的汉语词义占据了主导地位，在翻译时被试可以在不回读的情况下，直接将已掌握的词义运用在翻译中。因此 8 名被试将其译为"保藏"、12 名被试则译为"保存"，这导致了词汇协同效应弱化。而"asphalt"一词在前读文本中仅出现 1 次，但由于该词为生僻词，在阅读时隐性知识无法自动启动，此时被试为完成翻译，则会有意识地进行回读，调动前文中出现的词汇来进行弥补，因此协同效应增强。这一结果也与结构启动的反向偏好特征一致，即作用于低频结构的启动效应强于高频结构。

7.4.2 篇章强化及互动引导任务中特殊句型翻译的协同效应

为研究篇章强化及互动引导任务对特殊句型的翻译协同情况是否存在差异，笔者统计了第一周两组被试译文中被动语态与前文的协同情况（见表 7.2），总体来看互动引导任务条件下被试的协同总量高于篇章强化组（分别为 203 与 157），独立样本 T 检验结果显示 $p=0.003<0.05$，证明两组被试的被动

语态翻译协同情况存在显著差异,即在互动引导任务下,被动语态翻译的协同效应更强。

表 7.2 第一周实验被动语态句翻译协同结果分析表

项目	篇章强化组	互动引导组
人数	24	24
平均分	6.54	8.46
标准差	1.66	0.71

Swain 输出假设(Swain & Lapkin,1995)认为学习者进行语言产出时,会通过内部或外部信息注意到自己的产出与目标语的偏离,这种认识又反过来推动他们去检查分析自己的产出。篇章强化任务在信息输入阶段通过排印输入强化对文本进行了外部干预,唤起被试对特定部分文字的有意注意。但 Vanpatten(1996)发现,学习者在加工语言输入时,首先关注的是意义内容而非语言形式,而一门语言的习得又需要学习者对相关形式的注意加工。因此 Vanpatten 认为输入不会主动转化为习得,这中间必然还有一个吸收的过程。而在读后续译互动引导任务中,教师的介入在唤起被试对特定语言结构翻译有意注意的同时,也帮助被试打破内部审美判断能力的限制,提升注意功能,使其能够充分意识到自己的译文与优秀前读文本间的差距,从而在翻译时吸收前读文本的翻译方法,显著提高由"续"引发的拉平效应,同时也提升了被试翻译技能学习效率。通过统计回收的 45 份有效问卷,我们发现与篇章强化任务相比,有 64% 的被试表示在完成互动引导读后续译时会更加频繁地回读前读文本与习题,寻找含有被动语态句子的翻译方法。40% 的被试表示自己在完成互动引导习题时总结的被动语态的翻译方法,可供读后续译时直接查找并帮助完成续译,这说明教师介入的互动引导任务可以促使被试加强回读,从而有效避免读后续译中被试因自我监控较弱而规避前文语言结构这一问题。

7.4.3 篇章强化与互动引导任务的顺序对协同情况的影响

为研究读后续译过程中篇章强化与互动引导任务的顺序是否会对目标结构的协同效应产生影响,在两周实验内 A 班按照篇章强化—互动引导的顺序完成了两篇文本的续译，而 B 班则按照互动引导—篇章强化的顺序完成了读后续译。通过对两周续译文本协同情况进行统计（见表 7.3），可以发现经过两轮续译后 B 班的被动语态句子协同数量高于 A 班（分别为 472 与 412），通过 SPSS 25.0 进行分析，两班协同数量呈现显著差异（$p=0.027<0.05$）。

表 7.3　两轮续译后被动语态句翻译协同结果分析表

项目	篇章强化-互动引导组	互动引导-篇章强化组
人数	24	24
平均分	17.17	19.67
标准差	2.44	1.65

在互动引导-篇章强化任务中，被试整体习得过程为对照阅读前读文本（隐性）—参与互动引导并完成习题（显性）—完成读后续译（隐性）—完成篇章强化读后续译（隐性）。在阅读前读文本的过程中，被试开始对语言现象产生关注并进行观察，随后教师介入开展互动引导任务，与被试一起对学习效果进行即时反馈，帮助被试用归纳的方式获得隐性语言知识。随后被试完成读后续译，使学生可以在产出的基础上强化对前读文本中特定结构翻译的注意。在此基础上，第二周的篇章强化任务中被试已经对前读材料中特定语法结构的翻译产生了敏感性，再加以排印输入强化凸显，被试在输出的过程中实现了翻译技巧的内化。因此在有限的教学时间内，可以按照先互动引导后篇章强化的顺序来增强读后续译中特殊句型翻译的协同。

7.5　结论

本研究探讨了在读后续译任务中，篇章强化与互动引导任务对读后续译协同效果的影响。结果表明，互动引导任务下读后续译中被试回读频率高于篇章强化任务，但由于"天花板效应"影响，在词汇层面，篇章强化与互动引导任务对词汇协同效应影响不显著。但在被动语态翻译方面两者呈现显著差异，互动引导组被试得分较高，被动语态句子翻译协同效应更强，因此互动引导任务更有利于被动语态翻译方法的习得。从整体上看，篇章强化与互动引导进行的顺序也会对被动语态句子翻译的习得效果产生显著性差异。总体而言，先进行互动引导任务再进行篇章强化可有效提升被动语态句子的准确率。这提示教师在被动语态句子翻译教学过程中可以将显性的互动引导与隐性的篇章强化进行整合，通过先互动引导后篇章强化的任务顺序在实际教学中达到促学目的。

本研究以科普文本为例，研究了说明文中读后续译词汇与被动语态的协同效果，未来读后续译协同效应研究可以以其他体裁为例，从而为实际教学提供更多的参考依据，以期促进外语教学与学习。

第 8 章　情绪对读后续写任务中的语言协同和写作质量的影响研究

8.1　引言

读后续写是王初明基于互动协同理念提出的外语教学和学习方法。读后续写将理解和产出紧密结合，强调语言输入，精确语言输出，促进学习者对新语言知识的吸收和内化，实现外语学习效率的提高。读后续写的协同效应在不同的语言层面均得到了验证，如词汇、句法层面（王敏、王初明，2014；许琪，2016），以及语篇层面（缪海燕，2017），证明了读后续写的外语促学效果显著。情感因素贯穿二语学习的整个过程，对语言学习效果产生直接影响，但上述研究只关注了读后续写对语言单一层面的影响，而鲜有涉及对写作质量具有较大影响的情感因素及其对读后续写促学效果的影响。因此，本研究拟验证学习者的不同情绪对读后续写的协同效果和写作质量的影响，为读后续写教学提供更多实践依据。

8.2　文献综述

8.2.1　情绪和二语学习

在二语习得领域，情绪是指"学习者在学习过程中的感情、感觉和态度等"（程晓堂，2000），积极情绪和消极情绪共同存在于语言学习过程中，具有不同的功能。拓展构建理论（broaden-and-build theory）作为二语情绪研究的理论基础之一，认为积极情绪能够促进学习者思路和视野的拓展，促进注意力和创新能力的提高，促使其吸收、建构语言资源（Fredrickson，2003）。而焦虑、悲伤等消极情绪会限制学习者的思维-行动空间，压缩认知范围，不利于学习者高效地完成具有一定难度的认知任务（李成陈，2021）。此外，该理论还尝试对积极情绪和消极情绪的动态关系进行了解释，提出了消除假设（undoing hypothisis），即积极情绪能缓和消极情绪带来的负面作用，为后续二语情绪研究提供了理论依据。

自从Krashen（1985）提出情感过滤假设之后，二语情绪的相关研究主要聚焦于学习者在语言学习过程中所产生的消极情绪，如焦虑（Young，1991；Arnold，1999）、羞愧（马惠霞，2016）和外语无聊（Zawodniak et al，2017；Li，2021）等。通常来说，消极情绪会对二语学习以及认知过程产生一定程度的负向影响（Young，1992）。比如，学习者过高或过低水平的焦虑情绪会削弱学习动机和努力程度，影响注意水平和相关记忆活动，对外语学习者的学习效果产生显著负向影响（Horwitz，1986；杨晋，2000）；但也有其他研究发现，一定程度的焦虑可促进外语任务的完成，提高外语学习动力，有助于学习者更加投入地进行语言学习（Horwitz，1986；Papi，2010）。

除了聚焦消极情绪对语言学习的重要作用外，积极情绪在二语习得领域也得到了更多的关注。基于情绪和认知的相互作用，研究者发现积极情绪可对阅读理解过程产生影响（Bucci，1997）。积极情绪通过影响学习者语码语体选取、语义判断及时体加工等（Sharwood-Smith，2017；张素敏，2018）认知加工过程，使得学习者在阅读速度和阅读成绩上表现出显著优势（陈秋珠，2014）。此外，记忆是构成认知的重要成分，在二语习得过程中起着关键作用。有学者认为，积极情绪对外语词汇的记忆具有显著的促进作用（Cetin，2010，2015），但毛浩然（2007）则认为学习者本身的情绪状态对词汇记忆不会产生显著差异，而词汇本身的情感色彩会影响学习者的记忆效果，并指出人本理念有利于外语学习者的情感健康。此外，积极情绪在二语习得过程中的不同功能也得到了诸多验证，如愉悦（Dewaele & MacInyre，2014）、兴趣（Tin，2013）、自尊（Chen et al.，2019）等，从多个角度证明了积极情绪对外语学习的促进作用。以上研究表明，情绪可对外语学习效果产生影响，在二语学习过程中给予学习者的情绪状态适当关注，有助于提高语言学习效果，促进积极、健康情感的培养。

8.2.2 读后续写和协同效应

基于对母语对话互动的研究，Pickering 和 Garrod（2004）提出了互动协同模型，认为协同是指对话双方不断相互协调，交互启发，无意识不断构建趋同的情景模式的过程。对话双方为了能够实现对话的持续高效进行，使其建立在情景和语义层面的协同关系扩散至语言表征的各个层面，如句法、词汇、语音等，直至双方得以互相理解话语意思。从社会认知角度来看，协同是人类与外部环境互动、协调并动态适应复杂环境的过程，其实质就是学习（Atkinson et al，2007）。

基于互动协同模式，王初明（2011）提出了外语学习的有效路径：互动→理解→协同→产出→习得，即读后续写。读后续写使得理解和产出紧密结合，产生协同效应，以实现提高学习效率、促进二语能力发展的目的。此外，读后续写的协同效应已经得到诸多方面的证实（王敏、王初明，2014），协同效应不仅存在于词汇、句法等层面（姜琳、涂孟伟，2016；辛声，2017；王启、王初明，2019），还存在于语篇层面（王敏、王初明，2014；许琪，2016；缪海燕，2017）。为了进一步揭示互动促学的协同效应，相关学者相继探索了影响协同强度的因素，比如阅读材料的趣味性、语言水平、体裁、输入模式等（薛慧航，2013；杨媚，2015；张秀芹、张倩，2017；张秀芹等，2019），为今后的续论研究提供了较好的基础，但却忽略了学习者作为任务主体时所产生的情绪对读后续写协同效果和写作质量的影响。情感因素对外语学习的促进作用虽然在理论层面已经得到诸多肯定，但是仍缺乏大量实证研究的有力佐证，尤其是情绪和不同语言模块间的相互影响机制也尚不明确。因此，本研究尝试将情绪和读后续写任务相结合，探究情绪对读后续写的协同效应和写作质量的影响效果。

8.3 研究设计

8.3.1 实验问题

本章尝试研究以下三个问题：
（1）不同情绪状态对小组成员间的互动效果有何影响？
（2）读后续写任务中，不同情绪状态对语言协同有何影响？
（3）读后续写任务中，不同情绪状态对写作质量有何影响？

8.3.2 研究对象

本研究选取河北省某普通高校非英语专业 3 个自然班的 156 名学生作为实验研究对象，每班 52 人，年龄为 16～18 岁之间。实验时，被试正处在大一第一学期，3 个班的教学时数、教学内容、教学方法及授课教师相同。英语学习的平均时长约为 9 年，无国外生活或留学经历。

8.3.3 实验材料

本实验的研究材料是一篇删掉结尾的英文故事，主题为礼物。考虑到被试为非英语专业学生，文章长度是 430 词。

在本研究中，情绪诱发材料采用的是罗跃嘉等人于 2010 年编制的标准化《中国情绪刺激材料库》中的《中国情绪影像材料库》（CEVS）。从中选取情绪唤醒视频《唐伯虎点秋香》和《我的兄弟姐妹》分别作为积极情绪（愉悦）和消极情绪（悲伤）的唤醒材料，视频时长均约为 3 分钟。在进行实验之前，两段视频分别由 50 名大学生进行主观评定，利用李克特 5 级量表对两段视频的效价和唤醒度进行评分。结果显示，48 人（96%）认为《唐伯虎点秋香》诱发了愉悦情绪（效价 AVG = 2.97，SD = 0.92，唤醒度 AVG = 2.91，SD = 1.09），2 人认为无情绪产生；50 人（100%）认为《我的兄弟姐妹》诱发了悲伤情绪（效价 AVG = 3.11，SD = 0.86，唤醒度 AVG = 3.43，SD = 1.08）。

8.3.4 实验步骤

研究者对 3 个班的被试分别进行了前测，前测试卷为 2018 年 12 月份的全国大学英语四级真题，选取题型为阅读和写作，总分 100 分，各占总分值的 50%。写作部分分别邀请两位老师完成（评分信度 0.93），取平均成绩作为最终得分。前测成绩经单因素方差分析显示，3 个班的阅读和写作水平无明显差异（F=0.45，p=0.317>0.05）。3 个班随机分配为：积极情绪组（A），消极情绪组（B）以及对照组（C）。对照组不进行任何形式的情绪诱发。

实验在课堂上进行，花费时长约为 40 分钟。首先在积极情绪组和消极情绪组分别播放对应的积极情绪和消极情绪诱发视频，被试在视频观看完毕后，立即开始阅读续写材料，时长为 8 分钟，反复阅读原文后，有 8 分钟同伴互动讨论时间，被试自由结成 4 人小组，围绕续写内容展开讨论，讨论内容通过手机录音的方式记录，之后在 20 分钟内完成各自的续写任务。实验结束后，每组随机选取 5 人共计 15 人进行汉语一对一半结构的面对面访谈，主要了解被试观看情绪诱发视频后的主观感受以及参与实验的感受或评价，之后对访谈数据进行整理，作为对定量数据的补充。

8.3.5 数据收集和分析

首先是将 A、B 和 C 三组的录音转写成文本。在每一组内，4 人小组讨论的平均时长均约为 6 分钟，在讨论时长上不存在差异，所以通过统计每组在同等时间内话轮转换（turn-taking）的总次数和 C 单位（C-unit）（徐锦芬、曹忠凯，2012）的总数量作为小组互动时互动效果的衡量依据。其中，C 单位包含句子、短语或单词，任何具有交际意义在内的话语既可以是句子（Freed，1978），也可以是短语或单词，比如"Can I help you？""Wait!"等。

通过分析词汇和词组的协同情况来判断语言的协同效果。首先将所有被试的续写文本输入电脑，按照积极情绪组、消极情绪组和对照组建立 3 个小型语料库，每个库有 52 篇续写。通过使用 AntConc3.3.5 对比情绪组和对照组的异常高频词，判断词汇协同间的差异（王敏、王初明，2014）。其次，利用 n-gram 功能对比积极情绪组和消极情绪组的 3 字词语与续写原文协同情况，选择 3 字词语的原因是其在文中出现频率较高，便于统计。

本研究根据读后续写高考评分标准从内容、语言表达、篇章结构等方面对续写质量进行评级划分，满分为 25 分。由于本研究不需要对续写原文中的关键词进行任何标注，所以将内容丰富度一项改为"应用了 5 个以上短文中的词语"。同样，该项评分任务也邀请两位教师（评分信度 0.96）对 3 组打乱顺序的续写分别进行评分，取其平均分作为最终得分。数据统计部分运用 SPSS17.0 对其进行分析，显著水平定在 0.05。

8.4 数据分析与讨论

8.4.1 情绪与互动

表 8.1 列出了在同伴互动任务下，小组成员处于不同情绪状态时所产出的 C 单位数量和话轮转换次数的数据统计。实验结果显示，在不同的情绪状态下，被试在语言输出总量上有所不同。对三组数据进行单因素方差分析，方差齐性、不同情绪状态下的 C 单位数量（$F=28.371$, $p=0.000$）和话轮转换次数（$F=17.815$, $p=0.000$）均存在显著差异，经 LSD 事后检验显示，积极情绪组的 C 单位数量和话轮转换数量显著高于对照组，而消极情绪组虽然在数值上均低于对照组，但二者间并不存在明显差异。

表 8.1 不同情绪状态下 C 单位数量和话轮转换数量的平均值（标准差）和单因素方法分析结果

组别	C 单位		话轮转换	
	平均值	标准差	平均值	标准差
A（$n=13$）	106.85	31.59	49.38	10.11
B（$n=13$）	47.92	15.80	27.23	11.48
C（$n=13$）	61.38	14.80	35.77	6.27
单因素方差分析	$F=28.371$; $p=0.000$		$F=17.815$; $p=0.000$	

以上结果表明，情绪控制主效应较显著，学习者的情绪可对小组互动效果产生影响。也就是说，积极情绪可在短时间内显著提高同伴互动时的语言输出总量，增强小组成员间的互动强度，但是消极情绪对于同伴间的互动效果并无明显影响。笔者认为造成该结果的原因主要有以下两点：

首先，情绪影响学习者在同伴互动时的行为趋向。积极情绪组的学习者在同伴互动过程中，主动与同伴展开讨论，提出疑问并主动解决问题。在任务完成过程中主观能动性较强，交际意愿充分，动机水平提高，积极与同伴和文本进行互动，使其在语言输出总量上获得一定优势。与之相反，消极情绪组的同伴互动效果表现并不理想。同伴之间互动较少，主要体现在互动任务主要是由一人主导，多数情况下是一个人长时间的独白，其他成员参与较少，且出现较长的沉默时间。比如，笔者将讨论内容转换成文本时发现：积极情绪组在讨论中存在数量较多的"mm，yeah，right"等词语，这类反馈词虽然所占时间较短，但是给予了上一轮的说话人反馈信息，无形之中对说话人起到了赞同和鼓励的作用，促使了新一次话轮转换的出现。相反，消极情绪组和对照组类似表达较少，缺少对说话人的反馈。另外，消极情绪组在讨论过程中存在较长时间停顿，缺少主动构建新话轮的角色，从而导致任务进程得不到有效衔接，同伴间无法进行高效互动。因此，造成积极情绪组（49.38）在话轮转换次数上超过消极情绪组（27.23）近一倍。此外，在积极情绪的驱动下，学习者不断与续写文本和同伴进行互动，交际意愿充分提升，除了使得话轮转换次数增加外，还使得每组 C 单位（106.85）产出数量相较于消极组（47.92）来说，产生了极显著差异。

其次，情绪间的相互作用影响同伴互动效果。除了情绪诱发视频带来的影响外，同伴间也可通过情绪感染的方式引起个体情绪上的变化，这种感染效应极易发生在同质情绪之间，比如积极情绪状态下的学习者，更容易感染积极情绪；处于消极情绪，则就更易感染消极情绪。经由短影片诱发相应情绪后，学习者的情绪在短时间内得到唤醒，并在同伴讨论过程中进行强化，实现积极情绪在同伴互动过程中的正向作用的放大，同时，消极情绪的负向作用得到强化。实验结果和预期基本一致，积极情绪组互动效果强于对照组，对照组强于消极情绪组。但是，值得注意的是，在相同的情绪诱发条件下，积极情绪组和对照组在互动效果上却出现了显著差异，而消极情绪组仅仅是低于积极情绪组，未出现显著差异。笔者认为出现这样的结果是受了干扰因素的影响，这个干扰因素就是学生对该实验目的较强烈的探究兴趣。该干扰因素显著增强了积极情绪在互动过程中的正向作用，或者是削弱了消极情绪的负向影响。访谈结果也进一步证明了这一猜测,接受采访的 15 名被试均表示,他们都一定程度上显示出了对实验目的的好奇。对于积极情绪组来说,"好奇"和愉悦情绪同作为积极情绪,可起到叠加作用,会增强学习者对积极情绪的感知程度,能够更积极主动地与同伴进行讨论,动机水平得到极大程度提高,互动效果显著。但根据双变量模型进行推论,在消极情绪明显强于积极情绪的状态下,消极情绪会对积极情绪产生显著抑制作用,直至积极情绪消失。也就是说,"好奇"作为干扰情绪出现对消极情绪组并不会产生影响,但是却会对积极情绪组的积极情绪进行放大。所以说,造成积极情绪组和对照组之间差异显著,而消极情绪组和对照组的差异不显著的原因则可能在于被试所表现出的对该实验的兴趣加强了积极情绪的正向作用,显著增强了其探索、掌握新信息的欲望。

8.4.2 情绪与语言协同

以对照组续写文本作为参照库,分别检索积极情绪组和消极情绪组的高频词,去掉其表属性不强的冠词、代词、人名后,前 10 个异常高频词如表 8.2 所示,按照关键值大小排序,关键值越大说明该词在目标库和参照库中出现的频率越悬殊。其中词下划线是指该词在续写前文出现过。结果表明,积极情绪组中出现的 10 个高频词其中有 8 个在前文出现过,而消极情绪组只有 2 个,积极情绪组更倾向于使用原文出现过的词,如在表达"信件"这一词的含义时,积极情绪组倾向于使用前文出现过的 letters,且频数达 27 次,而消极情绪组则更多地使用了"envelope"一词来代替"信件"的含义,因此,可以说明不同情绪状态下的词汇协同存在差异。

表 8.2 情绪诱发组相对于对照组的前 10 个高频词

序号	积极情绪组(以 C 为参照)			消极情绪组(以 C 为参照)		
	关键词	关键值	频次	关键词	关键值	频次
1	letters	10.02	72(6)	happiness	6.62	63(11)
2	anything	9.76	65(8)	envelope	6.46	15(1)
3	were	8.54	30(9)	hands	6.46	11(1)
4	heart	7.85	42(18)	can	6.34	30(6)
5	believed	6.09	6(0)	have	5.71	24(5)
6	chose	5.68	4(0)	bell	5.17	4(0)

(续表)

序号	积极情绪组（以 C 为参照）			消极情绪组（以 C 为参照）		
	关键词	关键值	频次	关键词	关键值	频次
7	excited	5.68	64（31）	crying	5.17	4（0）
8	then	5.01	22（5）	cute	5.17	4（0）
9	husband	4.81	43（25）	guess	4.52	3（0）
10	eyes	4.40	16（7）	picture	4.31	2（0）

除了词汇、词组之间的比较之外，同时还对积极情绪组和消极情绪组两个语料库中的高频 3 字词组进行了比较（见表 8.3）。其中积极情绪组最高频的 10 个词块共被使用了 168 次。其中有 6 个在原文出现过，共被使用 132 次，占总频率的 79%。消极情绪组最高频的 10 个词块共被使用了 104 次，其中有 3 个词块在原文出现过，共被使用 61 次，占总频率的 59%。整体上来说，3 字词组与续写文本发生了协同效应，积极情绪组在协同数量上稍高于消极情绪组。

表 8.3　情绪诱发组前 10 个高频 3 字词组

序号	积极情绪组	频数	消极情绪组	频数
1	the old lady	89	the old lady	54
2	a new cardigan	19	a long time	21
3	opened the door	12	opened the door	13
4	her best dress	12	a pair of	4
5	knocked the door	9	a blue cardigan	3
6	a pair of	7	a travel book	3
7	a brunch of	7	by his bicycle	3
8	was proud of	5	in order to	3
9	a lot of	4	in the box	3
10	on rare occasions	4	in the letter	3
高频词组使用总数		168		104
划线高频词组使用总数		132		61

由实验结果可推断，情绪对读后续写的语言协同产生影响，而造成该结果的原因可从两方面来理解：一是从记忆存储角度来看，工作记忆因其储存信息不同，被划分为言语工作记忆和空间工作记忆，分别负责处理言语和空间信息。在读后续写过程中，学习者首先通过视觉记忆接收新信息，后被转

移到工作记忆进行信息加工处理。因情绪对工作记忆表现出的选择性，使得积极情绪组在结果上表现为对言语记忆的促进，在言语加工方面表现出较大优势，使得词汇、词组协同效果较强；相反，消极情绪损害了言语工作记忆，在新、旧信息构建连接时，消极情绪对信息加工过程产生了干扰，造成学习者相关知识记忆的混乱，使得学习者在利用大脑内原有知识和续写文本内容进行协同时，未能达到理想效果，使得消极情绪组在词汇协同和词组协同数量上明显少于积极情绪组；此外，访谈结果发现，相较于积极情绪组，消极情绪组的被试更倾向于使用他们头脑中已有的词汇或词组，而不是尽可能多地使用原文中出现的语言，费时费力，增加认知负荷，造成消极情绪组的语言协同从数量上来看与积极情绪组存在明显差异。二是从认知注意角度来看，情绪可通过控制学习者注意水平来实现对语言协同效果的影响。在读后续写过程中，积极情绪拓宽了学习者注意的广度，使更多信息得以进入认知直觉加工过程，激活了与原有知识以及续写所需表达的和原文内容相一致的表征，加大了结构启动发生的概率。相反，消极情绪使得学习者的认知范围被压缩，持续性注意水平被限制，导致学习者在该情绪状态下更多的是根据续写需要，从大脑表征中调取已有的语言结构，而不是通过结构启动、模仿原文的方式获取正确的表达。由此说明，情绪在续写过程中时态的注意水平上存在差异，积极情绪对语言协同具有更好的促进作用。比如，表 8.2 的结果显示，积极情绪组和消极情绪组的前 10 个高频词中分别出现了 3 个动词，其中积极情绪组（were，believed，chose）均为过去时态，而消极情绪组（can，guess，have）均为动词原形，且续写原文则整体以一般过去时态为主，消极情绪组在动词时态问题上给予了较少注意。

此外，该研究进一步证明了协同效果的强弱取决于互动强度。表 8.2、表 8.3 的结果显示，相对于消极情绪组来说，积极情绪组不管是在词汇、词组协同的数量还是质量上，都表现出了一定的优势。互动强，则协同强；互动弱，则协同弱（王初明，2010，2015），这就说明积极情绪通过作用于同伴间的人际互动增强了与学习者和续写文本间的互动，表现为语言协同增强；相反，消极情绪削弱了同伴间的互动强度，从而使得学习者和文本间互动强度较弱，协同效果不理想。由此进行推测，情绪在读后续写任务中的影响机制，同样可通过改变互动强度来影响协同效果的方式来实现,并进一步影响其具体促学效果。

8.4.3 情绪与写作质量

对 3 组读后续写成绩进行单因素方差分析,显示方差齐性($p=0.780>0.05$),且组间存在显著差异。经 LSD 事后检验,积极情绪组明显高于消极情绪组和对照组,但消极情绪组和对照组之间的成绩并没有表现出显著差异。结果表明,积极情绪可在短时间内显著提高读后续写成绩,但消极情绪对读后续写成绩的影响不甚明显。

表 8.4 不同情绪状态下的续写成绩的均值(标准差)和单因素方差分析结果

组别	平均值	标准差
A($n=52$)	20.07	2.16
B($n=52$)	17.04	2.41
C($n=52$)	17.82	2.71
单因素方差分析	$F=21.603, p=0.000$	

由实验结果可推断,情绪可对读后续写写作质量产生影响。在本研究中,写作质量主要以量化后的写作成绩来体现,实验结果表明,积极情绪组的续写成绩高于对照组,消极情绪组的续写成绩低于对照组,说明情绪可对读后续写成绩表现出一定的预测力,这一点和 Saito 等(2018)、Li 等(2019)的研究结果一致,他们认为,积极情绪和消极情绪分别正向、负向预测整体学习成绩和二语口语成绩。但是,情绪对读后续写成绩的预测作用却无法解释造成积极情绪组和对照组之间的续写成绩差异显著,而消极情绪组和对照组的续写成绩几乎持平的原因。笔者认为,结合前面的实验结果,可从两方面对此作出解释:

一方面,情绪通过对读后续写认知过程的作用影响续写成绩。积极情绪拓宽了学习者的注意力,增强了认知灵活性,使得学习者对文本的理解程度增加,为构建和续写原文趋同的情景模式以及较大程度上激发结构启动提供了基础,更多地使用了原文中的词汇和词组,从而使得续写成绩得到了较大的提升。相反,消极情绪压缩了学习者的认知范围,在续写过程中没能充分构建与续写原文趋同的情景模式并较大程度上实现结构启动,不仅没能提高续写成绩,反而增加了错误率。另一方面,因读后续写任务难度较大,造成消极情绪加工和工作记忆之间的注意资源的竞争变强,工作记忆需要较多的注意资源用于信息处理,从而导致用于分析情绪刺激内容的注意资源随之减少,使得消极情绪状态得不到有效诱发,从而削弱了消极情绪对读后续写认知过程的抑制作用。由访谈结果可知,被试认为悲伤情绪会随着时间延长而强度变弱。所以说,读后续写任务消耗了一部分认知注意资源,使得部分消极情绪没有得到及时处理,造成消极情绪对读后续写认知加工的负向作用被削弱,使得消极情绪组未能和对照组产生显著差异。

8.5 结论

本研究探讨了在读后续写过程中,情绪对同伴互动、语言协同和写作质量的影响。结果表明,相对于消极情绪,积极情绪对互动效果和语言协同数量以及写作质量表现出显著优势。本研究证明了积极情绪在读后续写任务中的重要作用,为情绪和读后续写的相关研究提供了实证支持。大学英语教师在进行读后续写任务时,应注重学生积极情绪的调动,促进学生对知识的有效吸收,提高教学质量。

本研究作为一个探索性的研究,仍然存在一些不足:本研究实验周期较短,无法探索长时情绪对读后续写促学效果的影响,未来研究可进一步优化实验过程的设计,为情绪对读后续写的影响提供更加可靠的实践依据。

第9章 不同类型图式对读后续写协同及产出质量的影响差异研究

9.1 引言

美国语言学家Krashen在20世纪中叶提出输入假设并认为可理解性输入是习得二语的唯一条件，该理论虽被广泛接受却也极具争议。后来外语研究者纷纷提出自己的观点，Swain（1993）在加拿大沉浸式教学中发现，有些学生虽然获得了足够的语言输入，但是在口语及写作方面不如母语学习者。所以他认为二语习得不仅需要可理解性输入还需要可理解性输出。Long（1983）在肯定输入假设的基础上提出交互假设，他认为交际过程中有意义的协商能够加深学习者对语言输入的理解。输入理论和输出理论的提出让二语教学有了偏重，割裂了输入和输出的关系，而Hamer（1983）认为，输入、吸收以及输出之间要兼顾，均衡发展。我国外语界专家王初明教授提出了读后续写概念，以被截取结尾的阅读文本作为输入材料，以学生续写作为输出，达到了输入与输出的紧密结合，并且在续写过程中学生一直和前文互动，加深了对前文的理解。

很多学者在寻找提高学生续写能力的方法，其中图式理论在写作课上的正确应用可以提升学生的写作能力（李云珠、王威，2008；孙广平，2007），根据何广铿（2002）的分类，图式可以分为三个类型：语言图式、内容图式和形式图式。图式理论被广泛地应用在写作教学上，还少有学者将其用在读后续写中，这三种图式类型对续写质量分别有何影响还有待探索，为此本研究分别探究这三个图式类型对读后续写的协同和对写作质量的影响,帮助外语教师针对课程设置的教学目标合理安排教学任务,进一步拓展读后续写的研究领域。

9.2 文献综述

9.2.1 图式

"图式"一词由 Kant 在 1781 年提出,他认为图式是一种先验的范畴——先验想象力的产物或是学习者已习得知识的结构。1932 年,Bartlett 在他的著作《记忆》中首次提出了图式理论。他认为图式是已储存在学习者脑中的信息对新信息起作用的过程及学习者接收新信息扩大自己知识库的过程。根据何广铿(2002)的分类,图式可以分为三个类型:语言图式、内容图式和形式图式。语言图式是指与所读材料有关的语言基础知识以及读者语言运用的能力,简而言之就是语音、词汇、语法等方面的知识。内容图式指的是学生对篇章材料相关背景知识的熟悉程度。形式图式是指学习者对篇章体裁、逻辑结构、整体框架等方面所具备的知识。国外对于图式理论的研究要比国内早,国外首先阐述了这三种图式对二语教学的重要性,如丰富学生背景知识的重要性,即对内容图式激活的重要性(Anderson et al,1977;Reutzel,1985)。此外,有学者探究了对形式图式激活的必要性(Carrell,1984)。之后整体探索了图式理论的应用对二语教学的影响,结果发现图式理论对二语教学确实能产生积极的促学效果(Fahriany,2014;Karami,2020)。国内的学者延续了国外的研究结果,探索了图式理论的应用对于听说读写译的影响。研究者结合听力教学实际,重视图式,激活学生已有图式并帮助学生积累图式,研究发现应用图式理论,可打破传统的单词—词组—句子线性听力教学模式,提高学生的英语听力水平(沈洪木,2012;薛红、刘治波,2012)。外语界学者研究了图式理论对英语阅读的影响,研究发现,图式理论可以有效地清除外语知识性障碍,提升学生的阅读理解能力(杨柳,2011;崔俊学,2015)。图式理论同样也被证明了对学生外语写作具有积极促进作用。田延明和王淑杰（2006）研究发现，只要匹配正确的图式，有逻辑地组织语言图式并搭配合理的图式框架，被试的写作能力就会大大提高。除了听力、阅读、写作之外，图式理论对翻译技能的提高也大有裨益。研究者（张薇、倪旭冉，2017；贾增荣，2016）就当前图式理论的概念与形式、对诗歌的意象和属于中国特色文化的物品进行翻译，有利于源语文化的传播和实现高质量翻译。综上所述，图式理论的研究在听力、阅读、写作、翻译方面已经相当完善，但是很少有学者将图式理论与读后续写结合起来进行研究，本研究试图以此为切入点来探究图式理论在读后续写中的应用效果。

9.2.2 读后续写

读后续写是将一篇外语读物删去结尾部分，然后让学习者进行续写，把文章内容补充完整（王敏、王初明，2014）。读后续写基于两个基本理念：① 语言是通过"续"学会的；② 语言习得高效率是通过"续"实现的（王初明，2019）。在续写过程中，学生需要对前文内容进行理解，而后对原文的篇章和语言特点进行创造性模仿从而拉高自己的语言产出水平。Pickering 和 Garrod（2004）提出互动协同模式，协同源于互动，Gass 和 Mackey（2006）提出互动论，互动论指出学生是通过互动习得语言的，而续又是互动的源头，互动导致协同，协同引发学习效应（王初明，2019）。读后续写一经提出，外语界学者即围绕其对协同的影响做了许多相关研究。研究者发现读后续写中确实存在协同效应，王敏、王初明（2014）通过实证研究探讨读后续写中的协同效应，研究发现，读后续写过程中学生会使用前文中的词汇和结构。任伟、吕晓轩（2021）通过分析 19 篇论文中 25 个独立效应量的随机模型发现，读后续写确实能产生协同作用并且达到中等效应。还有许多学者（缪海燕，2017；王启、王初明，2019；姜琳、涂孟玮，2016）验证了读后续写对外语学习的不同语言表征层面都能产生协同作用。也有学者围绕影响协同的因素做了研究，目前影响因素主要包括学生的语言水平（张秀芹、王迎丽，2020）以及输入条件，如材料的体裁、趣味性、文本复杂度、语言难度和互动引导任务等（张秀芹、张倩，2017；薛慧航，2013；辛声、李丽霞，2020；彭进芳，2015；顾菁、周玉梅，2018）。除对协同的影响外，读后续写同样对语言输出有所影响。读后续写是对学生的语言输出进行培养，即其会产生促学效果，该促学效果不光体现在语言层面上，还体出现在心理层面上。在语言方面，姜琳、陈锦（2015）对读后续写的促学效果进行了实证研究，结果显示，读后续写可以有效提升学习者的语言产出表现，尤其是在准确性和复杂性方面。姜琳、涂孟玮（2016）从词形、词义和用法三个维度考查被试的学习情况。结果显示，读后续写能有效促进二语词汇学习。王启、王初明（2019）采用读后续写方法来学习英语关系从句，研究发现，读后续写促学关系从句的效果显著好于只读不写。在心理方面，张琳、秦婷（2020）研究发现读后续写可以有效降低学生的写作焦虑，培养学生对于写作的积极情感。虽然许多学者针对读后续写的相关方面进行了大量的实证研究，但图式理论对读后续写的影响还未有人涉足，不同图式的激活可能会产生不同的促学效果。本研究尝试探讨三种不同类型图式的读后续写对协同效应分别有何影响，三种图式读后续写协同效应强弱如何，以及对比三种图式读后续写在产出质量上的差异，以期为外语教师合理高效地安排教学时间提供帮助，为读后续写教学与研究提供借鉴与启示。

9.3 研究设计

9.3.1 研究问题

本研究尝试回答以下问题：
（1）不同类型图式对读后续写协同有何影响？
（2）不同类型图式对续写质量分别有何影响？

9.3.2 被试

本研究选取了河北省某高校同一专业三个平行班共计 164 人的非英语专业学生作为研究对象（用 A、B、C 指代）。其中 A 和 B 班 55 人，C 班 54 人。实验时，被试正处于大一的第一学期，学习英语时间均为 10 年到 12 年，三个班的学生在教材、教学时长、教学进度方面均保持一致，被试无出国留学和国外生活经历。实验前一周对被试进行了前测，前测材料为 2018 年大学英语四级的阅读理解题以及写作题，按照大学英语四级的阅卷标准和分数占比，摘选了阅读理解中的仔细阅读部分（两篇阅读理解），其占总分的 20%；作文部分，占总分的 15%，以此给出最终得分。前测题由两位资深的老师评阅，两人的评分信度经 Pearson correlation 检测为 0.94，具有较高的一致性。单因素方差分析结果表明，三组之间英语水平相当，无显著性差异（P=0.760>0.05）。A 组为语言图式续写组，B 组为内容图式续写组，C 组为形式图式续写组。

9.3.3 实验材料与步骤

实验材料节选自曼罗·里夫与罗伯特·劳森合作的《The Story of Ferdinand》，长度为 455 词。该故事讲述的是 Ferdinand 从小不像其他公牛一样爱好角斗，它最大的爱好就是在树荫下乘凉，闻着淡淡的花香，过着惬意的生活，然而有人来选择最强壮的牛时，它不小心被蜜蜂给蜇了，像疯了一样奔跑，在角斗士眼中它就是最强壮的牛，就这样 Ferdinand 被阴差阳错地带到了角斗场。高霄和文秋芳（2017）指出影响写作的主要因素是词汇、语法和语篇，并没有涉及语音，所以本研究将在材料中对学生的词汇及语法进行激活。其中生词的激活是在该单词后加括号，并在括号内写上其汉语意思，语法标注如 All the other bulls who had grown up with him in the same pasture would fight each other all day（定语从句）。B 组是在材料前设计一个导读，导读内容主要包括作者、出版后的经历及其重要意义，以此来补充该材料的背景知识。C 组是设计一个思维导图，按照故事的起因、经过、结果帮助梳理文章脉络，并借助关键句概括文章梗概，思维导图借助这两点进行设计，激活学生对材料逻辑结构的理解。阅读材料时间为 8 分钟，续写时间为 25 分钟。实验后研究者分别从每组被试中随机选择 3 名共 9 名被试进行访谈，访谈的内容主要是了解被试对其所在图式组读后续写的评价及心得体会。

9.3.4 数据收集与分析

本实验研究共收集三组被试有效续写文本 151 篇。其中 A 组 52 篇，B 组

49 篇，C 组 50 篇，分别建立三个语料库。由于词汇协同与语境有关，所以两名研究者对三组不同类型的续写在词汇层面的协同情况进行手动统计，即统计续写与原文一致的词汇数量。两位研究者经 pearson 相关性检验为 0.941，具有高度一致性。另外，采用检索工具 Antconc3.3.5 中的 word list 功能，对被试续写文本中的词频进行检索，Gee（2000）指出功能词在篇章中表达的意义不突出，是为了连接实词构成句子而存在。因此，我们在产出的表单中，不考虑功能词的频率，选择高频实词，再从高频实词中找出与原文协同的词汇，分析每组高频协同词汇的使用特点。句法方面的协同差异采用 Antconc 3.3.5 中的 n-gram 功能，因为 Hyland（2008）指出四字短语相对频率高且功能广，所以此次实验中检索三个语料库之间四词短语协同方面的差别。续写质量由两位担任写作课的老师分别从三个方面进行评阅，如表 9.1 所示，意见不一致时经协商解决。成绩取两个老师的平均分，其中两位老师的评分信度无显著性差异（$Sig.$=0.259>0.05）。

表 9.1　续写质量评分标准

（1）词汇和语法结构（10 分）	如：拼写、标点符号、大小写、时态、搭配、句法等方面是否存在错误
（2）上下文衔接和全文的连贯性（10 分）	如：续文是否有效使用段落间、语句间的衔接手段，全文结构是否前呼后应，意义是否连贯
（3）是否与原文情境相融洽（10 分）	如：续写内容是否合理、富有逻辑性，与原文情境融洽程度

9.4　数据分析与讨论

9.4.1　不同类型图式读后续写的协同差异

研究者先用 SPSS 17.0 的单因素方差分析功能对三组协同差异作了数据分析（见表 9.2）。另外，又使用 Antconc3.3.5 对被试在续写上的用词进行检索，对每组续写中所用的高频实词汇进行分析，从而揭示其用词特征。笔者将被试续写中的前 30 个实词按频率排序、分析（见表 9.3）。

表 9.2 三组词汇协同率统计结果

	M	SD	显著性
语言图式（A 组）	0.7308	0.5758	
内容图式（B 组）	0.7089	0.5584	$P=0.084>0.05$
形式图式（C 组）	0.7063	0.6761	

表 9.3 三组中高频实词

	A 组		B 组		C 组	
	频率	词	频率	词	频率	词
1	144	bull	176	bull	129	bull
2	120	fight	130	fight	113	fight
3	64	bulls	90	flowers	79	bulls
4	57	flowers	68	just	68	flowers
5	56	all	65	tree	67	men
6	56	day	50	bulls	66	just
7	46	just	50	men	63	day
8	46	time	48	five	58	five
9	41	tree	47	smell	50	quietly
10	38	mother	45	sit	45	tree
11	38	smell	44	quietly	43	sit
12	37	sit	37	want	42	when
13	34	bee	37	when	39	smell
14	32	cork	32	thought	32	butt
15	32	quietly	30	strong	31	back
16	27	pasture	25	fighting	30	cork
17	27	wanted	24	fights	24	cart
18	26	cart	22	cart	24	stick
19	25	won	22	finally	24	strong
20	24	bumble	22	place	23	people
21	23	ran	21	back	21	won
22	22	shade	21	peace	20	mother
23	21	fiercest	21	day	19	bee
24	19	found	20	felt	19	horns
25	19	took	20	quite	18	came
26	18	came	20	took	17	fighting

(续表)

	A 组		B 组		C 组	
	频率	词	频率	词	频率	词
27	18	largest	18	came	15	fiercest
28	17	butt	17	happy	14	happy
29	16	fierce	16	found	13	butting
30	15	stick	16	life	13	life

通过表9.2数据发现，三组之间的词汇协同并没有呈现显著性差异（p=0.084>0.05），但是研究者在统计过程中发现三组被试在续写时所用实词特点不一致。从表中不难看出，不管是对语言基础知识的激活，还是对背景知识的激活，抑或是对文章逻辑结构的激活，都可以使主题词产生协同效应，但是每组词所使用的主题词频率不同，A组协同的实词覆盖广，既有材料中被激活的实词又有与主题句相关的单词且频率偏高，而在B组和C组中，与主题句相关的实词频率偏高。究其原因，首先，A组的语言图式读后续写，对词汇的激活的方式是在括号内标注汉语意思。而这种对词汇的凸显方式会吸引被试的注意力（Smith, 1993），而注意力的分配又和读后续写的协同效果紧密关联（辛声，2017）。如表9.3所示，在材料中笔者将bull、pasture、butt、shade、cork tree、stick、bumble bee、fiercest等词激活，学生在续写时，使用被标注单词的协同率明显高于其他两组。其次，A组采用自下而上的材料驱动，是由部分到整体的过程，即由最基本的理解单词、语法、句法逐步过渡到理解段落、篇章的过程。而读者采用这种自下而上的阅读方式，不断与前文进行互动，互动强则协同强。最后，研究者在实验后对A组被试的访谈中了解到，对其语言基础知识的激活有助于学生对材料的理解，从而相对容易地把握主题，所以A组就会对主题句中的词汇产生协同。

A组的实词协同种类多，而在B、C两组中，高频率实词主要是主题句中的词汇。在对学生文章背景激活时，笔者在导读中提到该故事曾在西班牙内战时期被禁，也曾是德国纳粹焚烧的书单之一，具有反战和和平主义的重要意义。被试通过该信息，在续写中也使用反映篇章主题的词汇。在C组中，笔者按照时间顺序，比较了材料中Ferdinand与其他公牛在幼年以及长大后两者的生活差异，也把出乎意料的结果在思维导图中体现出来。在A组和C组中，没有学生提到有关和平主义的词汇，如 peace，而在 B 组中，peace 在续写文本中的频率为 21。在《The Story of Ferdinand》中，主题句是"It was his favorite tree and he would sit in its shade all day and smell the flowers." 和 "he liked to sit just quietly under the cork tree and smell the flowers."从表 9.3 中 B、C 两组的用词上看，被试倾向于使用 flowers、just、smell、sit、quietly、tree 等与主题句相关的词汇。究其原因，第一，B、C 两组采用自上而下的概念驱动策略，简而言之是从整体到细节的过程。读者在读材料时，更注意材料内容的整体性、连贯性、中心思想等，使理解更加深入，因此被试对主题句的把握更准确，与主题句中的词汇产生协同效应。第二，B 组被试接受访谈时表示，通过了解文章的背景知识，他们可以精准、快速地抓住文章主题，因此对背景知识的补充可以加深学生对材料的理解，这也验证了 Carrel 和 Eistenhold（1983）的研究成果——学习者具有的背景知识在很大程度上影响语言理解。Ausubel 在其有意义学习理论中强调"先行组织者原则"，思维导图中的内容和呈现方式符合该原则并且可以帮助学生有意义地学习，将材料内容同化、吸收，所以 B、C 两组中的主题句中的实词频率高，协同效应强。

除了比较三组词汇的协同差异外，我们还比较了三个语料库中的高频四字短语。王敏和王初明（2014）指出重复使用英语原文中的四词词块，表明续写与原文在句法结构层面协同。如表 9.4 所示，语言图式读后续写中最高频的 30 个词块出现 260 次，其中有 17 个在材料中出现过。这 17 个词块共计使用 97 次，占总频率的 37.31%。如表 9.5 所示，内容图式读后续写中最高频的 30 个词块出现 261 次，其中有 15 个在材料中出现过。这 15 个词块共计使用 142 次，占总频率的 54.41%。如表 9.6 所示，形式图式读后续写中最高频的 30 个词块出现 370 次，其中有 27 个在材料中出现过。这 27 个词块共计使用 367 次，占总频率的 92.97%。研究发现，C 组在句法方面的协同远远高于 A 组和 B 组，究其原因，第一，学生注意力因学习任务不同而存在差异。Nissen 和 Bullermer（1987）指出隐性学习对注意力要求较低，显性学习则需要投入较多的注意力。陆军（2019）研究发现在没有特别提醒的学习任务中，一般只能发生隐性学习。在 A、B 两组中，对于句法结构而言，是发生的隐性学习，被试没有投入太多的注意力在句法结构上。而在 C 组的访谈中，被试表示，由于思维导图中的表达来自材料中的原文，在续写时除了与前文的文本互动外，更投入了较多注意力在思维导图上。第二，思维导图是一种可视化工具，其可以将人脑中的隐性知识显性化，以更直观的图的方式引导读者了解文章的逻辑结构、情节发展。实验后，C组的访谈者均表示，借助思维导图能够加深对前文的理解，并且在续写过程中也会借用思维导图中的表达。这也证实了陈敏（2005）的研究结果——二语教学时把思维导图作为信息的呈现方式，可以帮助学生提取知识。所以在三组中，形式图式读后续写句法协同高。第三，在A、B两组中，没有激活相关的句法结构，被试更倾向于阐述主题，Skehan和Foster（2001）指出，当学习者的注意力分配在构思内容上时，就会减少对语言形式的关注，该结论和本研究结果一致，所以在A、B两组中，句法协同偏低。

表9.4　A组的高频四字词块

排序	频率	n-gram
1	32	and smell the flowers
2	19	the bull fight day
3	15	the largest and fiercest
4	12	bull fights in Madrid
5	12	quietly and smell the
6	11	in the bull fight
7	11	the bull fights in
8	9	didn't want to
9	9	for the bull fight
10	8	he didn't want
11	8	largest and fiercest bull
12	8	under a cork tree
13	7	fight with other bulls
14	7	pasture under a cork
15	7	shade and smell the
16	7	the cork tree and
17	7	the five men were
18	6	cork tree and smell
19	6	just quietly and smell
20	6	sit quietly and smell

(续表)

排序	频率	n-gram
21	6	tree and smell the
22	6	tree s shade and
23	6	was the largest and
24	5	bull fight day was
25	5	cork tree's shade
26	5	fight day was coming
27	5	he was the largest
28	5	in the bull fights
29	5	quietly under the cork
30	5	ran around puffing and

表 9.5 B 组的高频四字词块

排序	频率	n-gram
1	25	and smell the flowers
2	18	the bull fight day
3	17	didn't want to
4	16	quietly and smell the
5	14	didn't want to fight
6	11	he didn't want
7	10	largest and fiercest bull
8	9	for the bull fight
9	9	in the bull fights
10	9	the largest and fiercest
11	8	sit quietly and smell
12	8	the five men took
13	7	away for the bull
14	7	fight in the bull
15	7	to fight with other
16	7	to sit quietly and
17	6	and fiercest bull of
18	6	bull fight day in
19	6	but he didn't
20	6	fiercest bull of all
21	6	five men took him

（续表）

排序	频率	n-gram
22	6	just quietly and smell
23	6	sit just quietly and
24	6	the cork tree and
25	6	to fight in the
26	5	but Ferdinand didn't
27	5	fight with other bulls
28	5	he just want to
29	5	just want to sit
30	5	the bull fights in

表 9.6　C 组的高频四字词块

排序	频率	n-gram
1	30	and smell the flowers
2	24	the bull fight day
3	19	under the cork tree
4	17	the cork tree and
5	17	tree and smell the
6	16	and stick each other
7	16	stick each other with
8	14	cork tree and smell
9	14	each other and stick
10	14	other and stick each
11	13	butt each other and
12	13	quietly under the cork
13	12	quietly and smell the
14	11	the largest and fiercest
15	10	didn't want to
16	10	each other with their
17	10	just quietly under the
18	10	largest and fiercest bull
19	10	other with their horns
20	9	bull fights in Madrid
21	9	fiercest bull of all
22	8	and fiercest bull of

(续表)

排序	频率	n-gram
23	8	fight with other bulls
24	8	for the bull fight
25	8	just quietly and smell
26	8	sit just quietly and
27	8	sit just quietly under
28	8	smell the flowers he
29	8	the bull fights in
30	8	was the largest and

9.4.2 不同类型图式读后续写对产出质量的影响

表9.7 三组图式产出质量对比结果

	M	SD	显著性
语言图式（A组）	15.962	2.0695	
内容图式（B组）	17.000	1.9338	$p=0.000<0.05$
形式图式（C组）	15.480	1.5842	

表9.8 多重对比

(I)组别	(J)组别	均值差(I-J)	标准误	显著性	95% 置信区间	
					下限	上限
语言图式	内容图式	−1.0385*	0.3735	0.018	−1.943	−0.134
	形式图式	0.4815	0.3716	0.591	−0.418	1.381
内容图式	语言图式	1.0385*	0.3735	0.018	0.134	1.943
	形式图式	1.5200*	0.3771	0.000	0.607	2.433
形式图式	语言图式	−0.4815	0.3716	0.591	−1.381	0.418
	内容图式	−1.5200*	0.3771	0.000	−20.433	−0.607

注：*均值差的显著性水平为0.05。

经由SPSS17.0单因素组间方差分析可得，A、B、C三组之间p值为0.000，具有显著性差异。其中B组的平均续写成绩（M=17.000）大于A组平均续写成绩（M=15.962），A组的成绩又比C组的平均成绩（M=15.480）要高。再经由Bonferroni的多重对比可得，如表8所示，A组与B组之间（$p=0.018$）以及A组与C组之间（$p=0.591$）无显著性差异，而B组与C组之间（p=0.000）差异性显著。究其原因，第一，在前测阶段分组时，每组之间的语言水平相当，又因为语言基础知识是长期积累的产物，所以三组在语言准确性及组织结构上无显著性差异，那么影响不同类型图式续写产出质量的因素主要是主题内容，Hudson（1982）指出背景知识对于理解的作用要大于外语能力对于理解的作用。同样，笔者利用语言图式对材料中有关的基础知识激活，这样确实可以加强对文本的理解，但是内容图式对背景知识的激活，其产出质量要比对基础知识的激活高，该结论和 Hudson 的实验结果一致。第二，内容图式以及形式图式虽然都属于"自上而下"的信息处理方式，可以加速信息的吸收和理解，但是亓鲁霞和王初明（1988）探究了影响阅读理解的因素，其中包括熟悉度、上下文以及语言难度。在对上下文的研究中，其采用相关图画激发学生图式，而形式图式中的思维导图也是通过图的直观性对内容进行引导，最后研究发现，熟悉度是阅读理解中最重要的因素，所以其研究结果和本研究结果一致：内容图式的续写产出质量高于形式图式读后续写。第三，形式图式让被试对文章的脉络、逻辑结构有了清晰的认知。顾敏（2014）指出思维导图能够有效地促进读者对文本的理解，在实验后的访谈中 C 组被试也表示，思维导图以直观精炼的方式总结了前文的主要内容，所以结合相关文献以及访谈内容发现，思维导图的呈现是对前文续写材料内容、情节的总结，而读后续写的关键在于"续"，这两者是相悖的。同时，研究者还发现，C 组在续写时，往往会在开头处借用思维导图中的表达对前文进行总结或者对前文主旨内容进行复述，这确实加深了被试对材料的理解，可是在续写时与前文连贯性较差或是内容赘述，所以在三组中产出质量相对较低，并与内容图式读后续写呈显著性差异。

9.5 结论

本研究探讨了三种不同类型图式读后续写，即语言图式、内容图式、形式图式的读后续写对于协同及产出质量的差异影响。研究结果表明，三种图式读后续写的词汇协同无显著差异，但是协同的词汇有所不同。语言图式的词汇协同范围广，除了主题词以外，还有在材料中被激活的词汇，而内容图式和形式图式的协同词汇高频地出现在材料的主题句中。而在句法协同方面，形式图式读后续写的协同率高于语言图式及内容图式读后续写组。三种图式读后续写对于产出质量有显著性差异，内容图式的产出质量比语言图式、形式图式的质量高。总体而言，三组不管在词汇还是句法上都能产生协同效应，只不过每组协同的实词特点有所不同。在续写质量上，内容图式读后续写优于语言图式和形式图式读后续写。因此在读后续写教学时，教师应在平时帮助学生积累语言基础知识等相关图式，激活、拓展学生的内容图式，合理引导学生的形式图式，使运用图式达到最优化。

　　本研究探讨了不同类型图式对读后续写的协同及产出质量的影响，对读后续写研究有一定的理论及实践意义。此外，本研究也存在一些不足，第一，实验周期较短。第二，对三种不同图式有多种激活方式，本研究对三种图式分别采取的策略是强化任务条件、导读以及思维导图，不同的激活方式可能产生不同的产出效果。未来研究可延长实验周期以及采用不同的激活方式，为未来的续论研究提供新思路。

第10章　网络多模态输入的续写任务对学习者同伴支架影响研究

10.1 引言

受国内特有的外语教学环境限制,外语学习者通常与本族语者交流互动的机会不多,且大学生学习英语时"能读不能写"、"能听不能说"(吴一安、刘润清,1993;许峰,2004)、"读得懂却听不懂"等现象普遍存在(戴劲,2005),大多数学生的外语阅读和听力技能发展很不均衡,表现为听与读之间在语篇理解方面存在较大差距。而王初明"续"论中的听后续写、读后续写和视听续写等不同形式的续写任务有效地将听、读、写、视听等技能融合于语言学习中,可以有效弥补学生在课内外缺少英语交流机会的不足(王初明,2012),使理解与语言产出紧密结合,增强促学效果。续写任务中上文为"续"提供语境,具有支架(scaffolding)功能(王初明 2016)。同伴之间互动提供的支架话语也可为学习者提供更多的交流和输出机会,从而为语言学习创造条件(Storch,2007)。本研究基于社会文化理论背景,从多模态输入续写材料的角度研究其对学习者互动中同伴支架的影响差异。

10.2 文献综述

10.2.1 多模态输入与续写

基于多模态的英语写作教学一直是国内外的热门话题,多媒体技术的快速发展也为多模态提供了便利的途径。顾曰国（2007）认为多模态是通过多个感官与外部进行交流和互动的途径。因此，多模态的课堂输入既可以活跃课堂氛围也可以调动学生的多个感官参与课堂学习，提高学生的课堂学习效果。多模态输入是将信息借助语言、声音、图像和视频等多个不同的模态呈现（张德禄，2009），为学习者提供更丰富与真实的语境，从而使学习者通过多个不同的感官接收信息，加深对信息的理解和记忆，为外语教学提供教学情景、辅助以及便利条件，提高教学效率。多模态不仅可用于广告、视频、动画等图文话语分析，而且近年来一些学者还将多模态应用于外语教学之中，Kress 和 Van Leeuwen（2001）分析了文字、图像、手势等模态在课堂教学中产生的促学效果。胡壮麟和顾曰国最早将多模态引入国内外语教学，国内许多学者的研究涉及多模态在教学中对阅读理解（顾琦一，2011）、听力理解（龙宇飞、赵璞，2009）、英语写作（刘玲玲，2016；孟婷，2018；孟璞，2021）和词汇习得（顾琦一、臧传云，2011；李秀玲，2021）等方面的影响。而多模态与续写相结合的研究数量匮乏，近年来，学者们从语言输入模式的角度研究读后续写的改进策略，续写不再是单一的阅读输入与写作任务，而是将文本输入扩展到视频、音频或图片类输入等更多选择，是多种模态下的语言输入与写作产出任务的整合运用。因此，对于多模态输入的续写研究还有待补充。

　　"续"源自互动协同理论（王初明，2012），运作于理解和产出之间，理解的主要途径是学习者与输入材料（文本、音频或视频）的互动，即"听"或"读"，产出的主要方式是"说"或"写"。续写指学习者与输入材料（文本、音频或视频）中语言层面和情景模式等进行协同从而创造性地完成结尾（王初明，2012）。读后续写的输入模式为阅读文本，类似于读后续写（王初明，2014），听后续写和视听续写将输入模式由"读"改成"听"和"视听"。国内关于续写的研究多数集中在"读"这一种输入模式，从多模态输入角度对续写的研究数量相对较少，张秀芹、武丽芳和张倩（2019）研究听、读两种输入模态的续写对英语词汇习得的影响，发现听力输入能够达到略好的词汇习得效果；宋姝婷（2020）探讨多模态输入对高中英语读后续写的影响，结果表明多模态教学模式对于学生读后续写能力的提升有一定的积极作用。赵亚利（2021）从多模态视角对高中英语读后续写的教学研究进行了理论分析，但并未进行实证研究。因此，多模态结合续写的研究还有待进一步探索。

自王初明教授（2012）提出"续论"以来，大量关于续写的研究围绕在其促学效果及协同和影响因素上。王敏和王初明（2014）的实证研究证实读后续写在词汇、语块和句法结构等层面存在协同效应，也会在语篇（缪海燕，2017）层面产生协同。读后续写对词汇学习具有积极的促进作用（姜琳、涂孟玮，2016），有利于提高语言准确性和流利性（王初明，2012；姜琳、陈锦，2015）。读后续写受文本趣味性、体裁等因素影响，薛慧航（2013）证实了阅读材料的趣味性会影响读后续写的协同，续写有趣的故事会产生更强的协同效果。张秀芹和张倩（2017）对比记叙文和议论文的协同效果，发现续写议论文的协同效果强于续写记叙文。这些研究成果大多数是人—文本之间的互动，而缺少人—人—文本之间的互动。在续写任务中进行学习者之间的同伴互评也是人—人—文本互动的最好体现，同伴支架作用体现在同伴互评的过程中。人际互动更能体现语言使用的互动本质，使学习者的语言学习能力在互动过程中一直处于应激状态，有利于促进二语习得（王初明，2007）。

10.2.2 同伴支架与网络同伴互动

社会文化理论创始人 Vygotsky 提出了"最近发展区"理论，他认为儿童的发展有两种水平：现有水平（指儿童独立解决问题的实际水平）和潜在发展水平（指经过专家指导或同伴合作所获得的潜在水平），这两者之间的差距即可以被理解为"最近发展区"（The Zone of Proximal Development，ZPD）。在此基础上，Bruner、Wood 和 Mercer（1985）等维果斯基派学者提出了"支架"理论（scaffolding），从而提出了"支架式教学"的概念，由教师提供支架促进学生内化知识，从而进行更高水平的认知活动。支架可以是同伴互动（两人或多人），同伴之间可以相互帮助，每个人都可以从他人的帮助中获得新的且仅凭自己无法独立获取的知识或技能，或无法完成的任务，这就是"同伴支架"（peer scaffolding）。Donato（1994）提出学习者之间可以互相提供支架帮助，同伴互学还可以搭建"集体支架"。对于同伴支架的研究主要围绕其影响和分类两方面，一些学者（Guerrero & Villamil，2000；贾光茂、方宗祥，2009；李丹丽，2014）的研究表明，同伴支架对二语产出具有积极影响；大部分学生在同伴的支架作用帮助下能够意识到自己英语水平的不足和局限，从而激活最近发展区，促进语言水平和思维能力的提高，而水平较低的学习者也会为水平较高的学习者提供有效的同伴支架。Wood 等（1976）提出了支架的六大特征，分别是引起兴趣、简化任务、维持原有目标、指明实际产出与理想之间的差异、控制挫败感和理想行为示范。徐锦芬（2016）分别从提高参与度、提供词汇、提供观点、纠正错误表达、简化任务、维持既定目标和提供情感支持七个类型方面分析了大学英语课堂中的同伴支架情况，结果表明同伴支架对小组互动的有效开展具有积极作用。

近年来，计算机辅助语言学习的不断发展为外语教学提供了新平台，加之受当下全球严峻的疫情形势的影响，互联网教学和学习作为新兴的教学途径被全国学校广泛使用。而网络同伴互动（online peer interaction）作为网络教学的重要组成部分成为研究的焦点，其主要指学习者借助信息技术，通过论坛、博客、维基、社交网站、网上学习管理系统等各类信息技术平台所开展的互动（徐锦芬，2020）。O'Dowd（2011）强调，网络环境下的外语互动应当成为外语教学的常规组成部分。一些学者对网络环境的同伴互动进行了研究，Peeters（2018）研究发现通过网络同伴互动认识和理解学习任务，分析互动过程体现的交际功能，从同伴处获取社会情感支持，可以减轻在新学习环境下所产生的压力。张秀芹、贺玉珍（2018）则采用徐锦芬（2016）的同伴支架分类，对比了网络实时文本的交际互动和传统自然课堂互动中的同伴支架情况，研究结果发现互动话题和学习者的英语水平会影响同伴支架，而在提高参与度、提供情感支持和维持既定目标三个方面，网络交际互动的效果优于传统课堂的面对面交流。

本研究拟从社会文化理论角度和王初明的续论出发，探究三种不同输入模态（文本、音频、无字幕视频）的续写任务对同伴互动支架作用的影响。

10.3 研究方法

10.3.1 研究问题

本章拟研究以下问题：

（1）网络环境中的续写任务中，文本、音频和视频三种输入模态下学习者提供支架的情况如何？有何差异？

（2）学习者个体差异对提供同伴支架有何影响？

10.3.2 被试

实验对象选取河北省某高校英语专业大二年级四个自然班共 106 名学生。四个班采用的教材、学时数、教学方法、授课内容均相同。该实验作为英美概况课的平时作业，占期末总成绩的 20%，学生参与互动的频数是评定成绩的主要依据。教学实验在大二第一学期末进行，经过一个半学年的学习交流，学生之间彼此熟悉，英语交际能力也有相应的提高，且都能熟练使用 QQ 软件进行交流，有利于英语网络文本交际活动的实施，能够确保实验顺利进行。实验开始前选用大学英语四级试卷中写作、听力和阅读三部分对 106 名学生进行英语语言水平前测，对前测成绩进行的独立样本 T 检验，结果显示四个班学生的英语水平未见显著差异（$p=0.893>0.05$），具有可比性。经过筛选，共有 50 名被试符合该实验语言水平要求（高低水平被试的分数差 ≥ 15 分），其余 56 名学生参与实验过程但结果未纳入实验数据进行统计。

10.3.3 实验设计

本研究的实验材料为一篇没有结尾的英文故事，主题是关于礼物与善良，该材料趣味性较强，有利于被试发挥想象力以促进话题讨论。文本阅读材料为 650 词，音频材料和视频材料的时间长度为 4 分 50 秒。研究者将 50 名被试对象按照输入模式分为文本、音频和视频共 12 个小组，其中包括 10 个四人组和 2 个五人组，每 4 个小组为同一输入模态，即文本阅读 1～4 组，音频听力 1～4 组，无字幕视频 1～4 组。分组完成后，研究者首先建立三个输入模态的 QQ 群（以下称为模态大群）和 12 个小组讨论的 QQ 群（以下称为互动小群）。随后研究者进入班级群将分组名单和群号上传到群文件，所有被试需加入对应的模态群和小组群。实验开始前，研究者在模态大群内上传对应的材料和任务指令，被试接收到对应形式的续写材料后实验正式开始，文本阅读组、音频听力组和无字幕视频组均有 10 分钟的时间获取材料内容；

被试需就自己对材料的理解和疑问以及续写的想法等在互动小群内进行讨论，并为其他成员提供建议和帮助，为续写做好准备，小组互动讨论时间为 20 分钟；讨论完毕后在 30 分钟内完成续写。研究者把群内讨论的聊天记录下载并保存到 Word 文档中以便进行数据分析。续写完成之后，每位同学把自己的作业上传到 QQ 群并备注好姓名。

实验结束后研究者随机从每个小组中选出 1 名共计 12 名被试进行半结构化访谈，访谈的内容主要是被试对输入模态及对小组内成员互动情况的感受和评价。

10.3.4 数据收集

本研究的数据来源于续写任务前的网络文本讨论聊天记录和续写作文。

本研究参照徐锦芬（2016）描述的支架类型和特征，研究者将小组互动中的文本讨论以及学生最后完成的续写文本作为研究语料，统计并分析同伴支架在提高参与度、提供观点、解释以简化任务、提供情感支持、维持既定目标、纠正错误表达和提供词汇七个方面的情况。研究者与其老师对支架编码的一致性达 90%，并且对意见不同的地方经协商达成一致。

10.4 数据分析与讨论

10.4.1 三种输入模态下的续写中同伴提供支架情况

参照徐锦芬（2016）对同伴支架的定义描述和分类，研究者对文本、音频、视频三种输入模态下的小组互动讨论文本进行统计和分析。共统计出同伴支架语言片段 103 个，其中，听力音频小组 60 个，文本阅读小组 24 个，无字幕视频小组 19 个。

如表 10.1 所示，首先，在同伴支架的总数量方面，听力音频输入组最多（占比 58.3%），其次是文本阅读小组（23.3%），无字幕视频小组则最少（18.4%）。这一结果表明，在这三种语言输入方式中，无字幕视听方式对语篇理解的程度最高，其次是文本阅读组，而单一的听力输入方式对语篇理解程度最低。该结果进一步证实了戴劲（2007）的观点，即语言的输入方式（读、听、视听及字幕视听）对语篇理解起着十分重要的作用。

表10.1　三种输入模态下的各小组同伴支架类型情况

	文本				听力				视频			
	1组	2组	3组	4组	1组	2组	3组	4组	1组	2组	3组	4组
提供观点	3	0	2	5	4	11	9	6	2	2	2	2
提供情感支持	0	3	3	0	2	6	5	4	3	2	0	0
纠正错误表达	0	0	0	1	2	3	0	2	1	0	0	0
解释以简化任务	1	0	2	0	0	1	0	0	0	0	1	0
维持既定目标	0	1	1	0	0	1	0	0	0	1	0	0
提高参与度	0	0	0	1	1	0	1	2	1	0	0	0
提供词汇	1	0	0	0	0	0	0	0	1	0	0	0
小组总计	5	4	8	7	9	22	15	14	8	6	3	2
模态总计	24（23.3%）				60（58.3%）				19（18.4%）			

表10.2的方差分析结果显示，不同输入模态的小组间同伴支架数量有显著差异（$F=9.48$, $p=0.006<0.05$）：听力音频组和文本阅读组、听力音频组和无字幕视频小组之间的同伴支架数量情况均存在显著差异，而文本阅读组和无字幕视频小组的同伴支架情况并无显著差异，即听觉理解能力不如视觉和视听理解能力，而视觉理解能力和视听理解能力并无显著差异，这与顾琦一（2017）的研究结论相似。

表10.2　三种输入模态下的同伴支架数量差异

	文本输入 $n=4$		听力输入 $n=4$		视频输入 $n=4$		F	Post Hoc（Turkey）
	M	SD	M	SD	M	SD		
支架数量	6	1.83	15	5.35	4.75	2.75	9.48	听力＞文本 听力＞视频

注：*$p<0.05$

文本阅读组和听力音频组支架数量存在显著差异（$p=0.017<0.05$），究其原因，不同输入模态下学习者对于语篇理解的认知负荷存在差异。文本输入属于视觉输入模态，音频输入属于听觉输入模态。学习者在视觉模态下对语篇理解的认知负荷低于听觉模态，所以视觉模态下的学习效果优于听觉模态。通过与被试访谈，听力组被试表示自身听力水平较弱，在听力过程中注意力

很容易受到某个难以辨别词音、词义的单词影响，从而对理解语篇产生较大的认知负荷和心理压力；而文本组的被试表示，由于平常的考试都是通过视觉阅读理解的形式，所以理解阅读材料的难度并不大，心理认知压力也较低。听觉比视觉在理解上产生的困难更大，导致听力音频小组对输入材料的理解程度不如文本阅读小组，这与现有的研究结果不谋而合（戴劲，2007；Vidal，2011；李晓媛，2012），也证实了戴劲（2005）对于我国二语学习者"读得懂却听不懂"的结论，因此听力音频小组需要通过同伴互动协助以获得更全面的理解，从而激活最近发展区，产生支架的概率相对较高，数量随之也更多。听力组学生也表示，自己在听完音频后对于材料中的单词、意义仍旧存在许多疑问，询问同伴过后，对语篇有了更进一步的理解和想法。

听力音频组和无字幕视频组的支架数量存在显著差异的原因（$p=0.008<0.05$）仍与输入模态相关。视频输入属于视听双重输入模态，双重或多重输入对语篇理解的效果优于单一输入，即与单一的听觉模态相比，视听双模态输入对语篇理解程度较高。视听理解可以处理语言信息和非语言信息（表情、肢体动作等），视觉信息能够弥补听觉理解上的困难，视频组被试在视觉渠道的辅助下，捕捉相关信息并同时对信息进行加工，以此达到理解语篇的目的。参与访谈的视频组被试均表示，通过观看视频理解语篇大意的确更容易，他们在观看材料时，即使没有字幕，视频中的人物肢体动作或表情等非言语活动也能够帮助他们更全面地理解材料内容，组内成员掌握了续写材料的大意，存在的疑问较少，因此同伴之间互动讨论的频率较低，互动中产生支架的频率也较低。

虽然文本阅读小组提供的支架数量比无字幕视频小组多，但是这种差距并不具备显著性（$p=0.879>0.05$），也就表示，两个有视觉输入模态的小组支架情况差异并不明显。无字幕视频小组对于语篇理解的程度强于文本阅读小组，这与 Van Patten（1996）、Tindall-Ford 等（1997）的观点相似，通常情况下，视觉和听觉双重模态同时呈现新信息，可以有效促进学习。而受"阅读能力优于听力能力"观念的影响（戴劲，2007），造成此种不显著差异现象的原因在于无字幕视频小组观看动态图像对语篇理解也起到不可忽视的积极作用，弥补了听力方面的不足，从而缩小了文本阅读组与无字幕视频小组间的差距。

如表 10.3 中统计结果显示，七个同伴支架类型在每个模态下均有体现。提供观点的支架总数量是各支架类型中最多的（46.6%），且在每个模态下的七个支架类型中也占比最高（分别为 41.7%、50%、42.1%）；听力音频输入小组在提供观点方面支架数量（62.5%）明显高于文本阅读组（20.8%）和无字幕视频小组（16.7%）；其次是提供情感支持，占支架总数量的 27.1%，听力音频小组（60.7%）在提供情感支持方面的支架数量比例也是高于其他两个输入模态（21.4%、17.9%）的小组；纠正错误表达类支架（8.7%）主要体现在纠正观点即对阅读材料的理解上，这与前人对话题讨论（徐锦芬，2016；张秀芹、贺玉珍，2018）中纠正词汇、语法、读音等有所差异。究其原因，网络同伴互动是以文本形式呈现，不存在读音纠错，而网络环境具有语言编辑及回顾的功能（张秀芹、贺玉珍，2018），学习者也可以利用互联网的检索功能查询词汇，因此词汇的错误率降低，也就不需要同伴互相纠正。其中听力输入模态小组出现纠正错误表达观点的数量最高（占比 77.8%），明显高于其他两个输入模态小组（11.1%、11.1%）。解释以简化任务、提高参与度、维持既定目标和提供词汇四个方面的支架数量均较少。解释以简化任务和维持

表 10.3 同伴支架类型在三种模态下的分布情况

	文本		听力		视频		总计
提供观点（46.6%）	10	20.8%	30	62.5%	8	16.7%	48
提供情感支持（27.1%）	6	21.4%	17	60.7%	5	17.9%	28
纠正错误表达（8.7%）	1	11.1%	7	77.8%	1	11.1%	9
解释以简化任务（4.9%）	3	60.0%	1	20.0%	1	20.0%	5
提高参与度（4.9%）	1	20.0%	3	60.0%	1	20.0%	5
维持既定目标（3.9%）	2	50.0%	1	25.0%	1	25.0%	4
提供词汇（3.9%）	1	25.0%	1	25.0%	2	50.0%	4
总计	24		60		19		103

既定目标的支架数量分别占总数的 4.9% 和 3.9%，文本阅读小组在这两方面的支架数量均略高于其他两个输入模态小组；提高参与度的支架数量占总数的 4.9%，听力音频小组（60%）在此方面的支架比例高于其他两个输入模态小组（20%、20%）；提供词汇占总数的 3.9%，视频小组（50%）在此方面的支架数量略高于其他两个输入模态小组（25%、25%）。

下面将结合研究数据对出现以上现象的原因进行分析讨论。导致听力模态小组的提供观点类支架数量高于其他两个模态小组的原因在于对输入材料的理解偏差，即语篇理解程度较高，提供支架数量较少，反之，语篇理解程度较低，提供观点类的支架数量较多。通过访谈得知，听力小组被试经常会出现因某处没有听明白导致理解不到位而无法恰当地表达观点或存在疑问的情况，这时组内的同伴会积极提供观点来协助同伴。互动频率高，产生的支架数量随之增加。情感支持方面也是听力模态小组高于其他两个模态小组，原因在于听力输入模态使学习者产生的焦虑情绪最多。在网络环境下，同伴互动会在情感上支持彼此，被试在访谈中表示，听力输入的难度较大，并且对自己的听力水平缺乏自信心，在听力过程中遇到难懂的词汇会加剧紧张的情绪，导致自己陈述观点时产生心理压力或心理崩溃，而同伴给出的积极反馈或支持可以有效地减轻压力，能够互相安抚。纠正错误表达观点的支架数量也是听力模态小组高于其他两个模态小组，笔者认为，这与续写任务的性质相关。续写要求学习者在对前文理解的基础上对结尾进行创造性的写作，如前所述，听力理解的效果不如文本和视频，对材料内容的观点叙述存在错误表达的可能性大于其他模态小组，所以听力输入模态小组纠正错误表达的支架数量高于其他两组。被试在访谈中也表示自己在理解材料时存在错误和偏差，经过小组讨论和纠正后组内观点达成一致。而解释以简化任务、提高参与度、维持既定目标和提供词汇四个方面的支架数量均较少，三个输入模态小组间并无显著性差异。

10.4.2 学生个体差异对同伴支架的影响

如表 10.4 所示，笔者统计了高、低语言水平被试在小组内为同伴提供支架的数量，高水平被试在文本、听力、视频三个模态下提供的同伴支架数量分别为 17、41、11，低水平被试在文本、听力、视频三个模态下提供的同伴支架数量分别为 6、17、4。统计数据表明，在相同输入模态下的续写任务中，小组之间同伴支架情况会受到小组成员语言水平的影响。进一步证实了徐锦芬（2020）的观点，即学习者语言水平、对话者类型以及个人性格等学习者个体差异因素都会影响网络同伴互动的效果。

表 10.4　高、低语言水平被试提供的支架数量

	文本					听力					视频				
	1组	2组	3组	4组	总计	1组	2组	3组	4组	总计	1组	2组	3组	4组	总计
高	3	3	7	4	17	5	18	9	9	41	5	3	2	1	11
低	1	1	1	3	6	3	3	6	5	17	1	2	0	1	4

首先，学习者语言水平的不同，说明他们在词汇量、阅读理解能力、听力能力、写作能力、句法理解能力和语言表达能力等方面存在差异，所以造成提供支架的情况不同。根据表 10.4 可知，除视频第 4 小组内的高、低语言水平学习者提供支架数量相同外（均为 1 个，共 2 个），其他输入模态的各个小组内高语言水平被试提供的支架数量（占比 72.4%）均多于低语言水平（占比 27.6%）被试。这表明，语言水平越高的学习者，为同伴提供支架的数量越多、频率越高，这与张秀芹和贺玉珍（2018）的结论相吻合。英语水平高－低组的互动呈现为能手/新手模式（郑佩芸，2011），与社会文化理论中的专家/新手模式有异曲同工之处。听力第 2 小组的互动提供的支架数量最多，笔者通过分析发现，该小组内的 X、L 两名成员在班级名列前茅，该组内 86% 的支架都是由这两位高语言水平学生提供的。阅读文本小组和无字幕视频小组的同伴支架多数也是由水平较高的学生所提供的（占比分别为 64%、73%），但是低水平的学习者在少数情况下也会为同伴在学习上提供帮助和解决问题的支架（占比分别为 26%、27%），进一步证明同伴在课堂互动中可以同时担任专家和新手的双重角色（Kowal & Swain, 1997；Pica, 2013）。其

次，学习者提供同伴支架的积极性和能力受学习者个人的性格影响。研究者通过访谈得知，听力2组的四名同学性格均活泼外向，十分善于交际。在提供观点和情感支持方面给予的同伴支架数量高于其他小组。此外，L由于某些原因较其他小组成员年长，学习经验更为丰富一些，对自己的英语水平也十分有信心，在整个小组互动中起到领导的作用。C、W两名成员虽然英语水平不如其他两位，但是她们学习态度积极上进，勇于表达自己的观点和疑问，小组内的互动氛围十分活跃。C和W也表示，经过小组的互动讨论，确实对材料有了更全面的理解，也进一步证明了Watanable和Swain（2007）认为的外语水平较高的学习者互动能够有效促进二语学习的观点。而听力1组中虽然有五位成员（多于其他小组），但是其中四名成员都属于性格内敛、不善英语表达的人，所以互动频率仍较低，提供支架的数量也较少。听力1组接受访谈的被试L告诉笔者，即使他的英语水平较高，却对自己的听力水平缺乏信心，更担心误导同伴，所以只说出自己十分有把握的观点，而且小组内成员都不敢随意表达想法且担心没面子，低水平的学生也只是简单地附和。这正如Krashen（1981）的情感过滤假设中所说，学习者害怕失败或在同伴面前出错所产生的焦虑情绪和心理是制约同伴互动和语言习得的重要因素。小组内讨论出现的话轮较少，支架的数量也因此较少。

10.5 结论

本研究将文本、音频和视频三种输入模态的续写任务与网络环境下的同伴互动相结合，探析网络同伴互动文本中同伴支架的情况。研究发现听力输入模式下的小组中学习者互动提供的同伴支架数量明显多于文本输入和无字幕视频输入模式下的小组，而文本小组和视频小组间的同伴支架并无显著性差异；受续写任务性质的影响，提供观点类的同伴支架数量最多。此外，同伴支架还受语言水平、学习观念和性格等学习者个体差异影响，高水平学习者为低水平学习者提供多数支架的同时，低水平的学习者出于积极的学习态度和观念在一些方面也能为高水平学习者提供少量协助。而学习者的听力能力弱于阅读能力是我国外语教学环境下普遍存在的问题，在未来大学英语教学中，教师应继续注重平衡读与听之间的差距。网络学习是一种新兴的学习方式，网络同伴互动也是一种有效促进我国外语学习者语言和交际能力发展的重要途径，教师也应合理利用便利的网络条件促使学生之间多交流互助、搭建支架，激发潜在的发展水平，提高二语学习的语言能力，取得共同进步。

  本研究还存在不足之处，如实验周期较短、被试人数较少且续写材料体裁单一。未来研究可适当扩大样本容量和增加续写材料的体裁，进一步完善研究设计，合理分配组合互动和学习资源，以充分分析输入模态对语言输出和同伴互动的影响。

参 考 文 献

[1] Allwright R. The importance of interaction in classroom language learning[J]. Applied Linguistics, 1984(5): 156-171.

[2] Allwright R L. Observation in the language classroom[M]. London: Longman, 1988.

[3] Ammar A, N Spada. One size fits all? Recasts, prompts, and SLA[J]. Studies in Second Language Acquisition, 2006(4): 543-574.

[4] Anderson R C, Reynolds R E, Schallert D L, et al. Frameworks for comprehending discourse[J]. American Educational Research Journal, 1977, 14(4): 367-381.

[5] Applebee A N. Writing and learning in school setting[C]// Nystrand M. What writers know: the language, process, and structure of writing discourse. New York: Academic Press, 1982.

[6] Arevart S, P Nation. Fluency improvement in a second language[J]. RELC Journal, 1991(1): 84-95.

[7] Arnold N, Ducate L, Kost C. Collaboration or cooperation? Analyzing group dynamics and revision process in wikis[J]. CALICO Journal, 2012, 29(3): 431-448.

[8] Atkinson D, E Churchill, T Nishino, H. Okada. Alignment and interaction in a sociocognitive approach to second language acquisition[J]. The Modern Language Journal 2007, 91(2): 169-188.

[9] Atkinson D, T Nishino, E Churchill, H Okada. Alignment and interaction in

a sociocognitive approach to second language acquisition[J]. The Modern Language Journal, 2007, 91(2): 169-188.

[10] Ausubel D P, Novak J D, Hanesian H. Educational psychology: A cognitive view[M]. New York: Holt, Rinehart and Winston, 1968.

[11] Baddeley A. Working memory[J]. Psychology of Learning and Motivation, 1992(255): 556-559.

[12] Baddeley A. Working memory and language: An overview[J]. Journal of Communication Disorders, 2003, 36(3): 189-208.

[13] Bartlett F C. Remembering[M]. Cambridge, England: Cambridge University Press, 1932.

[14] Bavelas J B, A Black, N Chovil, C R Lemery, J Mullet. Form and function in motor mimicry: Topographic evidence that the primary function is communicative[J]. Human Communication Research, 1988, 14(3): 275-299.

[15] Beauvois M H. E-Talk: attitudes and motivation in computer-assisted classroom discussion[J]. Computers and Humanities, 1994, 28(3): 170-199.

[16] Beauvois M. Computer-assisted classroom discussion in the foreign language classroom: Conversation in slow motion[J]. Foreign Language Annuals, 1992, 25(5): 455-464.

[17] Bell L. Linguistic adaptation in spoken human-computer dialogues: Empirical studies of user behavior[M]. Unpublished PhD dissertation, Department of Speech, Music and Hearing, KTH, Stockholm, 2003.

[18] Bernieri F J. Coordinated movement and rapport in teachers interaction[J]. Journal of Nonverbal Behavior, 1988(2): 120-138.

[19] Bhatia V K. Analyzing genre: Language use in professional settings[M]. London: Longman, 1993.

[20] Bitchener J, D R Ferris. Written corrective feedback in second language acquisition and writing[M]. New York: Routledge, 2012.

[21] Bley-Vroman R. Frequency in production, comprehension, and acquisition[J]. Studies in Second Language Acquisition, 2002, 24(4): 209-213.

[22] Bloch J. Student/teacher interaction via email: then social context of Internet discourse[J]. Journal of Second Language Writing, 2002(11): 117-134.

[23] Bock J K. Syntactic persistence in language production[J]. Cognitive Psychology, 1986, 18(3): 355-387.

[24] Bock J K, Z Griffin. The persistence of structural priming: Transient activation or implicit learning[J]. Journal of Experimental Psychology, 2000(2): 177-192.

[25] Boers F. A reappraisal of the 4/3/2 activity[J]. RELC Journal, 2014(45): 221-235.

[26] Bourne L, R Dominowski, E Loftus. Cognitive processes[M]. New Jersey: Prentice-Hall, 1979.

[27] Bowers K, D Meichenbaum. The unconscious reconsidered[M]. New York: Wiley, 1984.

[28] Branigan H P, M J Pickering, A A Cleland. Syntactic co-ordination in dialogue[J]. Cognition, 2000, 75(2): B13-B25.

[29] Branigan H P. Full alignment of some but not all representations in dialogue[J]. Behavior and Brain Science, 2004(27): 169-226.

[30] Branigan H P, Pearson J. Alignment in human-computer interaction[C]// Fischer K. How People Talk to Computers, Robots, and Other Artificial Communication Partners. Bremen: SFB/TR8 Spatial Cognition, 2006, 140-156.

[31] Branigan H P, M J Picking, A A Cleland. Syntactic alignment and participant role in dialogue[J]. Cognition, 2007(2): 163-197.

[32] Branigan H P, M J Pickering, J Pearson, J F McLean. Linguistic alignment between people and computers[J]. Journal of Pragmatics, 2010, 49(9): 2355-2368.

[33] Branigan H P, M J Pickering, J Pearson, J F McLean, A Brown. The role of beliefs in lexical alignment: Evidence from dialogos with humans and computers[J]. Cognition, 2011, 121(1): 41-57.

[34] Brennan S E, H H Clark. Conceptual pacts and lexical choice in

conversation[J]. Journal of Experimental Psychology: Learning, Memory, and Cognition, 1996, 22(5): 82-93.

[35] Brown H D. Principles of language learning and teaching[M]. London: Longman Press, 2000.

[36] Brown R, R Waring, S Donkaewbua. Incidental vocabulary acquisition from reading, reading-while-listening, and listening to stories[J]. Reading in a Foreign Language, 2008(20): 136-163.

[37] Brumfit C. Communicative methodology in language teaching[M]. Cambridge: Cambridge University Press, 1984.

[38] Bruner J. Vygotsky: A historical and conceptual perspective[C]//J Wertsch. Culture, Communication, and Cognition: Vygotskian Perspectives. London: Cambridge University Press, 1985.

[39] Bucci W. Symptoms and symbols: A multiple code theory of somatization[J]. Psychoanalytic Inquiry, 1997, 17(2): 15-72.

[40] Bygate M. Effects of task repetition: appraising the developing language of learners[C]//Wills J, D Wills. Challenge and change in Language Teaching. London: Heinemann, 1996: 136-146.

[41] Carrell P L, Eisterhold J C. Schema theory and ESL reading pedagogy[J]. TESOL Quarterly, 1983, 17(4): 553-573.

[42] Carrell P L. Evidence of a formal schema in second language comprehension[J]. Language learning, 1984, 34(2): 87-108.

[43] Cetin Y, Flamand L. Mental pollution Hypothesis and Foreign Vocabulary Retention[J]. Poznan Studies in Contemporary Linguistics, 2010, 46(3): 275-293.

[44] Cetin Y. The Importance of Sexual Media on Second Language Vocabulary Retrieval[J]. Journal of Religion and Health, 2015, 54(6): 2412-2421.

[45] Chandler P, J Sweller. Cognitive load while learning to use a computer program[J]. Applied Cognitive Psychology, 1996(10): 151-170.

[46] Chartrand T L, J A Bargh. The chameleon effect: The perception-behavior link

and social interaction[J]. Journal of Personality and Social Psychology, 1999, 76(6): 893-910.

[47] Chau T, B Frank. Repeating a monologue under increasing time pressure: effects on fluency, complexity, and accuracy[J]. TESOL Quarterly, 2015, 50(2): 369-393.

[48] Chaudron C. Second language classrooms[M]. Cambridge: Cambridge University Press,1988.

[49] Chen X, He J, X Fan. Relationships between openness to experience, cognitive flexibility, self-esteem, and creativity among bilingual college students in the US [J]. International Journal of Bilingual Education and Bilingualism, 2019(7): 33-37.

[50] Cho K S, S Krashen. Acquisition of vocabulary from the Sweet Valley Kids Series: Adult ESL Acquisition[J]. Journal of Reading, 1994, 37(8): 662-667.

[51] Chun L, Y Zhao. Noticing and text-based Chat[J]. Language Learning and Technology, 2006, 10(3): 102-120.

[52] Clark H H. Using language[M]. Cambridge, UK: Cambridge University Press, 1996.

[53] Cleland A A, Pickering M J. The use of lexical and syntactic information in language production: Evidence from the priming of noun-phrase structure[J]. Journal of Memory and Language, 2003, 49(2): 214-230.

[54] Costa A, Pickering M J, Sorace A. Alignment in second language dialogue[J]. Language and Cognitive Processes, 2008, 23(4): 528-556.

[55] Cohen G, Eysenck M, LeVoi M. Memory: a cognitive approach [M]. Hilton Keynes: Open University Press, 1986.

[56] Dewaele J M, C Li. Emotions in second language acquisition: A critical review and research agenda[J]. Foreign Language World, 2020(1): 34-49.

[57] Dewaele J M, MacIntyre P D. Foreign language enjoyment and foreign language classroom anxiety: The right and left foot of FL learning?[C]// MacIntyre P D, Gregersen T, Mercer S. Positive Psychology in SLA. Bristol:

Multilingual Matters, 2016: 215-236.

[58] De Jong N. Does time pressure help or hinder oral fluency?[C]//N de Jong, K Juffermans, M Keijzer, L Rasier. Papers of the Ane'la 2012 applied linguistics conference. Delft, the Netherlands: Eburon, 2012.

[59] Diakidoy I A N. The relationship between listening and reading comprehension of different types of text at increasing grade proficiency[J]. Reading Psychology, 2005(26): 55-80.

[60] Donato R. Collective scaffolding in second language learning[C]//Lantolf J P. Vygotskian Approaches to Second Language Research. Norwood N J: Ablex, 1994.

[61] Doughty C J. Cognition and Second Language Instruction[M]. New York: Cambridge University Press, 2001.

[62] Dupy B, S Krashen. Incidental vocabulary acquisition in French as a foreign language[J]. Applied Language Learning, 1993(4): 55-63.

[63] Edwards D, N Mercer. Context and continuity[C]//Jonson K. Understanding Communication in Second Laguage Classroom. Cambridge: Cambridge University Press, 1985.

[64] Ekildsen S W. L2 negation construction at work[J]. Language Learning, 2012, 65(2): 335-372.

[65] Elley W. Vocabulary acquisition from listening to stories[J]. Reading Research Quarterly, 1989(24): 174-187.

[66] Ellis R. Researching classroom language learning[C]//C Brumfit, R Mitchell. Research in the language classroom: ELT Documents. London: Modern English Publications in Association with British Council, 1990.

[67] Ellis N C. At the interface: Dynamic interactions of explicit and implicit language knowledge[J]. Studies in Second Language Acquisition, 2005, 27(2): 302-352.

[68] Ellis N C. Frequency-based accounts of SLA[C]//S Gass, A Mackey. The Routledge Handbook of Second Language Acquisition. London, New York:

Routledge, 2012.

[69] Ellis R. Understanding second language acquisition[M]. Oxford: Oxford University Press, 1985.

[70] Ellis R. Implicit/explicit knowledge and language pedagogy[J]. TESOL Quarterly, 1994, 28(1): 166-172.

[71] Ellis R. Task-based language learning and teaching[M]. Oxford, England: Oxford University Press, 2003.

[72] Faerch C, R Phillipson. Learner language and language learning[M]. Clevedon: Multilingual Matters LTD, 1984.

[73] Faerch C, Kasper G. Two ways of defining communication strategies[J]. Language Learning, 1984(34): 45-63.

[74] Fahriany F. Schema theory in reading class[J]. IJEE (Indonesian Journal of English Education), 2014, 1(1): 17-28.

[75] Fillmore C J. On fluency, individual differences in language ability & language behavior[M]. New York: Academic Press, 1979.

[76] Foster P, P Skehen. The influence of planning and task type on second language performance[J]. Studies in Second Language Acquisition, 1996(18): 299-323.

[77] Foster P, P Skehan. The influence of source of planning and focus of planning on task-based performance[J]. Language Teaching Research, 1999(3): 215-247.

[78] Foster P, Tonkyn A, Wigglesworth G. Measuring spoken language: A unit for all reasons[J]. Applied Linguistics, 2000(21): 354-375.

[79] Fowler C A, J Brown, L Sabadini, J Weihing. Rapid access to speech gestures in perception: Evidence from choice and simple response time tasks[J]. Journal of Memory and Language, 2003(3): 396-413.

[80] Frank B A. Reappraisal of the 4/3/2 Activity[J]. RELC Journal, 2014(3): 221-235.

[81] Freed B F. Foreigner talk: A study of speech adjustments made by Native

speakers of English in conversation with non-native speakers[C]//Unpublished doctoral dissertation, University of Pennsylvania, Philadelphia, 1978.

[82] Freeman S W. Student characteristics and essay test writing performance[J]. Research in the Teaching of English, 1983, 17(4): 313-325.

[83] Fredrickson B L. The value of positive emotions: The emerging science of positive psychology is coming to understand why it's good to feel good[J]. American Scientist, 2003, 91(4): 330-335.

[84] Gardner D, L Miller. Establishing self-access: from theory to practice[M]. New York: Cambridge University Press, 1999.

[85] Garrod S, A Anderson. Saying what you mean in dialogue: A study in conceptual and semantic co-ordination[J]. Cognition, 1987, 27(2): 181-218.

[86] Garrod S, M J Pickering. Automaticity of language production in monologue and dialogue[C]//Meyer A S, L R Wheeldon, A Krott. Automaticity and Control in Language Processing. New York, NY:Psychology Press, 2007.

[87] Gass S. The effects of task repetition on linguistic output[J]. Language Learning, 1999, 49(4): 549-581.

[88] Gass S M, Mackey A. Input, interaction and output: An overview[J]. AILA Review, 2006, 19(1): 3-17.

[89] Gass S, E M Varonis. Non-native/Non-native conversations: A model for negotiation of meaning[J]. Applied Linguistics, 1985, 6(1): 71-90.

[90] Gatbonton E, N Segalowitz. Creative automatization: Principles for promoting fluency within a communicative framework[J]. TESOL Quarterly, 1988, 22(4): 473-492.

[91] Gee J P. An introduction to discourse analysis: Theory and method[M]. London: Routledge Press, 2004.

[92] Giles H, N Coupland. The contexts of accommodation: Dimensions of applied sociolinguistics[M]. New York: Cambridge University Press, 1991.

[93] H D Brown. Teaching by principles: An interactive approach to language pedagogy[M]. Beijing: Foreign Language Teaching and Research Press, 2001.

[94] Halliday M A K. An Introduction to Functional Grammar[M]. London: Edward Arnold, 1985.

[95] Halliday M A K. The functional basis of language[C]//B Bernstein. Class, Codes and Control. Vol. II. London: Routledge and Kegan Paul, 1973: 343-366.

[96] Harmer J. The Practice of English Language Teaching [M]. London: Longman, 1983.

[97] Elaine Hatfield, John T Cacioppo, Richard L Rapson. Emotional contagion[M]. New York: Cambridge University Press, 1994.

[98] Hieke A E. Audio-lectal practice and fluency acquisition[J]. Foreign Language Annals, 1981, 14 (3): 189-194.

[99] Horst M, T Cobb, P Meara. Beyond clockwork orange: Acquiring second language vocabulary through reading[J]. Reading in a Foreign Language, 1998(11): 207-223.

[100] Horwitz E K, Horwitz M B, Cope J. Foreign language classroom anxiety[J]. The Modern Language Journal, 1986(70): 125-132.

[101] Hudson T. The Effects of Induced Schemata on the "Short-circuit" in L2 Reading: Non‐decoding Factors in L2 Reading Performance[J]. Language Learning, 1982, 32(1): 1-33.

[102] Hulstijn J, M Holander, T Griedanus. Incidental vocabulary acquisition by advanced foreign language students: The influence of marginal glosses, dictionary use, and reoccurence of unknown words[J]. Modern Language Journal, 1996(80): 327-339.

[103] Huong L. The more knowledgeable peer target language use, and group participation[J]. Canadian Modern Language Review, 2007(2): 333-354.

[104] Huttenlocher J M, Vasilyeva Shimpi. Syntactic priming in young children[J]. Journal of Memory and Language, 2004, 50(1): 182-195.

[105] Hyland K. Genre pedagogy: Language, literacy and L2 writing instruction[J]. Journal of Second Language Writing, 2007, 16(3): 148-164.

[106] Hyland K. Academic clusters: Text patterning in published and postgraduate writing[J]. International Journal of Applied Linguistics, 2008, 18(1): 41-62.

[107] Jane Arnold. Affect in language learning[M]. London: Cambridge University Press, 1999.

[108] Jarvis P. Students' learning and tutor's marking[J]. Teaching at a Distance, 1978(13): 13-17.

[109] Joe A. What effects do text-based tasks promoting generation have on incidental vocabulary acquisition?[J]. Applied Linguistics, 1998, 19(3): 357-377.

[110] Jong N D, C A Perfetti. Fluency training in the ESL classroom: An experimental study of fluency development and proceduralization[J]. Language Learning, 2011(61): 533-568.

[111] Kaivanpanah S, M S Moghaddam. Knowledge sources in EFL learners' lexical inferencing across reading proficiency levels[J]. RELC Journal, 2012(3): 373-391.

[112] Kalyuga S, P Chandler, J Sweller. When redundant on screen text in multimedia technical instruction can interfere with learning[J]. Human Factors, 2004(46): 567-581.

[113] Kant I. Critique of pure reason[M]. Trans NK Smith, London: Macmillan Publishing Company, 1781.

[114] Karami A. The use of schema theory, information-processing theory, and sociocultural theory in teaching culturally unfamiliar texts in second/foreign language classrooms[J]. Educational Practice and Theory, 2020, 42(2): 23-38.

[115] Kasper G, J Wager. A conversation-analytic approach to second language acquisition[C]//Atkinson D. Alternative Approaches to Second Language Acquisition. New York: Routledge, 2011.

[116] Kay H, D Evans. Genre: what teachers think[J]. ELT Journal, 1998, 52(4): 308-314.

[117] Keh C. Feedback in the writing process: A model and methods for

implementation[J]. ELT Journal, 1990, 44(4): 294-304.

[118] Kern R. Reconstructing classroom interaction with networked computers: Effects on quantity and quality of language production[J]. Modern Language Journal,1995, 79(4): 457-476.

[119] Kern R, M Warschauer. Theory and practice of Network-based Language teaching[C]//M Warschauer, R Kern. Network-based Language Teaching: Concepts and Practice. New York: Cambridge University, 2000.

[120] Knight S. Dictionary: The tool of last resort in foreign language reading? Anew perspective[J]. Modern Language Journal, 1994(78): 285-299.

[121] Kowal M, M Swain. From semantic to syntactic processing: How can we promote it in the immersion classroom?[C]//K Johnson, M Swain. Immersion Education: International Perspectives. Cambridge: Cambridge University Press, 1997.

[122] Krashen S. The monitor model for second language acquisition[J]. Second Language Acquisition and Foreign Language Teaching, 1978: 1-26.

[123] Krashen S. Second language acquisition and foreign language learning[M]. Oxford: Pergamon, 1981.

[124] Krashen S. Principles and practice in second language acquisition[M]. Oxford: Pergamon, 1982.

[125] Krashen S. The input hypothesis: Issues and implications[M]. New York: Longman, 1985.

[126] Krashen S, T Terrel. The natural approach: Language acquisition in the classroom[M]. Oxford: Pergamon, 1983.

[127] Kress G, L T Van. Multimodal discourse: The modes and media of contemporary communication[M]. London: Arnold, 2001.

[128] Lantolf J P. Introducing sociocultural theory[C]//J P Lantolf. Sociocultural Theory and Second Language Learning. Oxford: Oxford University Press, 2000.

[129] Larsen-Freeman D. Chaos/complexity science and second language

acquisition[J]. Applied linguistics, 1997, 18(2): 140-165.

[130] Larsen-Freeman D. A complexity theory approach to second language development/acquisition[C]//D Atkinson. Alternative Approaches to Second Language Acquisition. New York: Routledge, 2011.

[131] Laufer B. What's in a word that makes it hard or easy: Some intralexical factors that affect the learning of words[C]//Schmitt N, M McCarthy. Vocabulary: Descriptive, Acquisition, and Pedagogy. Cambridge, UK Cambridge University Press, 1997.

[132] Laufer B. Electronic dictionaries and incidental vocabulary acquisition: does technology make a difference?[J]. Electronic Dictionaries in Second Language Comprehension, 2000: 849-854.

[133] Laufer B, J Hulstijn. Incidental vocabulary acquisition in a second language: The construct of task-induced involvement[J]. Applied Linguistics, 2001, 22(1): 1-26.

[134] Laufer B. Vocabulary acquisition in a second language: Do learners really acquire most vocabulary by reading? Some empirical evidence[J]. Canadian Modern Language Review, 2003, 59(4): 567-587.

[135] Leeson R. Fluency and language teaching[M]. London:Longman Press, 1975.

[136] Lennon P. Investigating fluency in EFL: a quantitative approach[J]. Language Learning, 1990(40): 387-417.

[137] Levelt W J M, S Kelter. Surface form and memory in question answering[J]. Cognitive Psychology, 1982(14): 78-106.

[138] Lewis M, D Wray. Developing children's non-fiction writing: working with writing frames[M]. Leamington Spa: Scholastic, 1995.

[139] Li C, J Xu. Trait emotional intelligence and classroom emotions: A positive psychology investigation and intervention among Chinese EFL learners[J]. Frontiers in Psychology, 2019(10): 1-17.

[140] Li S. Scaffolding in adult esl classrooms[J]. Foreign Languages in China, 2005(6): 7.

[141] Lin H. Establishing an empirical link between computer-mediated communication (CMC) and SLA: A meta-analysis of the research[J]. Language Learning &Technology, 2014, 18(3): 120-147.

[142] Littlefair A. Reading all types of writings: The importance of genre and register for reading development[M]. Milton Keynes: Open University Press, 1991.

[143] Logan G D. Toward an instance theory of automatization[J]. Psychological Review, 1988(95): 492-527.

[144] Long M. Input, interaction and second language acquisition[J]. Foreign Language Acquisition: Annuals of the New York Academy of Sciences, 1981(2): 259-278.

[145] Long M. Linguistic and conversational adjustments to non-native speakers[J]. Studies in Second Language Acquisition, 1983(5): 177-193.

[146] Long M H. "Native speaker/non-native speaker conversation in the second language classroom" [C]//M Clark M, J Handscombe. On TESOL'82: Pacific Perspective on Language Learning. Washington D C:TESOL, 1983.

[147] Long M. Input and second language acquisition theory[M]. Row Ley, MA: New Bury House, 1985.

[148] Long M. Second language acquisition and task-based language teaching[M]. Malden MA: Wiley-Blackwell, 2015.

[149] Lund R J. A comparison of second language listening and reading comprehension[J]. Modern Language Journal,1991(75): 196-204.

[150] Lynch T, Maclean J. Exploring the benefits of task repetition and recycling for classroom language learning[J]. Language Learning Research, 2000(4): 221-250.

[151] Mackay D G. The problems of flexibility, fluency, and speed accuracy trade-off in skilled behaviors[J]. Psychological Review, 1982(5): 483-506.

[152] Mackey A. Input, interaction and second language development: an empirical study of question for formation in ESL[J]. Studies in Second Language

Acquisition, 1999(21): 557-588.

[153] Mackey W F. Language teaching analysis[M]. London: Longman Group, 1965.

[154] Markham P L, L A P Ma, T J Mccarthy. The effects of native language vs. target language captions on foreign language students' DVD video comprehension[J]. Foreign Language Annals, 2010, 34(5): 439-445.

[155] Maurice K. The fluency workshop[J]. TESOL Newsletter, 1983, 17(4): 26-38.

[156] Mayer R E, R B Anderson. Animations need narration: An experimental test of dual-coding hypothesis[J]. Journal of Educational Psychology, 1991(83): 484-490.

[157] Mayer R E Multimedia learning: Are we asking the right question?[J]. Educational Psychologist, 1997, 32(1): 1-19.

[158] Mayer R E, R Moreno. Aids to computer-based multimedia learning[J]. Learning and Instruction, 2002, 12(1): 107-119.

[159] Mayer R E. The cambridge handbook of multimedia learning[C]. Cambridge: Cambridge University Press, 2005.

[160] Mccarty S, T Sato, H Obari. Implementing mobile language learning technologies in Japan[M]. Singapore: Springer, 2017.

[161] Mclaughlin B. Restructuring[J]. Applied Linguistics, 1990, 11(2): 113-128.

[162] MCMD Guerrero, Villamil O S. Activating the ZPD: Mutual scaffolding in L2 peer revision[J]. Modern Language Journal, 2000, 84(1): 51-68.

[163] Moore M G. Three types of interacin[J]. Distance Education, 1989(2): 1-7.

[164] Nation I S P. Teaching and learning vocabulary[M]. New York: Newbury House, 1990.

[165] Nattinger J R, DeCarrico J S. Lexical phrases and language teaching[M]. Oxford: OUP, 1992.

[166] Nissen M J, Bullemer P. Attentional requirements of learning: Evidence from performance measures[J]. Cognitive Psychology, 1987, 19(1): 1-32.

[167] Nunan D. Language teaching methodology[M]. Hemel Hempstead: Prentice

Hall, 1991.

[168] Oliver R. Age differences in negotiation and feedback in classroom and pair work[J]. Language Learning, 2000(50): 119-151.

[169] Papi M. The L2 motivational self-system, L2 anxiety, and motivated behavior: A structural equation modeling approach[J]. System, 2010, 38(3): 467-479.

[170] Paivio A. Mental representations: A dual coding approach[M]. Oxford Psychology, 1986.

[171] Paltridge B. Genre, text type and the language learning classroom[J]. ELT Journal, 1996, 53(4): 249-255.

[172] Pardo J S. On phonetic convergence during conversational interaction[J]. The Journal of the Acoustical Society of America, 2006, 119(4): 2382-2393.

[173] Philp J. Constrains on "noticing the gap": nonnative speakers noticing of recasts in NS-NNS interaction[J]. Studies in Second Language Acquisition, 2003(25): 99-126.

[174] Pica T, Young R, Doughty C. The Impact of Interaction on Comprehension[J]. TESOL Quarterly, 1987, 21(4): 737-758.

[175] Pickering M J, S Garrod. Toward a mechanistic psychology of dialogue[J]. Behavioral and Brain Science, 2004, 27(2): 169-226.

[176] Pickering M J, S Garrod. Alignment as the basis for successful communication[J]. Research on Language and Computation, 2006, 4(2): 203-228.

[177] Pickering M, V S Ferreira. Structural priming: A critical review[J]. Psychological Bulletin, 2008, 134(3): 427-459.

[178] Peeters W. Applying the networking power of Web 2.0 to the foreign language classroom: a taxonomy of the online peer interaction process[J]. Computer Assisted Language Learning, 2018, 31(8): 905-931.

[179] Reber A S. Implicit learning of syntactic language: The role of structural set[J]. Journal of Experimental Psychology: Human Learning and Memory,

1976(1): 88-94.

[180] Reutzel D R. Reconciling schema theory and the basal reading lesson[J]. The Reading Teacher, 1985, 39(2): 194-197.

[181] Sachs J S. Memory in reading and listening to discourse[J]. Memory & Cognition, 1974, 2(1): 95-100.

[182] Saito K, Dewaele J M, Abe M Y. In' name, motivation, emotion, learning experience, and second language comprehensibility development in classroom settings: A cross-Sectional and longitudinal study[J]. Language Learning, 2018(3): 709-743.

[183] Saito Y, Samimy K K. Foreign language anxiety and language performance: A study of learner anxiety in beginning,intermediate,and advanced-level college students of Japanese[J]. Foreign Language Annals, 1996, 29(2): 239-249.

[184] Savage C, E Lieven, A Theakston, M Tomasello. Structural priming as implicit learning in language acquisition: The persistence of lexical and structural priming in four-year-olds[J]. Language Learning and Development, 2006, 2(1): 27-49.

[185] Schmidt R. The role of consciousness in second language learning[J]. Applied Linguistics, 1990, 11(2): 129-158.

[186] Schmidt R. Psychological mechanisms underlying second language fluency[J]. Studies in Second Language Acquisition, 1992(14): 357-85.

[187] Schneider W, R Shiffrin. Controlled and automatic human information processing: Detection search and attention[J]. Psychological Review, 1977(84): 1-66.

[188] Sharwood Smith M. Language and affective processing implemented within a crossdisciplinary conceptual framework[J]. Poznań Studies in Contemporary Linguistics, 2017, 53(1): 43-62.

[189] Shekary M, Tahririan M H. Negotiation of meaning and noticing in text-based online chat[J]. The Modern Language Journal, 2006, 90(4): 557-573.

[190] Shehadeh A. Effects and student perceptions of collaborative writing in L2[J]. Journal of Second Language Writing, 2011, 20(4): 286-305.

[191] Skehan P, P Foster. Cognition and tasks[C]//P Robinson. Cognition and Second Language Instruction. New York: Cambridge University Press, 2001.

[192] Skehan P. Cognitive approach to language learning[M]. Oxford: Oxford University Press, 1998.

[193] Spivey M. The continuity of mind[M]. Oxford: Oxford University Press, 2007.

[194] Smith B. Computer-Mediated negotiated interaction: an expanded model[J]. The Modern Language Journal, 2003(80): 38-57.

[195] Smith B. Methodological hurdles in capturing CMC data: the case of the missing self-repair[J]. Language Learning and Technology, 2008, 12(1): 85.

[196] Smith M S. Input enhancement in instructed SLA[J]. Studies in Second Language Acquisition 1993, 15(2): 165-179.

[197] Sotillo S M. Corrective feedback via instant messenger learning activities in NS-NNS and NNS-NNS dyads[J]. CALICO Journal, 2013, 22(3): 467-496.

[198] Storch N. How Patterns of interaction in ESL pair work[J]. Language Learning, 2002, 52(1): 119-158.

[199] Storch N. Investigating the merits of pair work on a text editing task in ESL classes[J]. Language Teaching Research, 2007, 11(2): 143-159.

[200] Storch N. Collaborative writing: product, process and students' reflection[J]. Journal of Second Language Writing, 2005, 14(3): 153-173.

[201] Storch N. Collaborative writing in L2 contexts: processes, outcomes, and future directions[J]. Annual Review of Applied Linguistics, 2011(31): 275-288.

[202] Street R L, R M Brady. Speech rate acceptance ranges as a function of evaluative domain, listener speech rate, and communication context[J]. Communication Monographs, 1982, 49(4): 290-308.

[203] Sullivan N, E A Pratt. Comparative study of two ESL writing environment:

a computer-assisted classroom and a traditional oral classroom[J]. Elsevier Science Ltd, 1996, 29(4): 491-501.

[204] Swain M, S Lapkin. Interaction and second language learning: Two adolescent French immersion students working together[J]. The Modern Language Journal, 1998, 82(3): 320-327.

[205] Swain M. Communicative competence: Some roles of comprehensible input and comprehensible output in its development[C]//Gass S M, C Madden. Input in Second Language Acquisition. Rowley: Newbury House, 1985.

[206] Swain M. Three functions of output in second language acquisition[C]//G Cook, B Seidlhofer. Principle and Practice in Applied Linguistics: Studies in Honour of H G. Widdowson. Oxford: Oxford University Press, 1995.

[207] Swain M. Integrating language and content teaching through collaborative tasks[J]. Canadian Modern Language Review, 2001(1): 44-63.

[208] Swain M. The output hypothesis: Just speaking and writing aren't enough[J]. Canadian modern language review, 1993, 50(1): 158-164.

[209] Swain M, L Brooks, A Tocalli-Beller. Peer-peer dialogue as a means of second language learning[J]. Annual Review of Applied Linguistics, 2002(22): 171-185.

[210] Sweller J. Cognitive load during problem solving: Effects on learning[J]. Cognitive Science, 1988(12): 257-285.

[211] Tarone E, G Liu. Situational context, variation, and second language acquisition theory[C]//G Cook, B Seidlhofer. Principles and Practice in Applied Linguistics. Oxford: Oxford University, 1995.

[212] Tavakoli M, S Hayati. The relationship between lexical inferencing strategies and L2 proficiency of Iranian EFL learners[J]. Journal of Language Teaching and Research, 2011(6): 1227-1237.

[213] Tavakoli P, Skehan P. Strategic planning, task structure, and performance testing[C]//R Ellis. Planning and Task Performance in a Second Language. Amsterdam, the Netherlands: John Benjamins, 2005.

[214] Tharp R, S Dalton. Orthodoxy, cultural compatibility and universals in education[J]. Comparative Education, 2007(1): 53-70.

[215] Tin T B. Exploringg the development of "interest" in learning English as a foreign/second language [J]. RELC Journal, 2013, 44(2): 129-146.

[216] Tindall-Ford S, P Chandler, J Sweller. When two sensory modes are better than one[J]. Journal of Experimental Psychology, 1997(3): 257-287.

[217] Tomasello M. Constructing a language: A usage-based theory of language acquisition[M]. Cambridge, MA: Harvard University Press, 2003.

[218] Trofimovich P. Interactive alignment: A teaching friendly view of second language pronunci-ation learning[J]. Language Teaching, 2016, 49(3): 411-422.

[219] Trofimovich P, S Kennedy. Interactive alignment between bilingual interlocutors: Evidence from two information-exchange tasks[J]. Bilingualism: Language and Cognition, 2014, 17(4): 822-836.

[220] Trofimovich P, K McDonough, J A Foote. Interactive alignment of multisyllabic stress pattern in a second language classroom[J]. TESOL Quarterly, 2014, 48(4): 815-832.

[221] Tsui A B M, Ng M. Do secondary L2 writers benefit from peer comments?[J]. Journal of Second Language Writing, 2000, 9(2): 147-170.

[222] Tyler A. Usage-based approaches to language and their applications to second language learning[J]. Annual Review of Applied Linguistics, 2010, 30(30): 270-291.

[223] Ur P A. Course in language teaching: practice and theory[M]. Cambridge: Cambridgr University Press, 2002.

[224] VanPatten B. Input processing and grammar instruction in second language acquisition[M]. New Jersey: Ablex Publishing Corporation, 1996.

[225] Vidal K. A comparison of the effects of reading and listening on incidental vocabulary acquisition[J]. Language Learning, 2011(1): 219-258.

[226] Vygotsky L S. Thought and language[M]. Cambridge, MA: The MIT Press,

1962.

[227] Vygotsky L S. Mind in society[M]. Cambridge, MA: Harvard University Press, 1978.

[228] Wang C, M Wang. Effect of alignment on L2 written production[J]. Applied Linguistics, 2014(51): 1-25.

[229] Wood D, Bruner J, G Ross. The role of tutoring in problem solving[J]. Journal of Child Psychology and Psychiatry, 1976(2): 89-100.

[230] Wiener E J, W Labov. Constrains on the agentless passive[J]. Journal of Linguistics, 1983(1): 29-58.

[231] Whitehurst G J, M Ironsmith, M Goldfein. Selective imitation of the passsive construction through modeling[J]. Journal of Experimental Child Psychology, 1974(17): 288-302.

[232] Williams J. Learner-generated attention to form[J]. Language Learning, 1999, 49(4): 583-625.

[233] Williams J. The effectiveness of spontaneous attention to form[J]. System, 2001(29): 325-340.

[234] Wilkins D A. Linguistics in language teaching[M]. London: Edward Arnold, 1972.

[235] Xu Q, Dong X, Jiang L. EFL learners' perceptions of mobile-assisted feedback on oral production[J]. TESOL Quarterly, 2016, 51(2): 408-417.

[236] Yu G. From integrative to integrated language assessment: Are we there yet?[J]. Language Assessment Quarterly, 2013, 10(1): 110-114.

[237] Young D J. Creating a low anxiety classroom environment:what does language anxiety research suggest[J]. The Modern Language Journal, 1991(4): 427-439.

[238] Young D. Language anxiety from the foreign language specialists' perspective: Interviews with krashen, omaggio hadley, terrell, and rardin[J]. Foreign Language Annals, 1992(25): 157-172.

[239] Yuan F, Ellis R. The effects of pre-task planning and on-line planning on

fluency, complexity, and accuracy in L2 monologic oral production[J]. Applied Linguistics, 2003(24): 1-27.

[240] Zawodniak J, M Kruk, J Chumas. Towards conceptualizing boredom as an emotion in the EFL academic context[J]. Konin Language Studies, 2017, 5(4): 425-441.

[241] Zeng G, S Takatsuka. Text-based peer-peer collaborative dialogue in a computer-mediated learning environment in the EFL context[J]. Science Direct, 2009, 37(3): 434-446.

[242] Zhang X. Reading-writing integrated tasks, comprehensive corrective feedback, and EFL writing development[J]. Language Teaching Research, 2017, 21(2): 217-240.

[243] Zhang X Q, K Head. Dealing with learner reticence in the speaking class[J]. ELT Journal, 2010(1): 1-9.

[244] Zwaan R A, G A Radvansky. Situation models in language comprehension and memory[J]. Psychological Bulletin, 1998, 123(2): 162-185.

[245] 安弘毅，展素贤. 英语专业学生英语记叙文与议论文的语域特征 [J]. 淮北师范大学学报（哲学社会科学版），2015，36（4）：143-147.

[246] 北京理工大学外语系. 英语科普文选 [M]. 北京：科学普及出版社，1989.

[247] 蔡基刚. 中国大学生英语写作在线同伴反馈和教师反馈对比研究 [J]. 外语界，2011（2）：65-72.

[248] 蔡宁，王敏. 输入模态对二语口头产出中协同效应的影响 [J]. 现代外语，2017，40（4）：518-528.

[249] 陈秋珠. 情绪影响初中生英语阅读成绩的实验研究 [J]. 西北师大学报（社会科学版），2014，51（4）：111-114.

[250] 岑海兵，王静茹. 合作写作中水平配对对二语学习的影响研究 [J]. 外语研究，2021（4）：93-99，14.

[251] 程晓棠. 情感与语言学习导读 [M]. 北京：外语教学与研究出版社，2000：F17-F28.

[252] 崔俊学. 基于图式理论视域下的大学英语阅读教学研究 [J]. 中国教育学刊, 2015（S2）: 93-94.

[253] 戴劲. 输入方式、输入次数与语篇理解 [J]. 外语教学与研究, 2007（4）: 285-292.

[254] 戴炜栋, 任庆梅. 语法教学的新视角：外显意识增强式任务模式 [J]. 外语与外语教学, 2006（1）: 7-15.

[255] 邓元, 牛瑞英, 邓华. 合作写作中的不同水平配对对学习者二语学习的影响研究 [J]. 外语研究, 2021（1）: 62-68.

[256] 杜娟, 张一平. 任务重复对中国大学英语学习者口语产出的影响 [J]. 外语界, 2011（2）: 19-27.

[257] 范琳, 魏蓉, 夏思. 语言水平对中国英语学习者词汇推理加工过程的影响研究 [J]. 外语教学, 2017（4）: 51-55.

[258] 范玉梅, 徐锦芬. 同伴熟悉度对同伴互动中学习者投入的影响研究 [J]. 外语与外语教学, 2021（2）: 82-91.

[259] 冯美娜. 语言水平及结对方式对同伴反馈效果的影响研究 [J]. 宁波大学学报（教育科学版）, 2015（2）: 16-20.

[260] 高霄, 文秋芳. 思辨能力及语言因素对二语写作影响的研究 [J]. 外语教学理论与实践, 2017（4）: 44-50.

[261] 高瑛, 汪溢, Christian D Schunn. 英语写作同伴反馈评语采纳及其影响因素研究 [J]. 外语电化教学, 2019（2）: 17-24.

[262] 高瑛, 张福慧, 张绍杰, Christian D Schunn. 基于 Peerceptiv 互评系统的英语写作同伴反馈效果研究 [J]. 外语电化教学 2018（2）: 3-9, 67.

[263] 宫力. 探寻交互式语言教学新模式——以《新时代交互英语》为例 [J]. 外语教学, 2010, 31（5）: 86-90.

[264] 顾菁, 周玉梅. 读后续写的互动引导任务对协同效应的影响 [J]. 西安外国语大学学报, 2018, 26（4）: 57-61.

[265] 顾敏. 融入思维导图的高中英语阅读文本解读 [J]. 教学与管理, 2014（13）: 45-47.

[266] 顾琦一, 殷娜. 中国英语学习者语篇理解过程中的认知负荷——三种输

入模式对比研究 [J]. 外语教学与研究, 2017, 49 (5): 13.

[267] 顾琦一, 臧传云. 输入模态对第二语言理解和附带词汇习得的影响 [J]. 解放军外国语学院学报, 2011, 34 (3): 55-59.

[268] 顾曰国. 多媒体、多模态学习剖析 [J]. 外语电化教学, 2007 (2): 3-12.

[269] 顾卫星, 吴育红. 合作学习降低非英语专业大学生写作焦虑的实证研究 [J]. 外语与外语教学, 2011 (6): 51-55.

[270] 郭晓英. 博客环境下大学英语写作模式的设计与实践 [J]. 现代外语, 2009, 32 (3): 314-330.

[271] 郭燕. 大学英语"写长法"对写作焦虑和写作能力影响作用的实证研究 [J]. 外语界, 2011, 32 (2): 73-81.

[272] 郭奕奕, 江玲. 读后续写研究述评 [J]. 东华大学学报（社会科学版）, 2018, 18 (1): 20-23.

[273] 韩金龙. 英语写作教学: 过程体裁教学法 [J]. 外语界, 2001, 22 (4): 35-40.

[274] 韩金龙, 秦秀白. 体裁分析与体裁教学法 [J]. 外语界, 2000, 21 (1): 11-18.

[275] 何广铿. 外语教学法基础 [M]. 广州: 暨南大学出版社, 2002.

[276] 何莲珍, 王敏. 任务复杂度、任务难度及语言水平对中国学生语言表达准确度的影响 [J]. 现代外语, 2003 (4): 171-179.

[277] 洪炜, 石薇. 读后续写任务在汉语二语量词学习中的效应 [J]. 现代外语, 2016, 39 (6): 806-818.

[278] 黄洁, 肖娴. 汉英"续译"的协同效应研究 [J]. 外语教学与研究, 2021, 53 (1): 124-134, 161.

[279] 黄燕. 检验"投入量假设"的实证研究——阅读任务对中国学生词汇记忆的影响 [J]. 现代外语, 2004, 27 (4): 386-394.

[280] 纪小凌. 同伴互评与教师评阅在英语专业写作课中的对比研究 [J]. 解放军外国语学院学报, 2010 (5): 60-65.

[281] 贾光茂, 方宗祥. 激活最近发展区: 大学英语课堂交际活动中教师及同伴支架作用研究 [J]. 西安外国语大学学报, 2009, 017 (3): 84-87.

[282] 贾增荣. 图式理论下的诗歌意象翻译研究 [J]. 语文建设, 2016（26）: 89-90.

[283] 姜琳, 陈锦. 读后续写对英语写作语言准确性、复杂性和流利性发展的影响 [J]. 现代外语, 2015, 38（3）: 366-375.

[284] 姜琳, 陈燕, 詹剑灵. 读后续写中的母语思维研究 [J]. 外语与外语教学, 2019（3）: 8-16, 143.

[285] 姜琳, 涂孟玮. 读后续写对二语词汇学习的作用研究 [J]. 现代外语, 2016, 39（6）: 819-829.

[286] 姜琳, 罗英璇, 詹剑灵. 读后续说任务中互动强度对中国英语学习者口头产出及协同的影响研究 [J]. Chinese Journal of Applied Linguistics, 2021, 44（3）: 314-334, 430.

[287] 寇金南. 我国大学英语课堂不同小组互动模式的特征探究 [J]. 外语与外语教学, 2016（1）: 24-32, 146.

[288] 雷蕾, 韦瑶瑜, 叶琳, 张梅. 非英语专业大学生通过写作附带习得词汇研究 [J]. 解放军外国语学院学报, 2007（1）: 53-56.

[289] 李成陈, 韩晔. 外语愉悦、焦虑及无聊情绪对网课学习成效的预测作用 [J]. 现代外语, 2021,（1）: 1-13.

[290] 李丹丽. 二语协作任务中同伴支架对语言输出的影响 [J]. 中国外语, 2014（1）: 43-43.

[291] 李红. 可理解输出假设的认知基础 [J]. 外语与外语教学, 2002, 24（2）: 10-12.

[292] 李素枝. 中外教师英语课堂互动模式对比研究 [J]. 解放军外国语学院学报, 2007（2）: 34-39.

[293] 李恬. 从心智视角看内隐教学与外显教学的协同效应 [J] 山东外语教学, 2014（2）: 66-70.

[294] 李晓媛. 输入模态与辅助手段对二语学术语篇理解中认知负荷的影响 [J]. 外语研究, 2012（4）: 40-47.

[295] 李云珠, 王威. 图式理论与英语写作教学探究 [J]. 教学与管理, 2008（18）: 97-98.

[296] 连秀萍,黄鹞飞. 不同输入方式对附带英语词汇习得的影响 [J]. 西安外国语大学学报, 2010, 18 (3): 110-113.

[297] 刘玲玲. 多模态识读视角下英语阅读对高中英语写作的影响与教学启示 [D]. 哈尔滨:哈尔滨师范大学, 2016.

[298] 刘兴华,纪小凌. 大学英语写作同伴评分的可行性和有效性研究 [J]. 外语界, 2018 (5): 63-70.

[299] 刘延. 论"行为主义学习理论"及对外语学习的指导意义 [J]. 外语与外语教学, 2009 (9): 44-45.

[300] 刘桢. 多媒体注释对英语机助听力理解和词汇附带习得影响的实证研究 [J]. 解放军外国语学院学报, 2015, 38 (3): 96-104.

[301] 龙宇飞,赵璞. 大学英语听力教学中元认知策略与多模态交互研究 [J]. 外语电化教学, 2009 (4): 58-62, 74.

[302] 陆军. 母语影响下的二语语义趋向知识隐性、显性学习研究 [J]. 外语界, 2019 (5): 80-88.

[303] 马惠霞,薛杨,刘静. 中学生学业羞愧:测量、生理唤醒及其与学业成绩的关系 [J]. 心理学报, 2016, 48 (5): 529-539.

[304] 毛浩然. 愉悦情绪对英语情感词汇记忆的效应 [J]. 福建师范大学学报(哲学社会科学版), 2007 (4): 167-171.

[305] 孟凡韶. 4/3/2 教学技巧与提高英语口语流利性的实证研究 [J]. 解放军外国语学院学报, 2009 (4): 52-55.

[306] 缪海燕. 外语写作互动的语篇协同研究 [J]. 现代外语, 2017 (5): 630-641.

[307] 牛瑞英. 合作输出相对于阅读输入对二语词汇习得作用的一项试验研究 [J]. 现代外语, 2009 (3): 266-275.

[308] 庞颖欣. 读后续写任务中同伴互动模式对协同效果的影响 [D]. 广州:广东外语外贸大学, 2014.

[309] 彭进芳. 读后续写中语言难度的影响 [D]. 广州:广东外语外贸大学, 2015.

[310] 亓鲁霞,王初明. 背景知识与语言难度在英语阅读理解中的作用 [J]. 外

语教学与研究，1988（2）：24-30，79-80.

[311] 戚焱，夏珺. 背诵词块对英语写作和口语水平的影响 [J]. 解放军外国语学院学报，2016，39（1）：96-103.

[312] 秦秀白."体裁分析"概说 [J]. 外国语，1997，20（6）：8-15.

[313] 秦秀白. 体裁教学法评述 [J]. 外语教学与研究（外国语文双月刊），2000，32（1）：42-46.

[314] 任伟，吕晓轩. 读后续写协同作用的元分析研究 [J]. 外语界，2021（4）：44-52.

[315] 桑紫林. 合作产出对英语学习者书面语准确性发展的影响研究 [J]. 外语与外语教学，2017（4）：7-15.

[316] 沈洪木. 图式理论对新闻英语听力教学的启示 [J]. 教育理论与实践，2016，36（27）：51-52.

[317] 宋姝婷. 多模态教学模式在高中英语读后续写教学中的行动研究 [D]. 杭州：杭州师范大学，2020.

[318] 孙广平. 图式理论在英语写作教学中的应用 [J]. 教育探索，2007（10）：66-67.

[319] 谭晓晨，董荣月. 任务类型和语言水平对英语专业大学生口语准确性和复杂性的影响 [J]. 解放军外国语学院学报，2007，30（5）：54-58.

[320] 田冬青. 二语/外语课堂生生互动中的同伴支架研究述评 [J]. 教育现代化，2019（61）.

[321] 田延明，王淑杰. 图式理论框架下的语篇生成模式对外语写作教学的影响 [J]. 黑龙江高教研究，2006（8）：163-166.

[322] 王初明. 影响外语学习的两大因素与外语教学 [J]. 外语界，2001，21（6）：8-12.

[323] 王初明. 外语写长法 [J]. 中国外语，2005，2（1）：45-49.

[324] 王初明. 从补缺假说看外语听说读写 [J]. 外语学刊，2006（1）：79-84.

[325] 王初明. 论外语学习的语境 [J]. 外语教学与研究，2007，39（3）：190-197.

[326] 王初明. 学相伴 用相随——外语学习的学伴用随原则 [J]. 中国外语，

2009,6(5):53-59.

[327] 王初明.互动协同与外语教学[J].外语教学与研究,2010,42(4):297-299.

[328] 王初明.基于使用的语言习得观[J].中国外语,2011,8(5):1.

[329] 王初明.读后续写——提高外语学习效率的一种有效方法[J].外语界,2012,33(5):2-7.

[330] 王初明.哪类练习促学外语[J].当代外语研究,2013,4(2):28-31.

[331] 王初明.内容要创造 语言要模仿——一种有效外语教学和学习的基本思路[J].外语界,2014,35(2):42-46.

[332] 王初明.读后续写何以有效促学[J].外语教学与研究,2015(5):754-762.

[333] 王初明.以"续"促学[J].现代外语,2016,39(6):784-793.

[334] 王初明."学伴用随"教学模式的核心理念[J].华文教学与研究,2016(1):56-63.

[335] 王初明.从"以写促学"到"以续促学"[J].外语教学与研究,2017(4):547-556.

[336] 王初明.如何提高读后续写中的互动强度[J].外语界,2018(5):40-45.

[337] 王初明.外语教学三大情结与语言习得有效路径[J].外语教学与研究,2011(4):540-549,640.

[338] 王初明.续译——提高翻译水平的有效方法[J].中国翻译,2018,39(2):36-39.

[339] 王初明.运用续作应当注意什么?[J].外语与外语教学,2019(3):1-7,143.

[340] 王初明,牛瑞英,郑小湘.以写促学——一项英语写作教学改革的试验[J].外语教学与研究,2000,32(3):207-212.

[341] 王敏,甘桥,朱莉•博兰德.读后续写中的二语句法协同效应研究——来自中国学习者产出英语运动构式的证据[J]. Chinese Journal of Applied Linguistics,2021,44(3):292-313,430.

[342] 王敏.语言水平及任务类型对第二语言产出中结构启动的影响[J].现代

外语，2009，32（3）：276-286.

[343] 王敏，王初明. 读后续写的协同效应 [J]. 现代外语，2014，37（4）：501-512.

[344] 王启，曹琴. 二语读后续写中的结构启动——以英语被动句产出为例 [J]. 解放军外国语学院学报，2020（1）：25-32.

[345] 王启，王初明. 以续促学英语关系从句 [J]. 外语教学理论与实践，2019（3）：1-5，18.

[346] 王启，王凤兰. 汉语二语读后续写的协同效应 [J]. 现代外语，2016（6）：794-805.

[347] 王奇民. 大学英语教学中的输入与输出探究——中西教学模式比较及其对大学英语教学的启示 [J]. 外语教学，2003，24（3）：66-69.

[348] 王平. 语篇因素和学习者因素对语境词义猜测的影响 [J]. 外语教学理论与实践，2009（2）：13-17.

[349] 王同顺，姚禹，许莹莹. 听读输入模式下二语词汇附带习得的对比研究 [J]. 外语与外语教学，2012（6）：1-5.

[350] 王艳. 输入方式与听力词汇习得——一项听力词汇习得实验的报告 [J]. 外语教学理论与实践，2002（2）：38-42.

[351] 王震，魏蓉，孙月明. 语言水平和性别对二语词汇推理加工的影响 [J]. 现代外语，2017（4）：664-673.

[352] 吴斐. 理解性输出与语言学习效率——一项"写长法"的实证研究 [J]. 外语教学，2005，37（1）：44-49.

[353] 吴先泽，张娜. 听读续写对英语写作的促学效果研究 [J]. 陕西教育学院学报，2018，34（9）：71-75.

[354] 肖婷. 协同对提高二语写作准确性的影响 [D]. 广州：广东外语外贸大学，2013.

[355] 辛声. 读后续写任务条件对二语语法结构习得的影响 [J]. 现代外语，2017，40（7）：507-517.

[356] 辛声，李丽霞. 读后续写任务的文本复杂度协同及其对准确度的影响 [J]. 解放军外国语学院学报，2020（1）：33-41.

[357] 徐富平, 王初明. 复诊续写任务促学医学汉语词汇的效应 [J]. 解放军外国语学院学报, 2020（1）: 17-24, 159.

[358] 徐宏亮. 任务结构与准备条件对学习者口语产出的影响 [J]. 外语与外语教学, 2015（1）: 45-49.

[359] 徐玲, 杜淑虹. 国内输出假设研究综述 [J]. 疯狂英语（教师版）, 2011, 8（1）: 7-9.

[360] 徐锦芬. 国内外外语/二语课堂互动研究 [J]. 外语界, 2010（3）: 51-59.

[361] 徐锦芬. 大学英语课堂小组互动中的同伴支架研究 [J]. 外语与外语教学, 2016（1）: 15-23.

[362] 徐锦芬. 大学英语教师专业发展中的情绪调节: 目标与策略 [J]. 山东外语教学, 2021, 42（6）: 54-62.

[363] 徐锦芬. 网络环境下的同伴互动: 研究与反思 [J]. 当代外语研究, 2020（2）: 52-60, 83.

[364] 徐锦芬, 曹忠凯. 不同结对模式对大学英语课堂生生互动影响的实证研究 [J]. 中国外语, 2012, 9（5）: 67-77.

[365] 徐锦芬, 叶晟彬. 二语/外语课堂中的同伴互动探析 [J]. 当代外语研究, 2014（10）: 31-36.

[366] 徐锦芬, 张珊珊. 同伴互动研究方法综述 [J]. 解放军外国语学院学报, 2019, 42（6）: 1-10.

[367] 徐鹏飞, 黄宇霞, 罗跃嘉. 中国情绪影像材料库的初步编制和评定 [J]. 中国心理卫生杂志, 2010, 24（7）: 551-554, 561.

[368] 许琪. 读后续译的协同效应及促学效果 [J]. 现代外语, 2016（6）: 830-841.

[369] 许琪, 董秀清. 基于微信平台的大学英语视听续说教学方法研究 [J]. 广东外语外贸大学学报, 2018, 29（4）: 125-131.

[370] 徐琴芳. 不同任务下的口语准确性研究 [J]. 山东外语教学, 2006（6）: 65-68.

[371] 许莹莹, 王同顺. 语块频率、结构类型及英语水平对中国英语学习者语块加工的影响 [J]. 外语教学与研究, 2015, 47（3）: 393-404, 480-481.

[372] 许悦婷，刘骏. 基于匿名书面反馈的二语写作反馈研究 [J]. 外语教学理论与实践，2010（3）：44-49.

[373] 薛红，刘治波. 图式理论与大学英语听力教学 [J]. 中国成人教育，2012（15）：122-123.

[374] 薛慧航. 浅析"读后续写"中趣味性对协同的影响 [D]. 广州：广东外语外贸大学，2013.

[375] 杨晋. 英语学生焦虑感和听力理解的关系 [J]. 外语研究，2000（1）：54-57.

[376] 杨媚. 不同英语水平的中国英语学习者写作产出中的协同效应 [D]. 北京：北京外国语大学，2015.

[377] 叶云屏，闫鹏飞. 体裁差异对写作测试成绩的影响 [J]. 外国语，2010，33（2）：63-70.

[378] 杨纯丽. 利用多媒体网络技术提高外语学习者自主学习能力多边互动教学模式探讨 [D]. 长春：吉林大学，2003.

[379] 杨柳. 图式理论：外语知识性阅读障碍的心理学新探 [J]. 中国特殊教育，2011（6）：48-51.

[380] 于翠红. 词汇视、听觉协同发展对中国英语学习者听力信息加工成效的作用 [J]. 现代外语，2013，36（4）：387-394.

[381] 余清萍，田筱润. 不同英语水平中国学习者英语复合词加工比较研究 [J]. 外语与外语教学，2019（1）：86-148.

[382] 喻小继，王芳. 浅谈大学英语词汇教学方法 [J]. 中国劳动关系学院学报，2011，25（2）：110-112.

[383] 张灿灿. 二语习得中内隐/外显学习的协同效应 [J]. 文教资料，2011（11）：44-46.

[384] 张德禄. 多模态话语分析综合理论框架探索 [J]. 中国外语，2009（1）：24-30.

[385] 张德禄. 多模态外语教学的设计与模态调用初探 [J]. 中国外语，2010（3）：48-53，75.

[386] 张晓东. 短时记忆、工作记忆及词汇知识对二语接收性言语技能的影响

[J]. 外语界, 2014, (5): 38-47.

[387] 张福慧, 戴丽红. 基于网络写作语料的师生评改对比研究 [J]. 中国外语, 2011 (1): 78-84.

[388] 张军, 程晓龙. 我国近十年同伴反馈研究: 回顾与展望 [J]. 西安外国语大学学报, 2020 (1): 48-55.

[389] 张琳, 秦婷. 读后续写对英语专业学生写作焦虑和写作能力的影响研究 [J]. 外语教学, 2020, 41 (6): 72-76.

[390] 张素敏. 母语背景和语境在时间概念加工中的作用研究 [J]. 外语教学与研究, 2018, 50 (1): 89-100, 161.

[391] 张素敏, 赵静. "多轮续写"对学习者目标语词类主观性的作用研究 [J]. 解放军外国语学院学报, 2020, (1): 1-8, 32, 159.

[392] 张薇, 倪旭冉. 图式理论影响下茶文化的翻译 [J]. 福建茶叶, 2017, 39 (7): 273-274.

[393] 张文忠. 4/3/2 口语练习法之能为与不能为 [J]. 现代外语, 2002 (4): 418-422.

[394] 张晓东. 短时记忆、工作记忆及词汇知识对二语接收性言语技能的影响 [J]. 外语界, 2014 (5): 38-47.

[395] 张晓鹏. 读后续写对二语写作过程影响的多维分析 [J]. 外语界, 2016 (6): 86-94.

[396] 张秀芹, 贺玉珍. 网络实时文本交际互动中的同伴支架研究——与课堂互动相比较 [J]. 解放军外国语学院学报, 2018 (4): 96-101.

[397] 张秀琴, 杨莉. 英语学习日志对非英语专业学生英语写作能力及自我评价的影响 [J]. 外语界, 2010 (4): 71-76.

[398] 张秀芹, 王迎丽. 读后续说任务中语言水平对学习者输出及协同效果的影响 [J]. 解放军外国语学院学报, 2020 (1): 9-16, 159.

[399] 张秀芹, 武丽芳, 张倩. 续写任务中输入模式和语言水平对英语词汇习得影响研究 [J]. 解放军外国语学院学报, 2019 (2): 10-17.

[400] 张秀芹, 杨莉, 张宇. 外语写长法在QQ空间的应用模式研究 [J]. 外语与外语教学, 2015, 31 (4): 57-62.

[401] 张秀芹,张倩.不同体裁读后续写对协同的影响差异研究[J].外语界,2017(6):90-96.

[402] 张秀芹,张红娟.4/3/2条件下读后续说对语言流利性和准确性的影响——与2/2/2之比较[J].外语与外语教学,2021(6):58-67.

[403] 张尧学.关于大学英语四、六级考试改革的总体思路[J].外语界,2008(5):2-4.

[404] 赵方.试论二语读后续写中话题熟悉度对协同的影响[J].英语广场,2019(4):44-46.

[405] 郑佩芸.不同英语水平对子组合的语言输出和互动模式研究——基于网络书面实时交流的实证研究[J].外语界,2011(3):60-67.

[406] 周爱洁.论4/3/2活动对提高英语口语流利性和准确性的影响[J].外语教学,2002,23(5):79-83.

[407] 周丹丹.练习次数对故事复述的影响[J].解放军外国语学院学报,2004(5):42-46.

[408] 周丹丹.输入与输出的频率效应研究[J].现代外语,2006,29(2):154-163.

[409] 周丹丹.口语练习频次效应与注意力资源的利用[J].外语研究,2010(6):50-55.

[410] 周一书.大学英语写作反馈方式的对比研究[J].外语界,2013(3):87-96.

[411] 朱妮娅.生态课堂教学对小组口语报告质量的作用——以同伴支架的运用为例[J].外语与外语教学,2018(1):9.

[412] 朱韵禳.对初中英语"外显""内隐"阅读教学的研究[D].上海:上海师范大学,2015.

[413] 庄绎传.英汉翻译简明教程[M].北京:外语教学与研究出版社,2002.